rowohlt
BERLIN

Elmar Theveßen **Terroralarm**

Deutschland und die islamistische Bedrohung

Rowohlt · Berlin

1. Auflage Oktober 2005

Satz aus der Janson Text PostScript, InDesign, von
Pinkuin Satz und Datentechnik, Berlin
Druck und Bindung Clausen & Bosse, Berlin
Printed in Germany
ISBN 13: 978 3 87134 548 7
ISBN 10: 3 87134 548 2

Inhalt

Prolog: Die Hölle auf Erden

Es ist der 29. Juli 2005, als Spezialeinheiten der britischen Polizei mehrere Apartments im Londoner Ortsteil Notting Hill stürmen. Kurz danach halten die Ermittler auf dem Außenflur des Backsteinkomplexes zwei Verdächtige in Schach. Da stehen sie, nackt und mit erhobenen Händen, zwei Männer, nicht älter als dreißig. So also sehen potenzielle Mörder aus, Selbstmordattentäter, die sie beinahe geworden wären – die beiden sind, wie sich schnell bestätigt, für die Bombenattentate vom 21. Juli in London verantwortlich.

Die Fernsehbilder zeigen weinende Nachbarn – sie weinen nicht, weil sie der waffenstarrende Polizeieinsatz verängstigt hat, sondern weil die Terroristen hier wohnten, gleich nebenan, mitten unter ihnen, unauffällig und normal.

Was irgendwann geschehen musste, ist jetzt Wirklichkeit. Jahrelang haben wir uns eingeredet und einreden lassen, dass die westeuropäischen Staaten nur «Ruheraum» sind. Wir Deutschen glauben immer noch, von Anschlägen nicht bedroht zu sein, weil unser Land eine Beteiligung am Irakkrieg abgelehnt hat. Das könnte sich als fataler Irrglaube erweisen.

Madrid und London waren nur der Anfang, denn in Europa, auch in Deutschland, wächst ein neuer politischer Islam heran, der auf Abgrenzung und Isolation von der westlichen Gesellschaft setzt und fruchtbaren Boden schafft für Attentäter in unserer Mitte. Nach dem 11. September 2001 hätte man diese gefährliche Entwicklung endlich erkennen und handeln müssen. Die Art und Weise, in der der Anti-Terror-Kampf bislang geführt wurde, hat jedoch dafür gesorgt, dass die Sicherheitslage sich dramatisch verschlechtert hat. Der Graben zwischen dem Islam und der westlichen Kultur ist größer als je zuvor.

Dieses Buch ist eine Reise in eine bedrohliche Gedankenwelt – sie führt nach Madrid und London, aber auch nach Duisburg und Ulm, in die Slums von Casablanca ebenso wie in die Köpfe von jungen Muslimen, die in den Dunstkreis radikaler Islamisten geraten sind. Die Terroranschläge in Spanien und Großbritannien beweisen, dass die Gefahr näher rückt. Und sie geben Aufschluss über Strukturen und Denkmuster, Theorie und Wirklichkeit des islamistischen Terrorismus, wie der erste Teil des Buches zeigt.

Mag sein, dass man sich mit alldem nur widerwillig beschäftigt – zu verwirrend sind die vielen arabischen Namen, zu undurchsichtig ist das Netzwerk und zu schockierend der Blick auf die Gräueltaten des islamistischen Terrorismus. Aber nur wenn wir die Hintergründe der Anschläge von Madrid und London verstehen, begreifen wir, in welcher Gefahr sich auch Deutschland befindet. Und nur eine ehrliche, gründliche Analyse dieser Gefahr – damit beschäftigt sich der zweite Teil des Buches – und die öffentliche Diskussion darüber können verhindern, dass durch Wegschauen die Bedrohung weiter wächst. Die Politiker schweigen, weil sie die Bevölkerung nicht beunruhigen wollen; und die Ermittler dürfen über ihre Erkenntnisse nicht offen reden.

«Die Anschläge sind schon vorbereitet» – der Mann, der diese Worte erschreckend gelassen ausspricht, wird dafür bezahlt, dass er sachlich und unaufgeregt die Gefährdungslage analysiert: Er arbeitet für eine deutsche Sicherheitsbehörde. «Wir sind sicher, dass Anschläge vorbereitet sind. Wir sind auch sicher, dass sie nicht von Tätern verübt werden, die wir schon kennen, die wir im Visier haben. Aber es gibt wohl eine bewusste Entscheidung, nicht zuzuschlagen.»

Es ist eine lange unterschätzte Bedrohung, die – wie wir sehen werden – zwar am fernen Hindukusch ihren Anfang nahm, jedoch auch durch das Verhalten des Westens zu einer regelrechten Weltanschauung mutierte. Diese Ideologie findet dank des Irakkrieges immer mehr Anhänger. Der Irak, so erklärte UN-Generalsekretär Kofi Annan Anfang September 2005, sei «ein schlimmeres Zentrum für terroristische Aktivitäten» geworden, als es Afghanistan zur Zeit der Taliban-Herrschaft war.

Für den weltweiten Zusammenhalt der islamistischen Extremisten sorgt dabei das Internet. In Zeiten, in denen Menschen sich zunehmend isoliert fühlen, bietet vielen die virtuelle *umma* – die muslimische «Gemeinde» im Internet – das Gemeinschaftserlebnis, das sie suchen. Das Internet schafft den Klebstoff, der den radikalen Muslimen in aller Welt immer fehlte, um dem Auftrag des Korans zu einer Vereinigung aller Gläubigen unter einem Kalifen gerecht zu werden. Mit anderen Worten: Ohne das Internet wäre die Globalisierung des islamistischen Terrors nicht möglich. Was genau finden die vernetzten Gotteskrieger im Web? Wie nutzen sie Strategiepapiere und Anleitungen zum Bombenbau für ihren Do-it-yourself-Dschihad?

Die Al-Qaida-Ideologie ruft auch hierzulande ihre Anhänger zum «Widerstand» auf und ist auf dem besten Weg, mit ihren Hasspamphleten junge Muslime für den Islamismus zu gewinnen. «An die Macht gelangt man ausschließlich und nur durch Kampf und Krieg» – so steht es in einer hundertseitigen Hetzschrift, die deutschen Fahndern bei Razzien im islamistischen Milieu seit Anfang 2005 immer häufiger in die Hände fällt. Terror wird dort als «Die nichterfüllte Pflicht» – so der Titel – jedes Gläubigen verklärt. Im vorliegenden Buch wird zum ersten Mal die Existenz und Bedeutung dieses Schlüsseldokuments beschrieben.

Auch in Deutschland gibt es zahlreiche Muslime, die sich für die islamistische Sache begeistern: bereits entdeckte Terrorzellen, die Anschläge geplant hatten oder den Terror im Irak unterstützten, noch nicht entdeckte «Schläfer»-Zellen – und extremistische junge Muslime zweiter oder dritter Generation aus Zuwandererfamilien, die einen deutschen Pass haben und nirgendwo in den so genannten Gefährderdateien der Behörden verzeichnet sind.

Es kann keinen Zweifel geben, dass durch den erhöhten Fahndungsdruck auf Islamisten eine Zeit der verstärkten Terrorgefahr anbricht. Denn die Islamisten in Europa werden die Gelegenheit nutzen, um sich als unrechtmäßig Verfolgte darzustellen, die wiederum ein Recht auf Selbstverteidigung haben. Ich möchte mich deshalb auch mit einem Szenario befassen: Nach welcher Logik könnte in naher Zukunft ein Terrorangriff in Deutschland verübt werden? Wie könnte er ablaufen? Welche Gefahr droht Deutschland im Jahr der Fußballweltmeisterschaft? Gibt es Sicherheitslücken, die schon nach den Anschlägen vom 11. September aufgefallen waren, aber bis heute nicht behoben sind? Aus den Ereignissen der letzten Jahre lässt sich ablesen, dass solche Attacken mit hoher Wahrscheinlichkeit völlig überraschend erfolgen werden, obwohl die Behörden einige der potenziellen Attentäter oder Hintermänner schon seit Jahren im Visier haben.

Der Rechtsstaat muss diese Gefahren abwehren – so erwarten es die Bürger. Aber der Rechtsstaat ist der Herausforderung oft nicht gewachsen. Eine bessere Koordination der Sicherheitsbehörden bei der Strafverfolgung und ein schneller Informationsaustausch zur Vorbeugung von Terroranschlägen reichen nicht aus, denn es mangelt in Deutschland an einer gemeinsamen Strategie in der Terrorabwehr. In der Politik, in der Rechtsprechung, aber auch in der Bevölkerung gibt es ein fehlendes Bewusstsein für die besondere Art von Bedrohung, der wir gegenüberstehen: Tätern, die sich entschlossen haben, ihr Leben für ihre Sache zu opfern und die sich von Haftstrafen kaum abschrecken lassen.

Es reicht nicht, sich nur die Islamistenszene in Deutschland anzuschauen, die Arbeit der Ermittler zu bewerten und auf Schwächen der Katastrophenvorbereitung hinzuweisen. Am Ende des

Buches gehe ich deshalb der Frage nach, warum so viele der jungen Muslime, deren Familien bereits seit drei Generationen in Europa leben, sich dem Islamismus zuwenden.

Viele junge Muslime stecken in einer Sinnkrise: Sie leben in einer Gesellschaft, die nach westlichen Werten ausgerichtet ist, entstammen aber einer Kultur und Religion, die sich mit dem Alltagsleben in einer kapitalistischen Gesellschaft nur schwer vereinbaren lassen. Deshalb definieren sie oft ihre Religion für sich neu und grenzen sich dabei von der durch eine andere Kultur geprägte Religion ihrer Eltern ab. Und durch die schwierige soziale und wirtschaftliche Situation wird ihre Lage oft noch verschärft.

Gegen diese Entwicklungen unternehmen die Politiker und die anderen Kräfte der deutschen Gesellschaft allzu wenig. Schon in den vergangenen Jahrzehnten haben sie die offene Diskussion gescheut, wenn es in Fragen von Zuwanderung, Integration und multikultureller Gesellschaft Probleme gab. Vielleicht auch, weil sie nicht in den Verdacht kommen wollten, Ausländerfeindlichkeit und Rechtsradikalismus zu schüren. Es herrscht noch immer ein regelrechtes Tabu einzugestehen, dass die Integration der Zuwanderer im Großen und Ganzen gescheitert ist.

Jetzt wird es höchste Zeit, das Versäumte nachzuholen; und dabei müssen neue Prioritäten gesetzt werden: Jeder Euro, der in Sprachförderung oder Sozialprogramme für arbeitslose muslimische Jugendliche gesteckt wird, ist besser angelegt als jeder Cent für die Anschaffung von Videokameras zur Überwachung von Moscheen. Integration sollte zur gesamtgesellschaftlichen Aufgabe werden, aber die einzige Antwort, die uns in den vier Jahren nach dem 11. September auf die islamistische Bedrohung eingefallen ist, heißt: noch mehr Abschottung. Dabei kommt es heute mehr denn je darauf an, den Graben zwischen der muslimischen Minderheit und dem Rest der Gesellschaft zu überwinden, wie das letzte Kapitel des Buches zeigt.

Bei den Recherchen zu diesem Buch haben mir viele Gesprächspartner geholfen. Etwa Michael Chandler, der ehemalige Chefermittler der Vereinten Nationen im Kampf gegen Taliban und Al-Qaida, oder Rita Katz, die unermüdliche Terroristenfahnderin des SITE-Instituts in den USA. Ebenso der mutige italienische Staatsanwalt Stefano Dambruoso, der sich dem Kampf gegen den Terror verschrieben hat, Pauline Neville-Jones, die frühere Vorsitzende des Geheimdienstausschusses im britischen Parlament, Ernst Uhrlau, Geheimdienstkoordinator der Bundesregierung, und eine Reihe von ehemaligen und aktiven Mitarbeitern westlicher Geheimdienste, Verfassungsschützer, Kriminalbeamte sowie Politiker, Diplomaten und Journalisten, die ich auf mehreren Reisen oder auch bei verschiedenen Anlässen hier in Deutschland getroffen habe. Einige Informationen oder Einschätzungen bekam ich nur unter bestimmten Bedingungen; so müssen bei manchen Sachverhalten die Namen der Informanten ungenannt bleiben, weil sie um den Schutz ihrer Identität gebeten haben.

Unter den Informanten sind auch solche, die sich in der islamistischen Szene auskennen, weil sie selbst dazugehörten. Einige davon waren gleichzeitig für westliche Geheimdienste tätig, allen voran ein Mann, der im Auftrag des französischen Nachrichtendienstes DGSE durch die Ausbildungslager der Al-Qaida in Afghanistan ging und dort neben dem Gesetz des Dschihad auch den Bau von Sprengsätzen und den Umgang mit chemischen und biologischen Kampfstoffen erlernte.

Manches von dem, was in diesem Buch steht, stammt jedoch aus Quellen, die jedermann zugänglich sind. Vielfach sind Fakten aus deutschen, britischen und amerikanischen Zeitungen und Zeitschriften entnommen. Dabei habe ich einen Großteil dieser Informationen mit Hilfe der oben genannten Personen verifizieren können. An einigen Stellen bleibt ein Restrisiko. Natürlich sind manche Angaben, auf die ich mich stütze, auch interessengesteuert, weil man das eigene Wirken in möglichst günstigem Licht erscheinen lassen will.

Ich muss einräumen, dass ich mich sogar zu einem großen Teil auf einseitige Angaben stütze – wie sonst sollte man die Propaganda des heiligen Krieges bezeichnen? Die Pamphlete und Äußerungen einer neuen Weltanschauung mit dem Namen Al-Qaida haben nämlich eine schreckliche Gemeinsamkeit: Alles, was da steht, ist genau so gemeint, und die Anhänger der Al-Qaida werden alles tun, dass ihre Äußerungen keine leeren Phrasen bleiben. Sie werden ihnen Taten folgen lassen.

Es kann dem Leser nicht erspart bleiben, dass an einigen Stellen im Buch in drastischer Weise geschildert wird, wie menschenverachtend das Denken und Handeln der Al-Qaida-Anhänger in Wahrheit ist. Diese Brutalität wird in der Öffentlichkeit oft unterschätzt, auch weil die Medien aus guten Gründen gewisse Grenzen der Berichterstattung nicht überschreiten dürfen, um die Menschenwürde der Opfer zu wahren. Doch dies führt dazu, dass wir uns Illusionen machen über das wirkliche Ausmaß der Gefährdung durch die Terroristen und ihre Sympathisanten – die ihrerseits nicht einen Funken Achtung vor der Menschenwürde haben.

Wir sollten sehr genau hinschauen, zum Beispiel auf das Strategiepapier, mit dem der Anführer des saudischen Zweigs der Al-Qaida, Abdelaziz al-Muqrin, wenige Wochen nach den Anschlägen von Madrid im März 2004 eine neue Phase im Kampf der selbst ernannten Gotteskrieger eröffnete: «Wir müssen Juden und Christen töten. Dabei dürfen wir uns heutzutage nicht von Grenzen einschränken oder von der Geographie trennen lassen. (…) Wir müssen die Häuser der Gotteslästerer in eine Hölle verwandeln, so wie sie es mit den muslimischen Ländern getan haben. Deshalb sollen alle aktiven Einheiten in der ganzen Welt die geographischen Grenzen überwinden. Es muss ihnen gelingen, die Länder der Gotteslästerer in Kriegszonen zu verwandeln.»

Abdelaziz al-Muqrin wurde ein paar Wochen nach Bekanntwerden seiner Hetzschrift von saudischen Sicherheitskräften bei einem Schusswechsel getötet. Seine Gesinnungsgenossen wollen seine Worte um jeden Preis in die Tat umsetzen, also den Krieg nach Westeuropa tragen. Spätestens jetzt geht es uns alle an, weil die Terroristen auch hier wohnen, mitten unter uns.

Teil I
Das Prinzip des Dschihad

1. Madrid – wie der Islam zur Rechtfertigung des Terrorismus dient

Mit einem Ruck fährt der Zug wieder an. Die Passagiere sitzen dicht gedrängt oder stehen, halten sich an den Stangen fest. Es ist laut, das Rattern der Räder übertönt beinah alles, vielleicht weil der Schall zurückgeworfen wird von den Wohnsilos rechts und links neben der Strecke, die sich durch die Trabantenstadt Leganes krümmt. Trotz des Lärms unterhalten sich die Fahrgäste. Man kennt sich, schließlich fahren sie jeden Morgen mit der gleichen Bahn in die Stadt. Einige lesen Zeitung, andere essen ihr Frühstücksbrot, wieder andere haben die Augen geschlossen – noch ein paar Minuten Schlaf, bis sie der Alltagsstress in der Millionenmetropole einholt. Es ist kurz nach halb acht an diesem schönen Märzmorgen in Madrid, als der Zug in der Station zum Stehen kommt.

Plötzlich sind die Menschen still. Sie starren vor sich hin. Einige halten die Hand vor die Augen, eine junge Frau kramt nach einem Papiertaschentuch. Ein Schluchzen, Tränen, und auch wir können uns nicht wehren gegen das Gefühl, das die Pendler an diesem Morgen erfasst: Das Leid der Menschen ist das stärkste Argument gegen den Terror. Beklommen stehen wir mit der Kamera mittendrin – im Gedenken an jenen Donnerstag genau ein Jahr zuvor, als es nicht still wurde im Zug, sondern furchtbar laut; als Explosionen mehrere solcher Waggons zerrissen und Dutzende von Menschen töteten.

Der 11. März 2004 hat Europa schockiert, weil mit den Anschlägen in Spanien der islamistische Terror vor unserer Haustür angekommen ist. Die Attacken waren so etwas wie «unser» 11. September, wenngleich in einer ganz anderen Dimension; «nur» 191 Menschen starben in den Trümmern der Vorortzüge. Männer, Frauen, Schüler und Studenten, Geschäftsleute und Touristen. Aber es war die Nähe dieser Bilder – die vertrauten Gebäude, das Land, dessen Küsten und Inseln jedes Jahr hunderttausende sonnenhungriger Deutscher anlockt –, die den 11. März im Rückblick zu einem wichtigen Datum macht: Die Anschläge belegen, dass der Krieg im Irak nicht nur neuen Terror erzeugt hat, sondern ihn sogar hineinkatapultiert in die beschauliche Wirklichkeit eines Westeuropa, das bisher vom Terrorismus weitgehend verschont blieb. Das Signal ist deutlich: Der Terror kann die Politik, ja sogar die Regierung eines Landes beeinflussen, wenn das Timing des Angriffs nur clever genug gewählt ist. Erstmals zeigte sich auch, dass die Gefahr aus unserer Mitte entspringt, denn diesmal waren es Mitbürger, die den Minimalkonsens in der angeblich multikulturellen Gesellschaft aufkündigten – «Schläfer» mitten unter uns.

Man fand das Übliche: ein paar Videos mit Szenen vom Kampf der Mudschaheddin in Bosnien und Tschetschenien, Pamphlete muslimischer Hassprediger, Zeitschriften mit extremistischer Propaganda, ein paar gefälschte «Prepaid»-Telefonkarten – all das würde nicht reichen, um Jamal Zougam hinter Gitter zu bringen. Als sie seine Wohnung durchsuchten, damals im August 2001, da schenkten die spanischen Ermittler diesem Fund kaum Beachtung; sie leisteten ja nur um Amtshilfe für französische Kollegen, die mehr über die Kontakte des jungen Marokkaners zu einem Terrorverdächtigen in Frankreich erfahren wollten. Die Spanier betrachteten die Befragung Zougams als Pflichtübung – für sie waren nur solche Extremisten wirklich gefährlich, die zur ETA gehörten. Auf die baskische Terrororganisation konzentrierten Geheimdienste und Polizei all ihre Aufmerksamkeit.

Jamal Zougam sollte Jahre später zu einer der Schlüsselfiguren der Bombenanschläge von Madrid werden. Die Karriere dieses Mannes als Kleinkrimineller und Terrorist ebenso wie seine Gesinnung stehen beispielhaft für viele junge Muslime in Europa, die sich für den Dschihad begeistern. Leider zeigt der Umgang der Behörden mit Zougam auf typische Weise, wie Ermittler quer über den Kontinent die Gefahr, die von solchen Personen ausgeht, lange Zeit unterschätzt haben. Das bestätigte mir auch der ehemalige UN-Chefermittler für Al-Qaida, Michael Chandler, der den Fahndern dringend rät, aus den Fehlern von Madrid zu lernen. Denn das Vorgehen der Terroristen in Spanien entspricht bis ins Detail den Verhaltensmustern ihrer Gesinnungsgenossen in Deutschland, Italien oder Frankreich, die aus ähnlichen Milieus stammen wie Zougam: «Diese Terroristen haben viel Zeit. Sie können ein, zwei Jahre unter Beobachtung sein, ohne dass es ihnen etwas ausmacht, das haben wir gesehen. Aber eines Tages schaffen sie es doch, zu entwischen und zu verschwinden. Und dann ist da ein Terrorist unterwegs, der überall auftauchen könnte.»

Es bedurfte offenbar der verheerenden Anschläge vom 11. September 2001, damit die spanischen Anti-Terror-Fahnder die Bedrohung durch islamistischen Terrorismus wirklich ernst nahmen. Denn die Mitglieder der Hamburger Terrorzelle waren mehrfach in Spanien gewesen, um ihre Operation vorzubereiten. Der Anführer der Todespiloten, Mohammed Atta, reiste im Sommer 2001 für letzte Absprachen auf die Iberische Halbinsel. Zwei seiner Helfer, Ramzi Binalshibh und Said Bahaji, machten bei ihrer Flucht nach Pakistan unmittelbar vor den New Yorker Anschlägen Zwischenstation in Madrid. Aber viel entscheidender waren die 200 000 Dollar, die eine spanische Logistikzelle des Al-Qaida-Netzwerks den Attentätern des 11. September auf Umwegen zukommen ließ.

Der Anführer der Gruppe soll Statthalter bin Ladens in Spanien gewesen sein – ein syrischer Geschäftsmann namens Imad Yarkas alias Abu Dahdah. Hätten die Ermittler nach dessen Festnahme im Jahr 2001 sein Umfeld ausgeleuchtet, hätten sie wieder auf einen alten Bekannten stoßen müssen, der häufigen Kontakt zu Abu Dahdah pflegte – Jamal Zougam.

Achtzehn Monate später verpassten die Fahnder eine weitere Chance. Damals, kurz nach den Terroranschlägen von Casablanca im Mai 2003, bei denen jüdische Einrichtungen und ein spanisches Kulturzentrum attackiert wurden und mehr als vierzig Menschen ums Leben kamen, gaben marokkanische Behörden den spanischen Terrorfahndern einen heißen Tipp. Die Marokkaner vermuteten, dass Jamal Zougam an den Vorbereitungen der Anschläge beteiligt gewesen war. Tatsächlich betrachtete sich Zougam als Anhänger der «Salafiyah Dschihadiyah», einer radikal-islamischen Gruppe in Marokko. Er hörte häufig Audiokassetten mit den Predigten des Vordenkers der Gruppe und war auch wiederholt in seine eigene Heimat zurückgekehrt, um dort ebenjenen Hassprediger zu besuchen.

Dieser Mann wiederum galt den marokkanischen Behörden als Spinne im Netzwerk des islamistischen Terrorismus: Sheikh Mohammed Fizazi soll der Anstifter für die Selbstmordattentate von Casablanca gewesen sein. Elf junge Muslime hatten sich mit Rucksackbomben in die Luft gesprengt. Auch deutschen Ermittlern ist Fizazi nicht unbekannt. Der Sheikh aus dem marokkanischen Tanger predigte Ende der neunziger Jahre gelegentlich an der Al-Quds-Moschee in Hamburg, in deren Umfeld sich Mohammed Atta und seine Freunde bewegten.

All das war den spanischen Behörden wohl Grund genug, bei Jamal Zougam dieses Mal etwas genauer hinzuschauen. Dabei entdeckten sie neben seinen Kontakten zu Abu Dahdah auch seine häufigen Telefonate mit Gesinnungsgenossen in Großbritannien, die sich in den neunziger Jahren darauf spezialisiert hatten, junge Muslime in die Trainingslager der Al-Qaida in Afghanistan zu schleusen. London war der Sitz einer Art Reisebüro für kampfeswillige Fundamentalisten, das den Nachwuchs für den heiligen

Krieg über Peshawar in Pakistan an den Hindukusch brachte – wo sie von den Taliban oder Osama bin Ladens Rekrutierern mit offenen Armen empfangen wurden. Zougam ist möglicherweise nie in einem dieser Ausbildungslager gewesen, aber er war trotzdem auffällig viel gereist, auch nach Oslo. In der norwegischen Hauptstadt besuchte er Mullah Krekar, das geistliche Oberhaupt einer Terrorgruppe aus dem Nordirak – diese so genannte «Ansar-al-Islam» sollte später, nach dem Irakkrieg, noch von sich reden machen.

Demnach war also auch Jamal Zougam Anhänger einer fundamentalistischen Ideologie, aber offenbar nicht gefährlich genug, denn die spanische Polizei und die Staatsanwaltschaft hatten immer noch nicht ausreichende Beweise in der Hand, um ihn zu verhaften; man beschränkte sich darauf, seinen Namen in einer Extremistendatei festzuhalten.

Zougam war eigentlich gut angekommen in der spanischen Gesellschaft.[1] Er wurde 1973 in Tanger geboren, durch kaum zehn Kilometer Wasser, die Straße von Gibraltar, von Spanien getrennt. Als Zehnjähriger wanderte er mit seiner Mutter und einem Halbbruder nach Spanien ein und wuchs in Madrid auf. Mitten in Lavapies, dem nordafrikanisch geprägten Viertel im Herzen der Hauptstadt, arbeitete Zougam im Früchteladen seiner Mutter; bald betrieb er in der Nähe ein offenbar florierendes Geschäft mit Mobiltelefonen, Telefonkarten, Modems und anderen technischen Geräten. Von hier aus konnten die Kunden auch in alle Welt telefonieren, keiner fragte nach ihren Namen, niemanden interessierte, mit wem sie sprechen wollten. Die ideale Tarnung für die logistische Vorbereitung der Anschläge vom 11. März 2004.

7.39 Uhr – mit einem ohrenbetäubenden Knall explodiert der Waggon der Linie C-2. Er ist mitten in der Fahrt, nur Sekunden entfernt vom Bahnhof Atocha im Süden Madrids. Es folgen weitere Detonationen an verschiedenen anderen Streckenabschnitten. 191 Menschen sterben in den Trümmern der Züge, hunderte werden verletzt. In den Waggons haben die Attentäter 13 Bomben deponiert und dann fast gleichzeitig gezündet. Auch wenn die spanische Regierung in den Stunden danach einmal mehr zunächst die ETA verdächtigt, deutet doch vieles auf andere Urheber hin. Die koordinierte Attacke trägt die Handschrift der Al-Qaida – ein perfekter und präzis ausgeführter Plan, allerdings mit einem Schönheitsfehler: Nur 12 Sprengsätze explodieren, erst Stunden später stoßen die Fahnder in einer Polizeistation, in die das am Tatort gefundene Gepäck gebracht wurde, auf Nummer 13. Einen Rucksack mit einer handgemachten Bombe, verbunden mit einem Handy. Sie ist nicht detoniert, weil der Auslöser – ein Alarmsignal, eingespeichert in das mobile Telefon – auf eine falsche Zeit eingestellt war: 7.39 Uhr abends, nicht morgens, wie die anderen.

Die Täter haben einen entscheidenden Fehler gemacht, und deshalb bekommt Jamal Zougam in seinem kleinen Geschäft – El Nuevo Siglo – zwei Tage nach den Anschlägen wieder einmal Besuch von der Polizei. Diesmal sind die Herren nicht so rücksichtsvoll. Denn Teile des gefundenen Sprengsatzes, vor allem das Handy, stammen offenbar aus dem Laden des 31-jährigen Marokkaners.

Heute gilt Zougam als der Logistiker der Zelle, der wichtigste Mann – jedenfalls von denen, die noch übrig sind; denn wenige Wochen nach den Attacken entdecken die Ermittler eher zufällig das Versteck der Attentäter. Das Apartment in einem Wohnblock im Vorort Leganes wird umstellt. Als Polizisten die Tür aufbrechen wollen, sprengen sich die Terroristen mitsamt der Wohnung in die Luft, reißen einen der Beamten mit in den Tod. Sie haben die Drohung aus dem Bekennervideo, das drei Tage nach den Anschlägen in der Nähe einer Moschee gefunden worden war, wahr gemacht. Darin sagt ein Vermummter mit unverkennbar marokkanischem Akzent: «Dies ist die passende Antwort auf die Verbrechen, die ihr in der Welt und speziell im Irak und Afghanistan begangen habt, und es wird weitere geben, so Gott will. Ihr liebt das Leben, wir aber lieben den Tod.»

Warum lieben sie den Tod? Warum begeistern sich immer mehr junge Muslime für die Al-Qaida-Ideologie und sprengen sich dann bereitwillig in die Luft? Was haben ihnen ihre Opfer getan, die unschuldigen Männer, Frauen und Kinder, die wie alle Spanier das Leben lieben? Warum lassen sich die jugendlichen Mörder mit dem Virus eines pervertierten Islam infizieren, der den Massenmord scheinbar mühelos rechtfertigt? Als Antwort auf welche Verbrechen eigentlich? Und wie weit verbreitet ist dieser Virus schon? In ganz Europa? Oder war Spanien nur eine Ausnahme?

Solchen Fragen wollten wir nachgehen, als wir im Mai 2004 für eine ZDF-Dokumentation mit der Spurensuche in Spanien und Marokko begannen.[2] Eine Reise, die uns auch nach Großbritannien, Italien und Deutschland führen sollte, aber dazu später mehr. Wir hatten erwartet, dass wir die Antworten schnell erfahren würden, weil Islamisten üblicherweise gerne und offen über ihre Beweggründe reden. Dass aber ihre Argumente so simpel sein würden, hat uns überrascht.

Der schneeweiße Turm reckt sich in den Himmel von Madrid, sein rötliches Dach mit der weißen Spitze überragt sogar die nahen Wohnsilos. Unmittelbar neben der vielspurigen Stadtautobahn erhebt sich ein weißer Palast inmitten der grauen und braunen Apartment-Blocks. Kein Wunder, dass die Menschen gerne hierher kommen, ins Islamische Kulturzentrum von Madrid. Es ist eine strahlende Insel im tristen Alltag der Zuwanderer islamischen Glaubens. Eine Moschee, eine Schule, eine Bibliothek, hier gibt es Fortbildungskurse und Beratungsgespräche über die Probleme des täglichen Lebens.

Als wir eintreffen, werden wir von Mohammed Afifi Mohammed begrüßt, dem Sprecher der größten Moschee Spaniens. Er ist Ägypter, war Diplomat bei den Vereinten Nationen, ein weltläufiger und freundlicher Mann, der sich Zeit nimmt für das Fernsehteam aus Deutschland. Eineinhalb Stunden reden wir in seinem kleinen Büro über den 11. März 2004 und die Attentäter, die in «seine» Moschee gegangen sind. «Die waren nie auffällig», sagt er, «nur einer, der eigentlich hier fremd war, der hat Streit gesucht.» Nach dem Freitagsgebet habe Amer Azizi, so hieß der Unruhestifter, begonnen über Politik zu reden, Afghanistan, Irak, USA, Bush und über den Dschihad. Er wollte, dass man was unternimmt, und habe sich mit dem Imam gestritten, weil der von den Parolen nichts hielt. Was man dann mit Azizi gemacht habe? «Hausverbot, der durfte nicht mehr rein.» Mehr nicht? «Nein – jeder ist selbst für seine Taten verantwortlich.»

Das kleine Büro des Pressesprechers ist voll gestapelt mit Ausgaben des Korans – nicht nur in arabischer Sprache. Wir sehen englische, spanische, französische Exemplare, arabischer Originaltext samt Übersetzung. «Das Islamische Kulturzentrum wurde komplett mit Finanzmitteln aus Saudi-Arabien gebaut», erzählt uns Afifi. Auch alles was zur Ausstattung gehört, die Bücher, die Schule, die Lehrer, der Vorbeter, wird bezahlt von der saudischen Regierung. Und wer bezahlt den Koran in den verschiedenen Sprachen? Afifi drückt jedem von uns ein Exemplar in die Hand. «Den schenkt Ihnen die saudische Regierung.»

Wir blättern das heilige Buch auf, zuerst falsch herum, von links nach rechts. Gedruckt wurde dieser Koran mit dem prächtigen, blau-golden verzierten Einband in Mekka, von der königlichen King-Fahd-Druckerei. Meine Kollegin, Souad Mekhennet, selbst Muslimin mit marokkanisch-syrischen Eltern, wundert sich über die Fußnoten unter dem arabisch-englischen Text. Das sei unüblich, meint sie, als Afifi kurz das Zimmer verlässt. «Normalerweise sind Kommentare vom Korantext getrennt.» Wir wollen uns das später noch genauer ansehen.

Zuerst besichtigen wir die übrigen Teile des Kulturzentrums. In der Bibliothek stehen noch viel wertvollere Ausgaben des Korans sowie unzählige Schriften, nicht nur religiöse, auch politische, über die Lage in der arabischen Welt. Ein Flügel des Gebäudes ist der Schule vorbehalten, hier lernen Kinder im Alter von 6 bis 14 Jahren. Wir sehen sie durch ein Fenster, ins Klassenzimmer dürfen wir nicht; aber man sagt uns, dass hier nicht nur der Koran auswendig gelernt wird. In dieser Privatschule lernen sie auch Rechnen, Schreiben und Lesen, die Schulbücher stammen ausnahmslos aus Saudi-Arabien.

Wir fühlen uns an die König-Fahd-Akademie in Bonn erinnert, auch dort bemüht man sich eifrig um die Ausbreitung einer strengen Form des Islam, des so genannten Wahhabismus, der im Kern die Errichtung eines Gottesstaates unter dem Gesetz der Scharia, also dem fundamentalislamischen Recht, vorsieht. Ob solche Einrichtungen wohl der erste Schritt in den Terrorismus sind? Nach außen harmlos, nach innen die Kaderschmiede für künftige Attentäter? Wenn man dem Bundesamt für Verfassungsschutz glaubt, dann legen Zentren, in denen ein extremer Islam gelehrt wird, den Grundstein für islamistischen Terrorismus.

Im Interview mit Kamera wollen wir von Mohammed Afifi wissen, wie die Attentäter von Madrid Allah für ihr mörderisches Werk in Anspruch nehmen können, ohne dass die muslimische Gemeinde Einspruch erhebt. Irgendjemand muss doch mitbekommen haben, wie sich die jungen Muslime radikalisierten? «Wir können auch nicht in die Köpfe dieser Menschen blicken», meint Afifi. «Terrorismus kann niemals gerechtfertigt werden. (...) Für Terrorismus kann es weder kulturelle, religiöse noch ideologische Gründe geben. Es sind gottlose Menschen, Mörder, Terroristen. Wenn es Probleme gibt, und Probleme gibt es wirklich, dann haben wir doch Wege, um über diese Probleme zu sprechen.»

Probleme? Wir wissen aus dem Vorgespräch, was Afifi damit meint. Tschetschenien, Bosnien, den Nahostkonflikt beispielsweise. Das «Palästinenserproblem» sei über fünfzig Jahre alt, erklärt er. Und es gebe doch wirklich genug internationale Plattformen, zum Beispiel die UNO und andere internationale Organisationen und Foren, um darüber zu diskutieren. Glaubt er das wirklich?

Halten die Terroristen – wie übrigens auch die US-Regierung – die Vereinten Nationen nicht längst für einen «Debattierclub», der den Worten keine Taten folgen lässt? «Diese Probleme können natürlich ausgenutzt werden. Man kann den Menschen solche Dinge sagen, um sie zu manipulieren. Doch wir, die Zivilgesellschaft und die internationale Gemeinschaft, müssen den Terrorismus mit allen Mitteln bekämpfen. Wir müssen ihn bekämpfen durch die Kappung der Finanzierung, der logistischen Unterstützung und durch das Ausmerzen der Übel.»

Afifi distanziert sich eindeutig von den Madrider Terroranschlägen. Doch beschleicht uns der Eindruck, dass ihm vor allem der Tatort nicht passt. Die hier gelehrte und gelebte fundamentalistische Ausprägung des sunnitischen Islam findet eine recht klare Antwort auf die «Übel» dieser Welt: Die Muslime sollen sich unter einem Kalifen vereinigen und haben die Pflicht zum Dschihad, zum «heiligen Krieg». Das jedenfalls geht aus der Ausgabe des Korans hervor, die wir hier geschenkt bekamen und die wir uns nach unserem Besuch genauer anschauen.

In der 2. Sure, Vers 191–192, heißt es: «Tötet sie, wo immer ihr auf sie stoßt, von wo sie euch vertrieben haben. (…) Wenn sie gegen euch kämpfen, dann tötet sie. (…) Wenn sie aber aufhören, so ist Allah allverzeihend, barmherzig.» Durch diese und zahlreiche weitere Stellen wird der Dschihad im Koran verankert. Der Prophet gibt seinen Anhängern die Rechtfertigung, gegen Feinde des Glaubens vorzugehen, auch mit Mitteln der Gewalt. Dieses Konzept des so genannten «defensiven Dschihad», also des Rechts auf Selbstverteidigung, stützt sich historisch gesehen auf die Zeit, als Mohammed im Jahr 622 nach Medina geflohen war und seine Mitstreiter ausdrücklich zu «Überfällen» *(ghazawat)* auf die «Abtrünnigen» in Mekka ermutigte. Das war vor vielen hundert Jahren. Doch die wahhabitisch geprägte Fußnote im Koran aus dem Madrider Kulturzentrum transportiert den Text direkt in die Gegenwart. Dort heißt es: «Wenn der Dschihad aufgegeben wird, dann wird der Islam zerstört, werden Muslime unterworfen. Sie verlieren ihre Ehre, ihr Land und ihre Macht.» Der Dschihad darf also niemals aufgegeben werden.[3]

Mehr noch: Der Kommentar fordert den Leser auf, wachsam zu sein. Entdeckt er irgendwo Anzeichen dafür, dass Muslime unterworfen werden und ihre Ehre, ihr Land und ihre Macht verlieren, so bedeutet dies im Umkehrschluss: Der Dschihad wurde offenbar aufgegeben. Also höchste Zeit, dies zu ändern, denn der Dschihad ist heute noch genauso Recht und Pflicht jedes wahren Gläubigen. Die Islamisten rechtfertigen ihre Attacken als Selbstverteidigung, und die Wahl der Mittel wird nach der Wahl der Mittel des Gegners bestimmt. Der fundamentalistische Kommentartext wird zur Zeitmaschine, so als wenn heute Christen die Vorstellung des «Auge um Auge, Zahn um Zahn» aus dem Alten Testament für universell und allzeit gültig erklären würden, ohne der Bergpredigt aus dem Neuen Testament («Wenn dich einer auf die linke Wange schlägt, dann halt ihm auch die rechte hin») überhaupt Beachtung zu schenken.

Ist es also Absicht der Fundamentalisten, dass ein solchermaßen tendenziös ergänzter Koran zur Grundlage und Rechtfertigung von Terroranschlägen dient, die man zur Selbstverteidigung erklärt? Das hieße ja, dass das saudische Königshaus sich als Exporteur einer Geisteshaltung betätigt, die Terroristen produziert, auch wenn sie verherrlichend «Krieger» *(ghazi)* oder «Märtyrer» *(schahid)* genannt werden. Moderate Muslime verstehen unter Dschihad heute in erster Linie den «Kampf» mit sich selbst – eine persönliche Anstrengung und eine Verpflichtung für ein gottgefälliges Leben. Für die Fundamentalisten aber bedeutet Dschihad vor allem Selbstverteidigung im militärischen Sinne – also heiliger Krieg. Sie nehmen den Koran wörtlich. Natürlich ist deshalb nicht der ganze Koran eine Terroranleitung. Unter 6226 Versen wird von den Islamisten immer gezielt dieser eine aus der 2. Sure als Allheilmittel für das Leid von Muslimen in der Welt empfohlen.

Was, wenn es also gar nicht der Fußnoten bedarf? Schließlich lernt jeder Muslim, dass seine heilige Schrift, die für ihn das Fundament der letzten und ultimativen der drei so genannten Buchreligionen, also Judentum, Christentum und Islam, ist, nicht nach Gutdünken ausgelegt werden darf. Sie gilt so, wie sie geschrieben wurde, und wird nur ergänzt durch die Sunna – die Richtlinien für Lebensweise und Gebräuche, basierend auf den Aussprüchen und Handlungen des Propheten – und durch den Hadith, also die Überlieferungen zu den Taten Mohammeds und seiner Gefährten. Von den vielen tausend Überlieferungen werden nur sechs Sammlungen von islamischen Gelehrten als Standardwerke anerkannt.[4] Dies wird nicht nur in wahhabitischen, sondern in allen Moscheen dieser Welt als Grundlage der islamischen Religion anerkannt. Wenn der Muslim seinen Glauben wirklich ernst nimmt, ist er dann also verpflichtet, die Verse des Korans zum Dschihad wörtlich zu verstehen? Und wenn er dies tut, würde dann nicht auch der Dschihad im militärischen Sinne zum Selbstläufer, sobald gläubige Muslime irgendwo Anzeichen für den «Verlust von Ehre, Land und Macht» oder – wie Afifi es nannte – «auszumerzende Übel» entdecken, zum Beispiel in Ländern wie Irak, Israel und Tschetschenien?

Der Tee dampft in einer silbernen Kanne auf einem silbernen Tablett. Auf kleinen Tellern liegen winzige Hefeteilchen in einer süßen, klebrigen Soße. An den Wänden hängen wunderschöne Teppiche. Uns gegenüber sitzt ein kleiner Mann im grauen Strickpullover mit angegrauten Schläfen. Ein gepflegter, kurzer Vollbart umrahmt ein strahlendes Lächeln. Es ist gemütlich, wir kommen ins Plaudern mit Abdelkhalak el-Khamouni, dem Vorsteher der marokkanischen Gemeinde von Madrid. «Ich kenne bin Laden nicht», sagt er. «Ich kenne ihn nur aus dem Fernsehen und von dem, was ich lese. Aber wenn er wirklich hinter diesen Taten stecken sollte, dann ist das nicht der richtige Weg. Weil wir nicht die Konflikte in Europa austragen dürfen. Wenn es etwa ein Problem in Palästina gibt, müssen wir es in Palästina lösen und nicht in Frankreich, Spanien und Italien.»

Dschihad hier – streng verboten. Aber anderswo erlaubt? Wir wollen von ihm wissen, wie die Erwähnung des Dschihad im Koran heute zu verstehen sei. Ist es für ihn in Ordnung, wenn junge Muslime in den Irak ziehen, um da Terroranschläge gegen die amerikanischen Soldaten oder gar gegen irakische Zivilisten zu verüben? El-Khamouni gießt Tee nach, und dann erklärt er uns, was nach dem Gesetz des Dschihad so alles erlaubt ist.

«Palästina und Irak sind besetzte Gebiete.» Deshalb sei der heilige Krieg dort absolut gerechtfertigt, man verteidige sich gegen Unterdrücker. Selbstmordattentate auf Zivilisten? Erstens seien es ja keine Selbstmordattentäter, sondern Märtyrer, die sich für den Freiheitskampf opferten. Zweitens dürfe der Tod von Zivilisten in Kauf genommen werden, weil die andere Seite ja auch keine Rücksicht auf Zivilisten nehme. Wie viele unschuldige irakische Frauen und Kinder seien bei der Invasion der Amerikaner getötet worden!? Wie viele Häuser und Menschen habe die israelische Armee im palästinensischen Flüchtlingslager Jenin einfach platt gewalzt! Angesichts des Ausmaßes der Unterdrückung sei es sogar Pflicht für jeden Muslim, die Kämpfer und deren Angehörige mit Spenden zu unterstützen. Und wer aus Westeuropa in diese Länder ziehe, um am Dschihad teilzunehmen, der wandle auf dem Pfad Allahs. Das alles sei vom Koran einwandfrei gedeckt. Nur Anschläge in Europa, so weit dürfe man nicht gehen, denn hier werde der Islam ja nicht angegriffen.

Aber fühlten sich die Attentäter vom 11. März vielleicht doch persönlich angegriffen, und zwar hier in Spanien? Die Gespräche darüber führten die jungen Marokkaner und Tunesier nicht in der Moschee. Die fanden in Privatwohnungen oder Hinterzimmern statt. Etwa im Madrider Restaurant Alhambra in der Nähe von Jamal Zougams Telefonshop. Natürlich war Zougam mit dabei, genauso wie Amer Azizi, der in der Moschee Hausverbot bekommen hatte. Azizi hatte die Trainingslager der Al-Qaida in Afghanistan besucht. Die spanische Polizei glaubt heute, dass er die Anschläge auf die Vorortzüge von Madrid im Auftrag des Terrornetzwerks koordinierte und sich dabei der jungen Muslime aus Spaniens Parallelgesellschaft bediente.

Manchmal wechselte die kleine Gruppe das Lokal, um noch ungestörter reden zu können. Auch im Al Mana gab es ein Hinterzimmer. Dort saßen sie in ebenjenem Raum, in dem wir jetzt mit Abdelkhalak el-Khamouni sitzen, denn das Al Mana gehört ihm. Er will uns nicht sagen, ob er etwas mitbekommen hat von den Gesprächen der jungen Muslime, aber er hat offenbar viel Verständnis für ihre Motive: «Die haben oft keine Arbeit, aber sie verfolgen alles, was in Palästina und dem Irak passiert, dadurch wächst in ihnen Hass und Verzweiflung. Und dann ist es einfach, sie mit radikalen Ideen zu beeinflussen. Es sind junge Menschen, die vorher nie gebetet haben und nichts vom Islam wissen. Die treffen dann vielleicht auf Leute, die ihnen erzählen, sie wüssten, was die wahre Religion ist. Und sie erinnern sie dann wieder an die Bilder von Palästina, Tschetschenien …»

Hass und Verzweiflung? Warum sollte ein junger Marokkaner in Spanien, der ein gut gehendes Geschäft betreibt, so voller Hass und gleichzeitig so verzweifelt sein, dass er dafür seine Existenzgrundlage, seine Freiheit und vielleicht sogar sein Leben opfern würde?

Der Esel steht mitten im Müll, hinter ihm die Wellblechhütten vor einem wolkenverhangenen Himmel, er frisst aus einer alten Obstkiste. An der Ecke wühlt eine Kuh im Abfall. Sie wirft eine Plastiktüte hoch und kaut dann auf den Essensresten, die sich über den schlammigen Boden ergießen. Junge Männer laufen vorbei, Kinder spielen im Dreck. Dies alles gehört zum Leben in Toma, einem der Slums von Casablanca. 450 000 Menschen wohnen in den Armenvierteln, jeder zehnte Einwohner der marokkanischen Großstadt, die dem berühmten Agentendrama mit Humphrey Bogart ihren Ruf verdankt. Wie im Film kommen auch wir uns vor, weil unser Kamerateam auf Schritt und Tritt von Mitarbeitern des Geheimdienstes begleitet wird.

Sie haben in Toma überall Blockwarte angeworben, weil hier einst elf junge Männer im Alter zwischen 26 und 32 Jahren zusammenkamen, um sich an einem Abend im Mai 2003 in die Luft zu sprengen und Dutzende von Zivilisten mit in den Tod zu reißen.

Wir treffen uns mit Bekannten der Attentäter. Sie sind wortkarg: Ja, man habe die Jungs gekannt. Die seien jeden Tag in die Moschee gegangen und waren immer freundlich. Nein, so etwas habe man von denen wirklich nicht erwartet. Tatsächlich haben die Menschen hier Angst vor den Behörden, manche sind auch wütend, denn nach den Anschlägen ließ die Regierung 1200 Verdächtige verhaften, darunter viele, die dem marokkanischen Königshaus kritisch gegenüberstehen. Ein fruchtbarer Boden für die Hassprediger.

«Es gibt eine breite öffentliche Meinung in Marokko, die mit Osama bin Laden sympathisiert. Allerdings nur politisch. Weil sie sagen, dass bin Laden der Einzige ist, der den Amerikanern und den Europäern die Stirn bieten kann», sagt Mohammed Darif, einer der angesehensten Politikwissenschaftler im Land. Wir besuchen ihn in seinem Büro gleich gegenüber vom Souk, dem historischen Basar von Casablanca. Was die Touristen da draußen zu sehen bekämen, sei nur ein kleiner Ausschnitt aus der Wirklichkeit Marokkos, die noch ganz andere Seiten habe, wie Darif uns erklärt. Wie in vielen arabischen Ländern seien 80 Prozent der Bevölkerung unter 35 Jahre alt. Viele der jungen Leute lebten in Armut, ohne wirtschaftliche Perspektiven und gleichzeitig ohne jede Beteiligung an der politischen Willensbildung im Land. Denn wer sich kritisch äußere oder politisch gegen die Regierung agitiere, gelte als gefährlich für Land und Monarchie. Da sei es für die fundamentalistischen Prediger einfach, den Menschen einzureden, dass sie die

Verhältnisse im Land ändern müssten, möglicherweise sogar mit Gewalt. Gleichzeitig gäben Islamisten westlichen Regierungen eine Mitschuld, weil sie die Unterdrückung der Opposition in Marokko duldeten. Und der beste Beweis für diese vermeintliche Doppelmoral des Westens, der Demokratie fordere, aber deren Durchsetzung nicht zulasse, seien die Fernsehbilder aus dem Irak. «Die aktuelle amerikanische Politik macht einen großen Fehler», so Darif. «Die Amerikaner bekämpfen den Terrorismus, aber genau dadurch machen sie den Terrorismus stärker, weil sie ihm die Gründe liefern. Ich denke, dass Al-Qaida in Afghanistan wirklich starke Verluste hatte, vor allem nach dem Sturz der Taliban. Aber Bushs Einmarsch im Irak hat die Al-Qaida zu neuem Leben erweckt.»

Tatsächlich spielen die Weltereignisse für die Radikalisierung junger Muslime eine große Rolle. In den Slums haben wir auf fast allen Dächern der Wellblechhütten Satellitenschüsseln gesehen. Als wir uns in Marokko aufhalten, sind gerade die Folterbilder von Abu Ghraib an die Öffentlichkeit gelangt. Tag und Nacht werden sie von arabischen Fernsehsendern gezeigt und heftig diskutiert. Stets verbunden mit der Frage, wer denn nun schlimmer sei, Saddam Hussein oder die amerikanischen Besatzer? Da wächst der Hass – bei den Armen in den Slums von Casablanca, aber auch bei den Reichen.

«Was die da getan haben in Abu Ghraib, das richtet sich gegen die gesamte Welt. Wenn Männer von einer schweinischen Frau misshandelt werden, dann zeigt das, wie schweinisch und ungebildet das amerikanische Volk ist. Das islamische Volk hatte von Amerika gedacht, dass es gewisse Menschenrechte vertritt. Aber sie haben Bush geholt. Bush, den Straßenlümmel. Die Araber hatten eine gute Meinung von Amerika, aber das hat Bush geändert.» Es bricht aus ihm regelrecht heraus, und wir sehen ihm an, dass er seine Gefühle kaum zügeln kann; er sitzt auf der Kante seines Stuhls, er knetet seine Hände.

Jamal Benyaich hatte Bedingungen gestellt für unser Treffen: Ein Interview wollte er nur ungern geben, auf keinen Fall in der Öffentlichkeit, sondern nur in einem Hotelzimmer, und auch dann nur von hinten gefilmt. Der erste Kontakt sollte in einem Café in Tanger erfolgen, ohne Kamera, unauffällig, unverbindlich. Und da saßen wir dann bei einem Kaffee und einer Cola. Heute dürfen wir seinen Namen nennen, damals, kurz nach den Anschlägen von Madrid, wollte er unerkannt bleiben, denn schließlich stammt er aus einer Familie mit besonderer Verbindung zum heiligen Krieg am Hindukusch, in Westeuropa und in Marokko.

Benyaich ist Sohn eines reichen Immobilienhändlers, der außerdem die Lizenz für eines der beliebtesten Mineralwasser in Nordafrika besitzt. Jamal und seine drei Brüder hatten alles, was die jungen Leute in den Slums von Casablanca nicht haben – Geld, schnelle Autos, eine gesicherte Zukunft. Trotzdem sitzt Abdelaziz, der älteste, in einem spanischen Gefängnis, sein Bruder Salaheddin verbüßt in Marokko eine 18-jährige Haftstrafe – beide sollen in die Anschläge von Casablanca verwickelt gewesen sein und möglicherweise sogar in die von Madrid. Abdallah, der zweitjüngste, starb beim Bombenangriff der US-Luftwaffe auf Osama bin Ladens Bergfestung Tora Bora in Afghanistan. Drei Gotteskrieger in einer Familie. Nur Jamal ist noch übrig.

Mit dem Dschihad, so sagt er, habe er nichts zu tun, aber er halte den Kampf im Irak gegen die US-Armee für gerechtfertigt. Osama bin Laden ist auch in seinen Augen so etwas wie ein Freiheitskämpfer. «Osama bin Laden wird von Amerika benutzt, um ein schlechtes Bild vom Islam zu zeichnen. Amerika versucht, dieses Bild zu erhalten, um vor der Welt eigene Untaten, die es in fremden Ländern begeht, zu rechtfertigen. Irak ist ein besetztes Land, deshalb gibt es da einen Aufstand, und die Menschen haben das Recht, sich gegen Besatzer zu wehren.» Dieser Konsens reicht von den Slums von Casablanca bis in das prächtige Islamische Kulturzentrum von Madrid und, wie wir noch sehen werden, auch bis in die muslimischen Gemeinden in Großbritannien, den Niederlanden und Deutschland.

Für die radikalen Islamisten gilt, wie gezeigt wurde, das Gesetz des Dschihad. Es besteht aus zwei Regeln. Erstens: Wenn Muslime unterdrückt werden, sei es in den Armenvierteln ihrer Heimatländer oder in so genannten besetzten Gebieten, also Palästina, Tschetschenien, Bosnien und Irak, dann haben sie das Recht und die Pflicht, sich gegen die «Angreifer» zu wehren. So verstehen Islamisten den Koran.

Zweitens: Jeder Muslim ist dazu verpflichtet, den «unterdrückten» Brüdern beizustehen, sei es durch Gebet, Geld oder aktive Teilnahme am Kampf. So steht es ebenfalls im Koran. Denn in der 8. Sure findet sich der Satz, auf den sich die meisten islamistischen Extremisten und Terroristen berufen: «Die Ungläubigen sind miteinander verbündet, wenn ihr euch nicht auch verbündet, wird *fitnah* (Krieg, Schlachten, Unterdrückung) herrschen.» Die Islamisten verstehen das als klare Anweisung: Wenn Anzeichen für *fitnah* zu erkennen sind, dann ist es oberste Pflicht jedes Gläubigen, sich um einen Anführer zu scharen. Der Kommentartext in unserem Koran aus dem Madrider Kulturzentrum ist entsprechend unzweideutig: «Es gibt einen rechtlichen Zwang, dass alle Muslime sich unter einem Kalifen vereinigen müssen, um die Religion Allahs, den Islam, siegreich zu machen, sonst wird ‹fitnah› herrschen.»

Diese beiden Regeln werden von einer wachsenden Zahl junger Muslime anerkannt, weil sie Benachteiligung am eigenen Leib erleben oder weil sie die Ungerechtigkeit der Benachteiligung anderer besonders intensiv empfinden. Dies gilt auch für junge Muslime, die – wie Jamal Zougam – in Europa leben und Anteil an den Verhältnissen in den Ländern nehmen, aus denen ihre Familien stammen oder in denen Muslime aus ihrer Sicht unterdrückt werden. Auch hier empfangen sie per Satellit Fernsehkanäle aus der arabischen Welt, in denen extremistisches Gedankengut offen verbreitet wird.

Für die potentiellen Täter gibt es kein einheitliches Profil. Sie mögen arm oder als Kinder von Millionären geboren sein, kleinkriminell, arbeitslos oder in einer stabilen wirtschaftlichen Lage sein – gemeinsam ist ihnen, dass sie auf der Suche nach dem Sinn und nach einem Halt in ihrem Leben sind und dass sie all dies im Koran zu finden glauben.

An diesem Punkt ist der fruchtbare Boden bereitet, es fehlt nur noch einer, der den Weg weist, um die Theorie in die Praxis umzusetzen. Dabei scheint Glaubwürdigkeit in Wort und Tat der Magnet zu sein, der junge Männer in den Dschihad zieht. Es bedarf keiner Gehirnwäsche, wie manche fälschlicherweise vermuten.

Jamal Zougam war im Sommer oft in seine Heimat Marokko gereist und hatte dort gezielt den Kontakt zum Hassprediger Fizazi gesucht. Bei seinen Aufenthalten in Tanger ließ er sich einen Bart stehen, den er vor seiner Rückkehr stets abrasierte, um wieder in die spanische Gesellschaft einzutauchen. Seine Gesinnung sollte niemand auf Anhieb an seinem Äußeren erkennen. Der Kontaktmann und Organisator der Al-Qaida, Amer Azizi, musste offenbar nicht mehr tun, als der kleinen Gruppe die Mittel – Geld und Sprengstoff – an die Hand zu geben, damit sie den Worten der Prediger auch Taten folgen ließ.

Eine bestimmte Idee hat die entstehende Terrorzelle offenbar besonders beschäftigt: Konnte man den «unterdrückten Brüdern» im Irak nicht viel effektiver helfen als nur durch eine Geldspende oder gar eine Beteiligung am täglichen «Widerstand» zwischen Euphrat und Tigris? Würde ein Überfall *(ghazawa)* in Spanien die Regierung vielleicht veranlassen, die spanischen Truppen aus dem Irak zurückzuziehen?

Auf einer Dschihad-Webseite im Internet hatte ein unbekannter Autor schon im Jahr 2003 mit einer 42-seitigen Erklärung die Grundlagen für diese Überlegung geschaffen. Unter der Überschrift «Der Irak im Dschihad – Hoffnungen und Risiken» diskutierte er die Möglichkeit, mit gezielten Angriffen auf spanische, polnische und britische Ziele die Kriegskoalition zu spalten und einen Regierungswechsel herbeizuführen. In Bezug auf Spanien heißt es: «Wir glauben, dass die spanische Regierung nicht mehr als zwei, maximal drei Schläge aushalten kann, bis es wegen des großen Drucks aus der Bevölkerung zum Abzug kommt.»

Auch die Wahlen in Spanien Mitte März 2004 hatte der Autor mit seiner Art Dominotheorie fest im Blick: «Falls Spaniens Streitkräfte nach diesen Schlägen dennoch dort bleiben sollten, so wäre der Sieg der Sozialistischen Partei so gut wie garantiert.» Zwar fordert das Papier zu diesem Zweck schwere Terrorattacken gegen spanische, polnische und britische Soldaten innerhalb des Irak. Aber die geographische Lage und politische Situation der jeweiligen Länder ist so detailliert beschrieben, dass jeder selbst ernannte Gotteskrieger sie wohl auch als Aufforderung und Anleitung zum Terrorkrieg in Warschau, London und Madrid verstehen sollte. Den Entdecker dieser Strategieschrift, Thomas Hegghammer vom Norwegischen Verteidigungs-Forschungs-Institut, überraschte vor allem, «auf welchem hohen analytischen Niveau ein Anschlag gegen Spanien diskutiert wurde und wie gut informiert die Autoren über die interne politische Lage in Spanien, Großbritannien und Polen waren».[5]

Umso schlimmer ist es, dass die Anschläge von Madrid diese Botschaft auch noch verstärkten, indem sie dem politischen Kalkül eines pervertierten Islam à la bin Laden scheinbar zum Sieg verhalfen: Mit Terror lassen sich politische Verhältnisse verändern – die Attentäter des 11. März haben eine Regierung «weggebombt» und die zerbrechliche «Koalition der Willigen» im Irak schwer angeschlagen.

Das ist der dritte Schritt des Dschihad: Der Zweck heiligt die Mittel. Und genau diese Theorie wurde durch die Anschläge von Madrid bestätigt. Denn wenige Tage nach den Attentaten wurde

Spaniens Regierung abgewählt. Es mag sein, dass José María Aznar noch im Amt wäre, wenn er und seine Minister nicht so starrsinnig behauptet hätten, die baskische Untergrundorganisation ETA stecke hinter dem Blutbad des 11. März. Und dass José Luis Zapatero immer noch die Oppositionsbank drücken würde, wenn sein Gegner nicht versucht hätte, die öffentliche Meinung in Spanien in schamloser Weise durch Desinformation zu manipulieren.

Am Ende war es ein doppelter Sieg für Al-Qaida: der Sturz eines Freundes und Verbündeten der US-Regierung und der Abzug der spanischen Soldaten aus dem Irak. Auf dem silbernen Tablett servierte der neue Ministerpräsident Zapatero damit den Terroristen ein neues Argument für die Globalisierung des Dschihad. Seither muss jede amerikafreundliche Regierung mit Truppen im Irak fürchten, dass sich die Gotteskrieger mit Bomben einmischen werden, falls eine Präsidentschafts- oder Parlamentswahl im Lande ansteht. Wer allerdings glaubt, dass sich Spanien mit der Erfüllung dieser Forderungen nicht mehr im Fadenkreuz des islamistischen Terrors befindet, der hat sich getäuscht.

Mohssin D. hat die Baseballmütze tief ins Gesicht gezogen. Den Reißverschluss am Kragen seines Pullovers hat er geschlossen, so als wolle er kein Stück seiner Haut und damit seiner Identität preisgeben. «Ich habe Angst, dass einer der Verwandten der Opfer glaubt, dass ich was damit zu tun habe, und mich töten will», sagt der junge Marokkaner. «Ich habe damit nichts zu tun; ich bin kein Terrorist. Ich bin ein einfacher Mensch.» Das ZDF-Team dreht ihn von der Seite im Gegenlicht, damit ihn niemand erkennt.

Mohssin D. ist von Madrid in die Nähe von San Sebastian im Norden des Landes umgezogen. Geflohen könnte man auch sagen, denn irgendwie ist auch er ein Opfer des 11. März. Er hat Angst, weil sein Foto in der Zeitung war. Im Oktober 2004 wurde er bei einer Anti-Terror-Razzia festgenommen, zusammen mit seinem Bruder. Nach zwei Tagen kam Mohssin wieder frei. Sein Bruder steht jetzt als mutmaßlicher Terrorist vor Gericht. «Die Polizei glaubt, dass er und seine Freunde den Nationalen Gerichtshof in die Luft sprengen wollten. Dass sie zwar nicht zu einer Terrororganisation gehören, aber eine Zelle gebildet haben für diesen Anschlag.»

Das Verrückte daran: Mohssins Bruder ist nach Erkenntnissen der Staatsanwaltschaft im Gefängnis rekrutiert worden und hatte mit anderen Häftlingen eine Terrorzelle gegründet, die nach der Freilassung den Anschlag verüben wollte, eine Selbstmordattacke mit einem LKW und einer Tonne Sprengstoff. Kaum wieder auf freiem Fuß, machten sich die Nachwuchsterroristen im Herbst 2004 ans Werk. Es ist ein fatales Muster: Junge Einwanderer aus Nordafrika, die nach der Schule in die Arbeitslosigkeit entlassen werden, geraten auf die schiefe Bahn, werden kriminell, landen im Gefängnis und werden dort zu einem strengen Islam bekehrt – nur dass der gottgefällige Lebenswandel nach der Haft im bewaffneten Kampf und Massenmord endet. So erging es auch Mohssins Bruder. Wegen seiner Schlägereien landete er vor ein paar Jahren im Knast. «Da hat er dann zur Religion gefunden», sagt Mohssin. «Er betete fünfmal am Tag und fastete an Ramadan.»

Mohssin glaubt, dass die Gefahr für Spanien nicht gebannt sei, denn der 11. März habe junge Muslime im Land noch mehr zu Außenseitern gemacht. Tatsächlich gibt es nicht nur in San Sebastian viele junge, arbeitslose Marokkaner, die sich auf der Straße herumtreiben, mit Diebstählen, Einbrüchen und Drogenhandel ihren Lebensunterhalt bestreiten und ihren Frust in Alkohol ertränken. In anderen Landesteilen fanden nach den Anschlägen von Madrid sogar Pogrome gegen die Einwanderer statt.

Alberto Martinez befürchtet Schlimmes. Im Baskenland, so erzählt der Sozialforscher und Regierungsberater für interkulturelle Angelegenheiten, seien islamistische Missionare, finanziert von reichen Gönnern in Saudi-Arabien und Pakistan, unterwegs, um junge Männer anzuwerben. Sie verbreiten den wahhabitischen Islam und holen die Einwandererkinder der dritten Generation da ab, wo die spanische Innenpolitik sie links liegen lässt – in der Gosse. «Nur dann, wenn Gewalt ausbricht, versucht man, alle Kräfte an einen Tisch zu bringen, die Geschäftsleute, Hotel- und Restaurantbesitzer und Aktionsgruppen gegen Rassismus, Caritas, Polizei und die Regierung. Die diskutieren dann tiefsinnig, aber am Ende kommt nichts dabei heraus», meint Martinez mit einem Achselzucken. Obwohl die neue Regierung mit dem Truppenrückzug aus dem Irak einen der offensichtlichen Gründe für den Terrorismus auf spanischem Boden beseitigt habe, beteilige sie sich weiterhin am Kampf gegen den Terrorismus. Obendrein unternehme sie wenig, um eine Demokratisierung der Verhältnisse in den Heimatländern ihrer Zuwanderer zu erwirken. Der schlimmste Vorwurf ist: Sie habe nichts aus der Tatsache gelernt, dass die Attentäter des 11. März mitten aus der spanischen Gesellschaft kamen. Und dass die soziale und wirtschaftliche Benachteiligung der Einwandererkinder sie geradezu in die Arme der Extremisten treibt.

In Lavapies, dem Madrider Viertel, in dem einige der Attentäter lebten, fühlen sich junge Nordafrikaner heute bestenfalls geduldet. Diejenigen, die mit Fundamentalismus nichts zu tun haben wollen, werden so auch zu Opfern und vielleicht sogar irgendwann zu Tätern. Die Parallelgesellschaften in Spanien leben weiter getrennt voneinander, als wäre eben nichts geschehen am 11. März.[6]

«Alle Muslime haben sich in Verdächtige verwandelt. Es ist für sie noch schwieriger geworden, beispielsweise eine Wohnung zu mieten oder Arbeit zu finden.» Dies erzählt uns Mohammed Afifi Mohammed, dem wir zum Jahrestag der Terroranschläge einen weiteren Besuch abstatten. Hier werden noch immer die gleichen Koranausgaben mit den brisanten Fußnoten verschenkt. Die Schüler, die wir diesmal in ihren Klassen filmen dürfen, lernen weiter mit den Büchern aus Saudi-Arabien. Was ein Jahr zuvor in Madrid geschah, gilt hier offiziell als Sünde mit schlimmen Folgen vor allem für die Kinder, weil sie von vielen in der Bevölkerung irgendwie zu den Tätern gerechnet werden.

Nach dem 11. März sei man aufmerksamer geworden für das, was vielleicht im Verborgenen geschieht, erzählt uns Afifi. Aber er räumt ein, dass sich junge Menschen nicht mehr nur in der Moschee mit dem Islam beschäftigen und sich von einer radikaleren Auslegung des Korans begeistern lassen, die sie im Internet finden.

Radikalere Auslegung? Wir fragen Afifi nach den Versen in «seinem» Koran, den er uns geschenkt hat. Wenn er den Gegenangriff zur Selbstverteidigung erlaubt, ist es dann nur noch ein winziger Schritt bis zur Rechtfertigung der Anschläge hier in Spanien? «Eins ist sehr wichtig: Der Islam erlaubt keinen Angriff», meint Afifi, und seine Stimme bebt dabei. «Der Islam erlaubt nur, einen Angriff zu erwidern. Nun, das in Palästina ist eine Befreiungsbewegung. Das mit den Amerikanern im Irak, dazu sage ich nichts, außer: Was ist denn im Irak passiert? Wer hat den Einmarsch nach internationalem Recht erlaubt? Das ist doch die Frage, die wir uns stellen müssen!»

Am Morgen danach unternehmen wir die Fahrt auf jener Bahnstrecke, auf der die Waggons mit den Pendlern genau ein Jahr zuvor von Bomben zerstört wurden. Wir treffen dabei José Astocondor, der in seinen kleinen Rucksack schmerzhafte Erinnerungen gepackt hat – die Bilder seines Bruders Neil. Der Vater von zwei Kindern starb am 11. März 2004. José will nachfühlen, wie es geschah. Er fühlt sich im Stich gelassen von den spanischen Behörden. «Die Untersuchungskommission zu den Attentaten hat nichts gemacht», sagt er leise. In der Tat hat der Ausschuss des spanischen Parlaments die genauen Abläufe bis heute nicht rekonstruiert, deshalb fährt José die Strecke noch einmal ab.

An jenem Tag war der Peruaner, der eigentlich in Deutschland lebt, zu Besuch bei seinem Bruder in Madrid. Aus dem Fernsehen erfuhr er von den Explosionen, auf einem Bild entdeckte er seinen Bruder Neil und dachte, er sei gerettet. Er zeigt uns einen Fotoabzug des Fernsehbilds mit seinem verletzten Bruder. Bis heute versteht er nicht, warum Neil dennoch starb. «Das ist unglaublich, wenn du deinen Bruder am Leben gesehen hast. Er wollte doch nur hier aussteigen – und zur Arbeit gehen.» José weint.

Irgendwo hier im Bahnhof Atocha will er die Bilder seines Bruders und ein paar Blumen ablegen. Er darf nicht, erst nach den offiziellen Feiern. Auch am «Wald der Abwesenden», in dem für jedes Opfer ein Baum gepflanzt wurde, wird er zurückgewiesen. Jetzt nicht, sagen ihm die Polizisten am Zaun – aus Sicherheitsgründen. Denn im Park gedenkt die spanische Königsfamilie mit Politikern aus aller Welt der Toten. Der Verband der Angehörigen hatte die Teilnahme verweigert. Man wolle sich nicht vereinnahmen lassen, auch weil viele Hintergründe der Anschläge immer noch ungeklärt seien.

Spanien hat die Lehre aus dem Terror bis heute nicht gezogen, das ist der Eindruck, der bei uns haften bleibt an diesem sonnigen Märzmorgen 2005. Und die Gefahr ist größer als vor dem 11. März 2004, wie sich später in einer anderen europäischen Hauptstadt zeigen sollte.

2. London – die dritte Generation greift an

«Operation Frühlingserwachen», so hatten die Fahnder die Razzien in Manchester, Bournemouth und London genannt. Und was sie fanden, damals im Januar 2003, hat sie wachgerüttelt. Eine der Durchsuchungen ist auf einem Polizeivideo festgehalten. In einer kleinen Wohnung mitten in der britischen Hauptstadt entdeckte die Anti-Terror-Einheit von Scotland Yard ein regelrechtes Kabinett des Schreckens. Schrank und Kommode voll gestopft mit Chemikalien. Anleitungen für die Herstellung von Toxinen wie Botulinum, Zyanid und Ricin. Einige Plastikschüsseln zum Anrichten einer tödlichen Mixtur und, noch mit Originalverpackung, eine stählerne Handmühle, um das Beweisstück MW 28 – die Castorbohnen – zu dem tödlichen Ricin zu verarbeiten. In einem winzigen Papierumschlag befand sich, als graues Pulver, der gefährliche Stoff.

Ein Anschlag auf Teile der Londoner Wasserversorgung mit diesen Zutaten würde hunderte, wenn nicht tausende von Menschen vergiften, eine große Zahl von ihnen würde sterben. Denn Ricin ist tödlicher als das Gift einer Kobra, eine nadelkopfgroße Menge reicht aus, um einen erwachsenen Menschen zu töten. Es kann in Wasser gelöst oder Nahrungsmitteln beigemischt werden. Erst nach Stunden würden die Opfer die Symptome bemerken. Ricin attackiert die Zellen, stoppt die Produktion wichtiger Proteine, verursacht so Atemnot, innere Blutungen und Organversagen. Es gibt kein Gegenmittel. «Die Wirkung auf die Öffentlichkeit – wenn die Terroristen Erfolg gehabt hätten – wäre unkalkulierbar gewesen», so Peter Clarke, der Chef der Londoner Anti-Terror-Polizei. «Es ist kaum zu unterschätzen, wie viel Angst und Lähmung so etwas im ganzen Land ausgelöst hätte.»

Einen ähnlichen Fund hatte kurz zuvor die französische Polizei bei einer Razzia in Lyon gemacht. Und auch in Spanien fielen den Ermittlern Ende Januar 2003 die Zutaten für solch einen Giftanschlag in die Hände. In allen drei Fällen wurden eine Reihe von Nordafrikanern verhaftet, und alle drei Zellen standen miteinander in Kontakt. Wenn die Terroristen nur etwas vorsichtiger gewesen wären, hätte Westeuropa schon im Jahr 2003 eine kontinentüberspannende, koordinierte Anschlagsserie erlebt. Eine Spur führte damals zur Finsbury-Park-Moschee, in das Umfeld des Hasspredigers Abu Hamza, von dem später noch die Rede sein wird. Die Fahnder waren gewarnt.

Im Bild sehen wir eine Hand. Sie schiebt das Paket vorsichtig in einen Rucksack, die kleinen Plastikflaschen mit dem weißen Pulver, ein paar Drähte, der Sprengstoff. Ortswechsel. Der junge Mann geht die Stufen in die Londoner U-Bahn hinunter. Bahnt sich einen Weg durch die Menschen, die ihm entgegenkommen, nach dem Drehkreuz fährt er mit der Rolltreppe auf die Plattform hinab. Umgeben von Pendlern und Touristen, wartet er auf dem Bahnsteig. Der Zug kommt. Der Mann steigt ein, setzt sich, mit dem Rucksack auf seinem Schoß. Er greift hinein. Ein Feuerball.

So beginnt die Dokumentation «Al-Qaida 2004», ausgestrahlt im ZDF am 15. Juli 2004. Der Sendetermin ist zufällig gewählt, liegt aber gleichsam auf dem Punkt. An diesem Tag läuft nämlich ein Ultimatum ab, das Osama bin Laden nach den – wie er erklärt – «erfolgreichen» Anschlägen von Madrid an die Regierungen und Völker Westeuropas gerichtet hatte. Wenn sie sich aus dem Irak und überhaupt aus den Angelegenheiten der Muslime heraushielten, dann werde er einen Waffenstillstand verkünden – keine weiteren Anschläge auf europäischem Boden.

Bin Laden nimmt damit den Faden auf, den andere vor ihm gesponnen hatten: Madrid hat gezeigt, dass man mit Terror Politik verändern kann. Regierungschef Zapatero hatte mit dem Abzug der spanischen Truppen aus dem Irak das passende Argument dafür geliefert. Natürlich lehnen die Regierungen Europas das Angebot empört ab, sie lassen sich nicht spalten. In dieser Situation wirkt es vielleicht zynisch, einen Film zu machen, der weitere Anschläge in Westeuropa als unvermeidlich darstellt. Dabei sind es nur die festen Erkenntnisse der Geheimdienste und Kenner der Szene, die wir damals an die Öffentlichkeit weitergeben wollen. Denn sie sind in diesem Sommer des Jahres 2004 «scared to death», wie man im Englischen sagt – zu Tode erschrocken.

In Großbritannien gibt es zu diesem Zeitpunkt Hinweise auf ein neues Täterprofil künftiger Terroranschläge, das den Inlandsgeheimdienst MI5 und hochrangige Politiker in Angst versetzt, und das in ähnlicher Form auch auf andere Länder übertragen werden kann. Diese Sorge soll um keinen Preis an die Öffentlichkeit gelangen.

Unser Szenario für die Dokumentation – simultane Selbstmordattacken mit Rucksackbomben auf das U-Bahn-System Londons – beruhte auf den Erkenntnissen der Anti-Terror-Einheit von Scotland Yard. Im März 2004 hatte der amerikanische Geheimdienst NSA ein Telefongespräch abgehört, in dem von einer ähnlichen Attacke wie in Madrid, diesmal allerdings in London, die Rede war. Die sofort alarmierten britischen Fahnder nahmen bei einer Razzia in Südengland acht junge Männer pakistanischer Abstammung fest – sie sind 18 bis 22 Jahre alt. Sie alle hatten die britische Staatsbürgerschaft.[7] In einem angemieteten Lagerraum fand die Polizei 600 Kilogramm Rohmasse für einen selbst gemischten Sprengstoff sowie eine chemische Substanz.

Seit diesem Tag beschäftigte die Ermittler nur eine Frage: Gibt es eine neue Generation der Al-Qaida, bereit zum Zuschlagen auf eigene Faust auch mit chemischen Kampfstoffen? Terroristen mitten aus der britischen Gesellschaft, die nach außen einen westlichen Lebensstil pflegen, aber insgeheim den Massenmord an ihren Mitbürgern planen?

Eilig erstellte der MI5 eine vertrauliche Studie für das Innenministerium und beschrieb darin im April 2004 Täterprofile eines «hausgemachten» Terrorismus: «Sie sind entweder Ausländer, die die britische Staatsbürgerschaft angenommen haben, viele von ihnen aus Nordafrika und dem Nahen Osten, oder es sind Briten der zweiten oder dritten Generation von Zuwanderern vor allem aus Pakistan und Kaschmir. Zusätzlich gibt es auch eine bedeutende Zahl mit liberalem, nichtmuslimischem Hintergrund, ein Teil davon als Erwachsene zum Islam konvertiert.» Es sei äußerst schwierig, dieses Gefahrenpotenzial unter Kontrolle zu halten, da die möglichen Täter eben nicht in den einschlägigen Extremistenkreisen verkehrten, sondern eher ein angepasstes Leben führten.

Der MI5 stellte vor allem zwei Gründe für eine zunehmende Radikalisierung dieser Bevölkerungsgruppe heraus. Zum einen, so heißt es in der Studie, «erfahren Muslime erhebliche Nachteile im wirtschaftlichen Leben, im Bildungsbereich und bei den Härten des Alltags». Gerade Zuwanderer der dritten Generation mit britischem Pass seien zunehmend frustriert über soziale und wirtschaftliche Benachteiligung. Zwei Drittel der 1,6 Millionen britischen Muslime stammen aus Pakistan oder Bangladesch. Während die Arbeitslosenrate in Großbritannien um die 5 Prozent liegt, ist sie bei Muslimen dreimal höher, bei jungen Muslimen beträgt sie sogar 22 Prozent. Was Bildungsstand und Wohnverhältnisse angeht, finden sich Muslime in Großbritannien am unteren Ende der Skala. Arbeitslose Jugendliche treiben sich häufiger auf den Straßen herum, trinken, geraten in Kontakt mit Drogen und sind hin und her gerissen zwischen einem britischen Leben und den Traditionen ihrer Heimatländer, die Vergnügungen wie Alkohol, Tanz, Flirts und wechselnden Liebschaften eher ablehnend gegenüberstehen.

Dazu komme, so die Studie, eine massive Desillusionierung aufgrund der «Wahrnehmung einer Doppelmoral in der Außenpolitik Großbritanniens, in der Demokratie gepredigt, aber Unterdrückung der Muslime praktiziert oder toleriert werde, zum Beispiel Palästina, Irak, Afghanistan, Kaschmir».

Wie drängend das Problem war, stellte sich im August 2004 heraus, als eine weitere Terrorzelle junger Muslime mit britischem Pass gefasst wurde. Die Gruppe aus Luton, einer Kleinstadt nördlich von London, wollte offenbar einen Anschlag auf den Flughafen Heathrow verüben. Wieder hatten alle der Festgenommenen einen pakistanischen Familienhintergrund. In diesem Fall gab es sogar eine eindeutige Verbindung in die Führungsstrukturen des Terrornetzwerks von Osama bin Laden.

Mohammed Noor Khan, ein Computerfachmann der Al-Qaida, der im Frühsommer 2004 in Pakistan verhaftet worden war, hatte Pläne für einen Angriff auf London auf seinem Laptop gespeichert. Durch seine Festnahme kamen die Fahnder in Großbritannien der Terrorzelle in Luton auf die Spur. Die Dateien auf Khans Laptop beziehen sich allerdings nicht auf ein Attentat auf den Flughafen, sondern auf einen Anschlag auf die Londoner U-Bahn. Das ließ für die Ermittler nur einen Schluss zu: Sie hatten den Plan für die vereitelte Attacke vom Frühjahr gefunden.

Es war eine höchst beunruhigende Erkenntnis. Die Fäden für mehrere Operationen in Westeuropa liefen offenbar in Pakistan zusammen, gleichzeitig gab es keinerlei Querverbindung zwischen den beiden Terrorzellen in Südengland und Luton. Auch als im September eine weitere Gruppe junger Pakistani verhaftet wurde, diesmal im spanischen Barcelona, konnten die Behörden keine Kontakte zwischen den Terroristen nachweisen – außer der Pakistan-Connection. Waren wieder – wie schon 2003 – Anschläge in mehreren europäischen Ländern geplant? Waren die Verschwörer nur vorsichtiger geworden und hatten darauf geachtet, dass es keinerlei Kontakte zwischen den Zellen gab? Und hatten die Behörden nur mit viel Glück eine Bombenserie auf dem Kontinent verhindert?

Die britischen Geheimdienste, die Polizei und die Politik glaubten jedenfalls, dass sie die Gefahr rechtzeitig erkannt und alle Terrorzellen entdeckt hatten. Die Ermittler des gemeinsamen Anti-Terror-Zentrums waren sich ihrer Sache so sicher, dass sie nach den Parlamentswahlen im Juni 2005 sogar vorläufige Entwarnung gaben und die Sicherheitsstufe herabsetzten. Eine gründliche Fehleinschätzung, wie sich am 7. Juli herausstellen sollte, denn nach zwei erfolglosen Versuchen 2003 und 2004 nahmen die Terroristen einen dritten Anlauf.

Sie treffen sich in Luton, dem Ort, an dem fast ein Jahr zuvor die zweite pakistanisch-britische Terrorzelle aufgeflogen war. Es sind vier junge Männer im Alter von 18 bis 30 Jahren, die mit großen Rucksäcken in den Vorortzug nach London steigen. Sie scheinen nicht im Geringsten nervös, blicken sich nicht verstohlen um, gehen, so zeigen es später die Überwachungskameras der U-Bahn-Station King's Cross, scherzend durch die Gänge. King's Cross, das Kreuz des Königs – vielleicht soll es zynisch sein, dass sie sich jetzt aufteilen und jeder eine Bahn in eine andere Himmelsrichtung nehmen will – Nord, Süd, Ost, West –, sodass die Tatorte ein Kreuz bilden werden, wenn sie ihre Bomben gezündet haben.

Es klappt nicht ganz so, wie sie es geplant hatten. Der Jüngste unter den Attentätern, gerade 18 Jahre alt, muss improvisieren. Die U-Bahn-Linie nach Norden ist um kurz nach halb neun nicht in Betrieb, eine technische Störung. Bald danach, um Punkt 8.50 Uhr, sind es plötzlich eins, zwei, drei Totalausfälle. Denn innerhalb von nur 50 Sekunden explodieren drei Bomben, sterben Dutzende von Menschen – alles Zivilisten – und die drei Attentäter, die von ihren Sprengsätzen zerrissen werden. Panik breitet sich aus im U-Bahn-System, in den Tunneln, auf den Rolltreppen und auf den Straßen Londons. In wenigen Minuten sind Polizei, Feuerwehr und Rettungsdienste vor Ort. Wenigstens das klappt, schließlich haben sie es seit dem 11. September 2001 mehrfach geübt. Die Fernsehsender berichten live, als eine weitere Explosion den Tavistock Square im Stadtzentrum erschüttert. Der 18-Jährige hat es doch noch geschafft, seinen Freunden zu folgen in das versprochene Paradies, indem er diesen roten Doppeldeckerbus in eine Hölle verwandelt. Der Mörder reißt zwölf Menschen mit in den Tod.

Für die Anti-Terror-Fahnder ist plötzlich klar: Am Ende war es nur eine Frage der Zeit, bis ein Angriff Erfolg haben würde, und Geduld scheinen die Terroristen offenbar zu haben. Vom ersten Anschlag auf das World Trade Center 1993 bis zum 11. September 2001 vergingen fast acht Jahre. Im Jahr 1995 gab es erste Versuche für die gleichzeitige Sprengung mehrerer Flugzeuge und Pläne für den Einsatz von Passagierjets als Waffen – eine Maschine sollte sogar in ein Atomkraftwerk gelenkt werden. Nach den Anschlägen vom 11. September wurden Dutzende von Terroranschlägen in Westeuropa vereitelt. Immer wieder verhafteten die Fahnder zahlreiche mutmaßliche Terroristen, und immer fanden sich andere, die einen neuen Versuch unternahmen.

Genauso war es offenbar an diesem 7. Juli. Die jungen Männer aus Leeds und Dewsbury traten in die Fußstapfen der Festgenommenen aus Südengland. Erst jetzt, nachdem ihre Leichen identifiziert werden konnten, entdeckten die Ermittler, dass es eine Querverbindung gab zwischen einem der vier Attentäter und der im Frühjahr 2004 aufgeflogenen Zelle.

Wer waren diese «Tube-bombers»? Hasib Hussain, 18 Jahre, Germaine Lindsay, 19 Jahre, Shehzad Tanweer, 22 Jahre, und Mohammed Sidique Khan, 30 Jahre. Warum brachten sie Tod und Zerstörung mitten in die britische Bevölkerung? Woher kam ihr Hass?

Am Tag bevor Shehzad Tanweer sich in die Luft sprengt, spielt er stundenlang Fußball im Park nahe seinem Wohnviertel in Beeston, einem Ortsteil von Leeds. Dutzende von Jugendlichen sind gekommen, Schwarze, Weiße, Asiaten. Sie alle bolzen gemeinsam – hier gibt es keine ethnischen Trennlinien. Der 22-jährige Shehzad hatte sich gerade ein paar modische Strähnen ins schwarze Haar gefärbt. Er lebte ein sehr britisches Leben. Sein Vater war Anfang der sechziger Jahre aus Pakistan eingewandert, machte eine Ausbildung in der Textilbranche. Um sich das Startkapital für ein eigenes Geschäft zu verdienen, war er Polizist geworden. Nach der Eröffnung eines kleinen Textilladens, einer Schlachterei und eines Restaurants hatte sich Shehzads Vater einen bescheidenen Wohlstand und einen Platz in der britischen Gesellschaft erworben. Er gilt als einer der angesehensten Männer in der pakistanischen Gemeinde von Beeston. Die Familie Tanweer ist ein Paradebeispiel für gelungene Integration aus eigener Kraft.

Die Eltern und ihre vier Kinder hatten einen britischen Lebensstil, waren nicht streng religiös, sie gingen nur freitags in die Moschee. Shehzad musste eher gedrängt werden, hin und wieder mal im Koran zu lesen. Mit seinem besten Freund Chris Whitley, einem Weißen, teilte er die Begeisterung für Cricket. Shehzad träumte von einer Karriere als Profispieler, deshalb studierte er Sport an der Universität von Leeds. Eigentlich interessierte er sich nie für Politik und die Weltereignisse, las selten Zeitung, aber mit 18 Jahren machte Shehzad eine seltsame Wandlung durch, wurde religiöser, fand neue Freunde, die wie er überzeugt waren, dass Muslime unterdrückt werden in der Welt. «Der 11. September hat ihm die Augen geöffnet», meint ein Freund Shehzads gegenüber der «Washington Post». «Damals sind viele junge Leute hier wieder zum Islam zurückgekehrt.» Sie fragten nach dem Grund und Sinn hinter den schrecklichen Ereignissen und kamen zu dem Schluss, dass der Angriff auf Amerika eine Antwort war auf eine Politik, die von geostrategischen Interessen dominiert wurde und die am Leid von Muslimen in Tschetschenien, Bosnien und Palästina mit schuld war. Kurz: Osama bin Laden war in den Augen der Jungen glaubwürdiger als George W. Bush oder Tony Blair.

In diesem Moment wäre Tanweer noch nicht verloren gewesen. Aber die fehlende Selbsterkenntnis des Westens über die begangenen Fehler der Vergangenheit führte auch in den Folgejahren zu einer Politik, die aus Sicht junger Muslime – wie es im zitierten Bericht des MI5 vom April 2004 heißt – einer Doppelmoral in der Außenpolitik entsprach, «die Demokratie predigt, aber die Unterdrückung von Muslimen unterstützt oder toleriert». Im Umfeld, in dem Shehzad sich bewegte, war diese Ansicht *mainstream*, es gab keine anderen Blickwinkel, keinen fruchtbaren Streit in der Diskussion mit Andersdenkenden und keine Friedensbewegung, in der er sich beispielsweise gegen den Irakkrieg engagieren konnte. Für Shehzad und die anderen wurde das Thema Terrorismus zu einer Frage der Perspektive.

«Ein Terrorist ist einer, der die Leute so in Angst versetzen will, dass sie sich seiner Sichtweise anschließen, demnach ist Bush der größte lebende Terrorist dieser Welt – und Blair sein großer Komplize.» So sagt es Ahmad, ein junger Muslim aus Leeds. Weil er nicht erkannt werden will, haben wir ihn vor einen hellen Hintergrund gesetzt, sein Gesicht, seine Augen, seine lockigen, schulterlangen Haare liegen im Dunkeln. Ahmad war mit Germaine Lindsay befreundet und glaubt bis heute nicht, dass der aus Jamaika stammende Vater eines Kindes tatsächlich diesen Anschlag verübt hat. Wohl sei Germaine, der sich selbst mit seinem Übertritt zum Islam den Namen Jamal Abdallah Shaheed gegeben hatte, sehr religiös gewesen, sagt Ahmad. Einmal habe er den gesamten Fastenmonat Ramadan mit ihm in der Moschee verbracht. Aber genau deshalb würde der 19-Jährige doch niemals Unschuldige in London töten. Mitkämpfen im Irak, das könne er sich bei Germaine schon eher vorstellen, denn da seien die USA ja einfach einmarschiert, um ein brutales Besatzungsregime zu errichten: «Wenn jemand in dein Haus käme, aus einem anderen Land, und verlangt von dir, dass du seinem Lebensstil folgst; tötet Verwandte von dir, erschießt Nachbarn und vergewaltigt deine Schwestern, was würdest du dann mit so einem tun? Die natürliche, menschliche Regung wäre, dass du dich verteidigst – oder nicht?»

Selbstverteidigung als Rechtfertigung für den islamistischen Terrorismus. Es sind diese Ansichten, die die drei Freunde Tanweer, Hussain und Khan in Konflikt bringen mit den Imamen an den örtlichen Moscheen. Denn die Prediger dort gehören eher zu den moderaten, verbannen alle politischen Diskussionen aus dem Gotteshaus. Tanweer und die anderen bekommen Hausverbot. Aber sie wollen praktizierende Muslime sein, den Weg ins Paradies suchen durch ein Leben in reinster Form. Der Islam ihrer Eltern erschien ihnen als «verwässert». Also suchten sie nach Anleitungen und Gedankengut, das ihnen ermöglichte, sich ihren Islam im Do-it-yourself-Verfahren zu erarbeiten.

Was sie dafür brauchten, fanden sie in einem kleinen Buchladen in Leeds. Hier trafen sich Shehzad Tanweer und die anderen häufig und lasen Bücher über den Islam. Bevor die Polizei das «Iqra», das «islamische Lernzentrum», durchsuchte, konnte man die Titel der Pamphlete durch die Schaufensterscheibe lesen: «Das Grab», «Die Hölle», «Der Tod» und «30 Wege ins Paradies». In dieser Umgebung hielten die jungen Muslime Studienzirkel ab, schrieben Artikel und Flugblätter und produzierten Videos, zum Beispiel über den «Kreuzzug» des Westens gegen den Islam. Auf einem Band sind Aufnahmen von verstümmelten Muslimen zu sehen und ein Kreuz, von dem herab Blut auf eine Karte von Afghanistan tropft. Der «Washington Post» berichtet der Freund Shehzads, dass er und Mohammed Sidique Khan eine DVD angeschaut hätten, auf der zu sehen war, wie ein israelischer Soldat ein kleines palästinensisches Mädchen tötet. Andere erzählen von den Verschwörungstheorien zum 11. September, die sich auch die Attentäter von Dschihad-Webseiten im Internet heruntergeladen hätten. Weder sei ein Flugzeug in das Pentagon gestürzt noch in das World Trade

Center geflogen, das sei alles vom israelischen Mossad und der amerikanischen CIA inszeniert worden.

Auch Ahmad glaubt an diesen Blödsinn. Hinter den Londoner Anschlägen, so meint er, steckten ebenfalls die Geheimdienste. Außerdem seien da nur 50 Menschen gestorben. An einem einzigen Tag gebe es doch im Irak viel mehr Tote. Der pure Zynismus: Selbst die Schuld an den Opfern des Terrorismus im Irak wird den USA in die Schuhe geschoben, weil sie den «Widerstand» durch ihren Einmarsch erst erzeugt hätten. «Diese Leute gelten als Terroristen, weil sie die Amerikaner bekämpfen», sagt Ahmad, «aber sie sind Freiheitskämpfer. Die Amerikaner wollen uns unter das Kreuz zwingen. Wir sind die Freiheitskämpfer.»

Zu dieser Überzeugung kommen junge Muslime meist ganz allein – die aus ärmeren Familien und unteren Gesellschaftsschichten noch schneller und einfacher als Shehzad Tanweer, der Sohn wohlhabender Eltern. Es sind Denkmuster, die sich in nahezu allen westeuropäischen Staaten finden lassen, wo die sozialen und wirtschaftlichen Verhältnisse von einem überdurchschnittlich hohen Anteil von Muslimen unter den Perspektivlosen und Gefrusteten geprägt sind. Die Radikalisierung hat zunächst nichts mit Gehirnwäsche, sondern mehr mit Selbsterziehung und mit dem Mangel an alternativen Vorbildern zu tun. Weder staatliche Behörden noch die Einwanderergemeinden oder sonstige gesellschaftliche Gruppen bieten den jungen Muslimen eine Perspektive. So schaukeln sich Emotionen unter Gleichgesinnten auf. Sie bestätigen sich in ihren Wahrnehmungen und Erfahrungen gegenseitig, und dazu kommt eine mächtige Kraft, die Antworten auf alle Fragen zu geben scheint – ein Islam, in dem der Koran wörtlich und hochpolitisch genommen wird. Diese Macht wird zur Grundlage des Lebens und Handelns junger Muslime, zu ihrer «Basis» – die deutsche Übersetzung für den Begriff «Al-Qaida».

Mit anderen Worten: Die «Al-Qaida» ist eine Weltanschauung, keine bloße Terrororganisation, jeder, der an diese Ideologie glaubt, der nach ihr lebt, der gehört zur «Al-Qaida». Das erklärt, weshalb eine direkte Verbindung in die Führungskader im Umfeld Osama bin Ladens nicht notwendig ist, um einen Terroranschlag in Istanbul, Madrid, London oder Frankfurt der «Al-Qaida» zuzuordnen. Und doch zeigen die Ermittlungen häufig irgendeine Verbindung an den Hindukusch, vielleicht weil die Anhänger erfahren wollen, dass sie mit ihren Gedanken in einer säkularen, zunehmend wertearmen Gesellschaft nicht allein stehen, sondern global in eine breite Bewegung eingebettet sind. So machen sich nicht wenige auf den Weg nach Pakistan, entweder aus eigenem Antrieb oder auf Anregung der Wanderprediger einer fundamentalistischen Sekte, deren Ausbildungszentrum in Pakistan liegt.

«Weißt du, was Dschihad ist?», fragt der kleine Mann mit dem Vollbart lächelnd. Raouf Ben Halima ist umringt von Kindern, die er auf der Straße in einer der Trabantenvorstädte von Paris einfach angesprochen hat. Kennst du den Koran? Weißt du, wer Mohammed war? Warst du schon mal in der Moschee? Seine Fragen sind einfach, denn er will Kinder und Jugendliche ins Gespräch verwickeln. Am liebsten sind ihm die 15-, 16-jährigen, die oft verunsichert oder misstrauisch sind, weil sie Ärger mit den Behörden haben oder mit ihrem Erwachsenwerden nicht zurechtkommen. Da hat «Bruder Raouf» das Richtige für sie: einen Weg, der ihnen wieder Orientierung gibt, und einfache Regeln. Es ist der Pfad Gottes, und eines der wichtigsten Gesetze ist eben das des Dschihad, also fragt er auch danach.

Ben Halima ist Wandermissionar der Tabligh-e-Jamaat, abgekürzt TJ. Diese Bewegung entstand in den zwanziger Jahren des letzten Jahrhunderts in Indien. Sie kämpft für die Errichtung einer Idealgesellschaft auf Erden in Form eines weltweiten islamischen Staates. Dieses Ziel soll durch Missionierung erreicht werden, alle Menschen der Welt müssen zu einer Lebensweise bekehrt werden, die buchstabengetreu den Worten des Korans und dem Vorbild des Propheten folgt. Als Rechtsordnung wird nur die Scharia, das strenge islamische Rechtssystem, anerkannt. Obwohl die Tabligh-Bewegung Gewalt als Mittel nicht offen propagiert und nur geringe politische Ambitionen hat, wurde ihre Lehre doch zur Grundlage für zahlreiche Terrororganisationen in Pakistan und anderen Ländern dieser Region, zum Beispiel für Lashkar-e-Taiba und Jaish-e-Mohammed. Die Taliban verstanden ihr Regime in Afghanistan als die Verwirklichung der tablighschen Idealgesellschaft.

In der Schlichtheit der Idee liegt ihr Bedrohungspotenzial. Denn wer sich anschließt, muss nur zwei Regeln befolgen. Erstens so genau wie möglich das tun, was einst der Prophet Mohammed getan hat. Zur Selbstkontrolle dient ein Punktesystem. Wer fünfmal am Tag betet, bekommt eine bestimmte Punktzahl, wer diese Gebete aber statt zu Hause in der Moschee verrichtet, sammelt gleich 27-mal so viele. Eine möglichst hohe Punktzahl im Verlauf des Lebens öffnet das Tor zum Paradies. Die meisten Punkte erhält natürlich der Schahid, der Märtyrer, sobald der erste Blutstropfen den Boden berührt. Zum Zweiten ist jeder Tablighi verpflichtet, andere Menschen zu bekehren. Es ist ein Auftrag für ständige Missionierung, deshalb gehen die Tablighi wie die Zeugen Jehovas von Haustür zu Haustür.

Mittlerweile hat die Tabligh-Bewegung weltweit drei Millionen Anhänger. Weil sie den Anspruch hat, Menschen, die vom Weg abgekommen sind, auf den rechten Pfad zu führen, sprechen die Wanderprediger gezielt Kinder und Jugendliche an, die in Schwierigkeiten mit ihrem Umfeld oder mit den Behörden geraten sind. Rekrutiert wird deshalb besonders gern an sozialen Brennpunkten in europäischen Großstädten und in den Gefängnissen. 14- bis 16-Jährige, die in Straftaten verwickelt oder wegen Drogenkonsums verurteilt wurden, sind beliebte Ziele. «Je labiler, perspektivloser und marginalisierter die Jugendlichen sind», so erklärt ein deutscher Ermittler, «desto einfacher lassen sie sich für die gute Sache gewinnen.» Wie sehr sich die Tabligh auch in

Deutschland ausbreitet, wird in einem späteren Kapitel behandelt werden.

Sicherheitsbehörden quer durch Europa betrachten die TJ als eine Art Schleppnetz für junge Muslime, die radikalisiert werden, wenn sie den Regeln der Bewegung folgen. Zahlreiche Beispiele belegen, dass spätere Terroristen durch die Tabligh-Bewegung Anhänger eines extremen Islam wurden, darunter der so genannte Schuhbomber Richard Reid, der Ende 2001 ein Flugzeug in die Luft sprengen wollte. Oder Mohammed Bensakhria, der Anführer der so genannten Meliani-Gruppe in Frankfurt, die Ende 1999 einen Anschlag auf den Straßburger Weihnachtsmarkt geplant hatte, und Shadi Abdallah aus dem Ruhrgebiet, der es einst bis zum Leibwächter Osama bin Ladens brachte und im Jahr 2002 an Anschlagsvorbereitungen in Deutschland beteiligt war. Die Regeln der TJ schreiben einen viermonatigen Aufenthalt in den Koranschulen in Pakistan vor. Das Weltzentrum der Tabligh liegt in Raiwind in der Nähe von Lahore.

«Wir sind die Einzigen, die die jungen Leute von den Straßen wegholen in die Moscheen», sagt Raouf Ben Halima, der Wanderprediger aus den Vororten von Paris, «andere Gruppen machen das nicht. Die Jungen zu werben, das nimmt viel Zeit in Anspruch. Wenn hundert Jugendliche zur Tabligh kommen, dann sind nach drei Jahren nur noch zwei davon übrig. (...) Zwanzig oder dreißig von den hundert beten nicht mehr und praktizieren die Religion nicht mehr. Weitere fünfzig sind weiter religiös, aber für sie ist der Islam Privatsache. Und einige werden eben Mitglieder in extremistischen Organisationen.»[8]

So wie möglicherweise Mohammed Sidique Khan, einer der Bombenattentäter des 7. Juli. Er lebte ausgerechnet in der Stadt, die gleichzeitig die Europazentrale der Tabligh-Bewegung ist, Dewsbury in der Nähe von Leeds. Tatsächlich hatten er, Tanweer und Hussain gemeinsam für eine Weile die Moschee der Tabligh besucht, allerdings, so berichten Freunde, waren ihnen die Prediger dort noch nicht radikal genug. Am 19. November 2004 reisten Khan und Tanweer gemeinsam mit Turkish Airlines nach Karatschi in Pakistan und von dort weiter nach Lahore, um in einer Medrese den Koran zu studieren. Die Schulen und Moscheen dieser Hochburg der Tabligh-Bewegung stehen auch all jenen offen, denen die unpolitische Haltung der Missionare nicht ausreicht und die, statt die erfolgreiche Bekehrung aller Menschen zum Islam abzuwarten, lieber auf tatkräftigere Aktionen setzen. Diese Extremisten werden bei den Tablighi dennoch als «Brüder» jederzeit willkommen geheißen. So war es keine Überraschung, dass Khan und Tanweer in Lahore einen Ausbilder der militanten Jaish-e-Mohammed trafen, die seit Jahren in Pakistan schwere Terroranschläge verübt. Dieser Mann soll die jungen Briten in einer kleinen Religionsschule in Faisalabad in den Umgang mit Sprengstoffen eingewiesen haben. Ähnliches könnte Hasib Hussain erlebt haben, als er im Juli 2004 ebenfalls nach Pakistan gereist war.

Bei diesen Besuchen muss der Entschluss gereift sein, selbst als Bombenleger oder Selbstmordattentäter aktiv zu werden. Darauf lässt das Bekennervideo schließen, das Khan offenbar schon bei seinem Pakistanbesuch, ein halbes Jahr vor den Anschlägen, von sich anfertigen ließ. In dieser «Märtyrerbotschaft», die der arabische Fernsehsender Al-Jazeera im September 2005 zugespielt bekam und ausstrahlte, rechtfertigt der junge Brite eine Terrorattacke in Großbritannien. Der Schlüssel zum Verständnis dafür ist nicht die militärische Ausbildung, sondern die intensive Beschäftigung mit dem Gesetz des Dschihad, das die Gewalt wie beschrieben als Selbstverteidigung rechtfertigt und den Ausführenden zum Kämpfer Gottes stilisiert.

«Muslime, die versucht sind, dem Pfad des Dschihad zu folgen, glauben, dass der Islam erniedrigt wird. Der einzige Weg, die Erniedrigung und diese Attacke gegen den Islam zu kompensieren, ist der Gegenangriff. Und das Märtyrertum ist da die Waffe ihrer

Wahl.» Yoram Schweitzer kennt sich damit besonders gut aus. Für ein Forschungsprojekt an der Universität von Tel Aviv hat er Dutzende von Selbstmordattentätern in Israel befragt, jene, die noch gestoppt werden konnten, bevor sie sich in einer Pizzeria oder einem Bus in die Luft gesprengt hätten. Für sie wäre es eben kein Selbstmord gewesen, sie sehen sich als Helden, die sich für Gott opfern. «Jeder, der sein Schwert erhebt, um den Islam zu verteidigen – und sie benutzen immer nur defensive Ausdrücke –, der ist ein *schahid*, ein Märtyrer, weil er Gott auf eine Weise verteidigt, wie Gott es von ihm verlangt», erklärt uns Schweitzer. Im Gazastreifen und im Westjordanland werden junge Palästinenser in diesen Radikalismus regelrecht hineinerzogen.

Bei meinem Besuch in Israel im Frühjahr 2005 hatte ich Gelegenheit, eine Dokumentationsstelle der Armee zu besichtigen. In den Schaukästen waren zahlreiche Gegenstände ausgestellt, die israelische Soldaten bei Razzien in Palästinensergebieten beschlagnahmt hatten. Darunter Fotos von Kleinkindern, die man mit einer Kalaschnikow im Arm auf dem Sofa abgelichtet hatte, Zeichnungen, in denen Schulkinder ihren Hass gegen Juden und ihre Bewunderung für die Märtyrer der Hamas zum Ausdruck gebracht hatten. Ein Junge hatte sich einen Stundenplan entworfen, allerdings nicht für seine Schulstunden, sondern für ein tägliches Dschihad-Training. Es gab ein Stickerbuch, in das die Kinder nicht etwa bekannte Fußballspieler, sondern die beliebtesten Märtyrer einklebten. Und eine große Osama-bin-Laden-Spielfigur mit Handgranaten am Gürtel.

Wohin das alles führt, war 2004 im Fernsehen zu sehen: An einem Kontrollposten steht ein Junge mit erhobenen Händen. Er hat sein Hemd ausgezogen, sodass eine Sprengstoffweste mit den Zünddrähten zu sehen ist. Als man ihn später fragt, warum er Selbstmordattentäter werden wollte, antwortet der 14-Jährige: «Ich bin ein Märtyrer, das ist viel besser als ein Fußballer oder Sänger.»

Die Attentäter von London wurden, anders als die meisten Terroristen in Israel, nicht von klein auf indoktriniert und zum Hass erzogen. Umso bedrohlicher ist die Lehre aus London. Denn die Mörder wuchsen in einem demokratischen System auf, hatten dort vielleicht nicht alle Chancen, aber immerhin mehr Perspektiven als in den Heimatländern ihrer Eltern. Sie entschieden sich im Erwachsenenalter bewusst für einen abgrundtiefen Hass nicht hauptsächlich gegen westliche Werte, sondern gegen die Taten des Westens.

Kristallisationspunkt war und ist dabei der Krieg im Irak seit dem Frühjahr 2003. Dieser Krieg dauert an, hat sich allerdings weit über die Grenzen des Zweistromlands hinaus ausgebreitet, denn er dient auch als Treibstoff für Anschläge in anderen Ländern. Jeden Monat sprengen sich im Irak mehr als hundert Selbstmordattentäter in die Luft, viele von ihnen kommen aus arabischen Ländern, manche auch aus Westeuropa. Junge Muslime, die mit dem Gedanken spielen mitzumachen, lernen aus den Fernsehbildern, dass sie nicht verrückte Einzelgänger, sondern Teil einer Bewegung sind und dass ihre Taten Wirkung haben. Jeder Anschlag wird wie ein Sieg gefeiert. Der Selbstmordattentäter erhält Kultstatus auch in westlichen Gesellschaften, jedenfalls bei den Anhängern einer neuen Subkultur des islamistischen Terrorismus.

«Schmutzige Ungläubige ermorden irakischen Zivilisten» – diese Schrift wird auf schwarzem Grund eingeblendet, bevor der Film beginnt. Dann folgen Szenen eines verletzten Irakers am Boden, den ein amerikanischer Soldat aus zehn Meter Entfernung kaltblütig erschießt. Im Hintergrund ist Jubel zu hören. Es sind Aufnahmen des US-Fernsehsenders CNN, die als Einleitung dienen für ein Rapvideo des heiligen Krieges. Das Bildmaterial dazu hat der Westen selbst geliefert. Szenen aus dem Irak, aus Bosnien und Palästina, dazu Aufnahmen aus Trainingslagern der Gotteskrieger. Dazwischen Kampfszenen der Mudschaheddin, eingeblendet der englische Text: «Sei bereit für den Kampf mit den Ungläubigen».

Ein vermummter junger Mann mit schwarzer Kapuzenjacke und mit einer Pistole in der Hand rapt durch die Szenen: «OBL, OBL, der leuchtende Stern, wir sehen die Zerstörung der zwei Türme so gern.» Unterlegt mit einem hämischen Lachen stürzt am Ende das World Trade Center ein. Das Video stammt von «Sheikh Terra and the Soul Salah Crew», britischen Muslimen, die OBL, also Osama bin Laden, bewundern und deren Identität bis heute, über ein Jahr nach der Veröffentlichung, unbekannt ist.

Tony Blair wies nach den Anschlägen von London den Vorwurf, der Terror sei eine direkte Folge seiner Irakpolitik, empört zurück. Damit verschließt der britische Premierminister die Augen vor der Wirklichkeit. Wohl spielt für die Hintermänner des Terrorismus auch ein religiös begründetes Gesamtziel eines Weltkalifats eine Rolle. Aber der Irakkrieg hat dem islamistischen Terrorismus nicht nur weltweit neue Anhänger verschafft, die Irakpolitik der jeweiligen Regierungen ist auch der wichtigste Antrieb für Anschläge in Westeuropa. Das galt für Madrid genauso wie für Istanbul, wo im November 2003 das britische Generalkonsulat und die britische HSBC-Bank getroffen wurden, und das gilt auch für London selbst. Spätestens seit den Folterbildern von Abu Ghraib hat die Wut unter Muslimen in Westeuropa so sehr zugenommen, dass auch Einzeltäter zu Anschlägen bereit sind. Am 28. März 2004 sprengte sich Moustafa Chaouki mit seinem Auto vor einem McDonald's-Restaurant im italienischen Brescia in die Luft. Wenn nicht nur zwei, sondern alle vier der präparierten Gaszylinder explodiert wären, hätte es auch unter den Kunden zahlreiche Opfer gegeben. Zu Hause hatte Chaouki einen Abschiedsbrief hinterlassen, in dem der Marokkaner die Irakpolitik der Regierung Berlusconi heftig attackierte.

Als weiterer Beleg für die Fehleinschätzung der britischen Regierung mögen auch die Äußerungen der Anführer radikaler Gruppen in Großbritannien dienen, die sich weigerten, die Londoner Anschläge auf Zivilisten zu verurteilen. «Tony Blair hat sich entschlossen, gegen ein muslimisches Land vorzugehen und Menschen zu töten», so sagte uns Abu Abdallah, der Vizechef der «Unterstützer der Scharia». «Deshalb haben auch die Menschen auf der Straße Blut an ihren Händen; denn sie haben den Täter in sein Amt gewählt.» Und Omar Bakri, der Gründer der extremistischen «Al Muhajiroun», tönte: «Die britische und die amerikanische Regierung stecken wie Strauße die Köpfe in den Sand. Tony Blairs Außenpolitik und sein Krieg gegen den Terrorismus, ebenso wie eine britische Öffentlichkeit, die ihn wiedergewählt hat, ohne Osama bin Ladens Waffenstillstandsangebot ernst zu nehmen, und dann noch die Gemäßigten, die die praktizierenden Muslime unter dem Vorwand, sie seien Radikale, unterdrücken und diskriminieren. All das zwingt die Jugend, das Gesetz in die eigenen Hände zu nehmen. (...) Ich glaube, es wird eine Menge weiterer Attacken geben, so wie die in Madrid und London. Allah weiß, wer der Nächste ist.»

Das Interview gab Bakri dem ZDF nur wenige Minuten bevor in London am 21. Juli 2005 die zweite Anschlagsserie erfolgte. Auch wenn die Täter dabei scheiterten, weil der Sprengstoff in ihren Bomben zu feucht oder zu trocken war, um zu zünden, zeugt ihr Plan von grenzenloser Dreistigkeit und Todesverachtung.[9] Drei U-Bahn-Züge und ein Bus waren ihre Ziele, genau wie bei den Attentätern zwei Wochen zuvor. Und es scheint, als seien sie wie ihre Vorgänger – und ähnlich wie die Terroristen von Madrid – einem Plan gefolgt, der Monate zuvor bereits im Internet beschrieben worden war.

Unter der Überschrift «Internationaler Aufruf zum islamischen Widerstand» fordert der Autor in seinem mehrere hundert Seiten starken Pamphlet einen Dreifrontenkrieg gegen die Ungläubigen: «Zum Ersten Krieg gegen alle Truppen des Feindes in unseren eigenen Ländern, zum Zweiten in weiteren Ländern dieser Welt und zum Dritten auch in ihrem Heimatland.» Ausgeführt werden solle dies von der «dritten Generation der Mudschaheddin», die nach den «Ereignissen des September, der Besetzung Iraks und der neuen palästinensischen Intifada» entstanden sei. Dabei müssten die Gruppen unbedingt von der klassischen Untergrundstruktur mit hierarchischem Aufbau abweichen und stattdessen eine «geheime Bandenkriegsstruktur mit unterschiedlichen und zahlreichen Zellen, die nicht miteinander verbunden sind» errichten. Als das Papier im Dezember 2004 im Internet erschien, maßen ihm die Terrorfahnder in Westeuropa keine große Bedeutung bei.

Heute sehen sie das ganz anders. Denn der Autor war kein Geringerer als Abu Musab al-Suri, der syrische Mitbegründer der algerischen Terrororganisation GIA mit engen Kontakten zu Osama bin Laden. Über viele Jahre hatte er im Exil gelebt, zunächst in Spanien und dann in Großbritannien. Der spanische Geheimdienst sieht in ihm einen der Drahtzieher der Anschläge von Madrid.[10] Auch deshalb beschlich die britischen Ermittler unmittelbar nach den Attacken vom 7. und 21. Juli das Gefühl, al-Suri könnte seine Ideen aus dem Strategiepapier in die Tat umgesetzt haben. War er der Verbindungsmann zwischen den Terrorzellen in Großbritannien?

Die britischen Geheimdienste und Polizeibehörden hätten in diesen Wochen nach dem ersten Angriff gerne etwas Zeit gehabt, um darüber nachzudenken. Aber sie hatten mit zwei Schwierigkeiten zu kämpfen: Zum einen war die Anschlagsserie offenbar so gut vorbereitet, dass es kaum Hinweise auf eine Infrastruktur hinter der operativen Zelle gab. Zum anderen hielten die Ereignisse die Fahnder so in Atem, dass kaum Zeit für anderes blieb. 31 000 Polizisten waren seit dem 7. Juli in London im Einsatz, in zwei Schichten patrouillierten täglich 6000 Beamte in den U-Bahn-Stationen und begleiteten die Buslinien, Kriminalbeamte in Zivil schützten die Eisenbahnstrecken, pro Tag kostete der massive Polizeieinsatz 500 000 Pfund.[11]

Schon kurz nach der Attacke am 7. Juli war klar, dass jederzeit eine zweite folgen konnte. Denn die Polizei hatte nicht nur ein Fahrzeug der Attentäter mit Sprengstoff gefunden, der mit dem in den Rucksackbomben verwendeten identisch war. Der Kofferraum eines zweiten Wagens, dessen Entdeckung zunächst geheim gehalten wurde, enthielt beinahe zwanzig Sprengsätze ganz anderer Machart. Für wen waren diese Bomben bestimmt, wenn die vier jungen Muslime aus Leeds tatsächlich Selbstmordattentäter waren? Als die zweite Anschlagsserie am 21. Juli begann, brachte dies keine Beruhigung, denn die Attentäter hatten offenbar Bomben verwendet, die zur gleichen Zeit wie die vorherigen gebaut worden waren. Sie waren auf die im Kofferraum gefundenen Sprengsätze vermutlich nicht angewiesen. Weil die Mischung der Rucksackbomben nicht mehr «frisch» war, hatten sie wohl nicht gezündet. Obendrein operierten die Täter, die eine Woche später festgenommen wurden, offenbar völlig unabhängig von der ersten Terrorzelle und hatten einen anderen ethnischen Hintergrund. Ihre Familien stammten aus Eritrea, Äthiopien und Somalia.[12] Kurz nach der Verhaftung der zweiten Zelle sagte ein Ermittler von Scotland Yard der «Sunday Times»: «Die Razzia am Freitag war nur die Spitze des Eisbergs. Da kommt noch was Großes auf uns zu in den nächsten Monaten. Da gibt es ein großes Netzwerk, das wir unbedingt knacken müssen.»

Gab es also eine oder mehrere weitere Zellen? Und waren sie konsequent voneinander abgeschirmt, sodass sie nur über die Hintermänner entdeckt werden konnten? Die Sicherheitsbehörden gaben sich alle Mühe, die Angst zu verschleiern, die hinter den Kulissen vorhanden war. Am 22. Juli forderte diese Angst auf dramatische Weise ihr erstes Opfer.

Die Polizei hatte spezielle Scharfschützenteams in Zivil auf bekannte Islamisten mit dem Befehl angesetzt, ihr Zielobjekt mit einem Kopfschuss zu töten, falls es versuchen sollte, einen Selbstmordanschlag zu verüben. Bei der Überwachung eines verdächtigen Hauses fiel den Fahndern ein junger Mann auf, der sich eilig zur nächsten U-Bahn-Station bewegte. Die Polizei ging kein Risiko ein. Die Zivilbeamten nahmen die Verfolgung auf, wollten ihn in der U-Bahn-Station Stockwell stellen. Später würde es zunächst heißen, er sei, ohne zu zahlen, über die Absperrung gesprungen und habe eine dicke Winterjacke getragen, unter der er problemlos eine Sprengstoffweste hätte verbergen können. In Wirklichkeit war der mit einer Denim-Jeansjacke bekleidete junge Mann mit einer Monatskarte ganz normal durch die Absperrung gegangen und hatte sich eine kostenlose Metro-Zeitung genommen, um sie auf der Rolltreppe in die Tiefe in aller Ruhe zu lesen. Nur die letzten Meter rannte er über den Bahnsteig, um den U-Bahn-Zug noch zu erreichen. Dann nahm das Unheil seinen Lauf. Sicherheitsbeamte griffen den nichtsahnenden Jean Charles de Menezes an, nachdem er Platz genommen hatte. Aus nächster Nähe schossen sie ihm sieben Kugeln in den Kopf, eine achte traf die Schulter, drei weitere verfehlten ihr Ziel.

Der 27-jährige Brasilianer, der nichts mit den Terroristen zu tun hatte, wurde zum Opfer einer aus dem Ruder gelaufenen Spezialeinheit der Polizei, aber gleichzeitig auch eines neuen Phänomens, dem wir uns vermutlich bald häufiger gegenübersehen werden: Mitten in unserer Gesellschaft, auch in Deutschland, warten junge Muslime, unauffällig in ihrem Lebensstil, darauf, den Befehl ihrer Vordenker in die Tat umsetzen zu können und «die Länder der Gotteslästerer in eine Kriegszone zu verwandeln».

3. Dschihad-Jugend – bin Ladens Saat geht auf

«O Jugend des Islam, ihr seid die, über deren Brücke der Aufopferung die Nation auf die Bühne des Ruhms und in die Arena der Würde schreiten wird. (…) Ihr seid die Ritter dieses Kampfes und die Helden dieser Schlacht.» Der Autor dieser pathostriefenden Sätze dichtet gern. Seine Verse sind oft sehr blumig – und leider höchst effektiv. Wir wissen nicht, wo Osama bin Laden zur Feder greift – in einer Höhle in den Bergen des Hindukusch, in einer kleinen Hütte in einem der paschtunischen Dörfer im pakistanisch-afghanischen Grenzgebiet, in einem Erdloch gar wie einst Saddam Hussein oder vielleicht in einem winzigen Zimmer irgendwo in einer pakistanischen Großstadt. Viel bedenklicher ist, dass er weiter mit seinen Anhängern weltweit kommunizieren kann. Dabei tut er dies nur selten, denn sein «Unternehmen» läuft wie geschmiert.

Genau genommen hatte er noch nie eine Anhängerschaft, die so loyal und selbständig funktioniert wie die Jugendlichen, die sich als Vorkämpfer eines neuen, hochpolitischen Islam sehen. Wenn er, wie in seiner Audiobotschaft vom Oktober 2002, die jungen Muslime als «Ritter» und «Helden» anspricht, dann mag das nach purem Kitsch klingen. Aber seine Worte finden Gehör, weil die wachsende Masse der arbeits- und orientierungslosen jungen Muslime in der arabischen und westlichen Welt von ihrer Umwelt eher als «Versager», «Abschaum» und «Verbrecher» betrachtet wird. Der Terrorchef verteilt Streicheleinheiten für die Seele, und im Gegenzug wird er verehrt wie einst Che Guevara von den Studenten der 68er Generation.

Wir haben es immer als spannenden Test angesehen, bei unseren Gesprächen in der Islamistenszene zu fragen, was Osama bin Laden eigentlich ist – ein Terrorist? Stets erhielten wir ähnliche Antworten: Er ist ein Revolutionär, ein Freiheitskämpfer, ein Held, mein Vorbild, der traut sich was, der ist glaubwürdig, der folgt in all seinen Taten nur dem Koran. Das lässt eigentlich nur einen Schluss zu: Die Botschaft ist angekommen.

Denn als die amerikanischen Bomber und Kampfjets im Dezember 2001 über den Bergen von Tora Bora kreisten, war nicht nur Osama bin Ladens Leben in Gefahr, sondern auch sein Vermächtnis. Wenn die Amerikaner ihn und seine Gefolgsleute, einige tausend waren es immerhin, jetzt in der Bergfestung zusammengebombt hätten, dann wäre von seiner Idee des globalisierten Dschihad vermutlich nicht viel übrig geblieben. Al-Qaida war zu diesem Zeitpunkt weit davon entfernt, eine Massenbewegung oder gar eine Ideologie zu sein. Wenn die komplette Führungsriege um bin Laden herum getötet worden wäre, dann wäre dies das Ende der Bewegung gewesen. Wenige Tage zuvor war der Schwiegervater seines Sohnes, der Militärchef der Al-Qaida, Mohammed Atif, bei einem Luftangriff der Amerikaner gestorben.

Osama bin Laden fällte zwei Entscheidungen. Er gab seinen Kämpfern den Befehl, nach Hause zu gehen. Sie sollten ihre Waffen niederlegen, sich unauffällige Kleidung besorgen, über die Berge nach Pakistan oder in den Iran verschwinden und in ihre Heimatländer zurückkehren. Die meisten der Gotteskrieger waren ja aus islamischen Ländern in Nordafrika und Südostasien, manche auch aus Westeuropa und den USA in die Ausbildungslager nach Afghanistan gekommen und hatten dort für den heiligen Krieg trainiert, als die Anschläge vom 11. September geschahen. Es gab unter ihnen auch Dutzende von «Auszubildenden» aus Deutschland. Nun sollten sie den Dschihad in ihre Heimat tragen und dort ihr Fachwissen im Umgang mit Waffen und Sprengstoff anwenden.[13]

Dass Osama bin Laden diesen Auftrag gab, erfuhren westliche Geheimdienste von ebensolchen Heimkehrern; denn einige von ihnen wurden später festgenommen, weil sie sich befehlsgemäß an Anschlägen oder Anschlagsplanungen in Indonesien, Saudi-Arabien, Jordanien, Marokko, Kenia, Frankreich, Deutschland und Großbritannien beteiligt hatten. Nach einer vertraulichen Analyse der CIA aus dem Jahr 2003 haben «ausgebildete Extremisten bin Ladens Inspiration in ihre Heimatländer zurückgetragen, um dort auf lokaler Ebene ihren Dschihad zu organisieren».

Bin Laden musste damit rechnen, dass viele seiner Kämpfer auf dem Weg zurück in die Heimat getötet oder verhaftet würden. Und dass so mancher von ihnen nach den Kriegsereignissen in Afghanistan vielleicht auch seine Pflicht zum Dschihad als erfüllt ansehen würde.

Also traf er eine zweite Entscheidung. Er verkündete eine Art Testament, das er über das Internet und die arabischen Fernsehkanäle in alle Welt verteilen ließ. Die Videobotschaft vom 13. Dezember 2001 richtete sich vor allem an die «Jugend des Islam»: «Wir Männer reiferen Alters haben die Wegweiser für die jungen Menschen der Umma auf dem Weg des Dschihad gelegt und den Pfad vorgezeichnet. Ihr Jungen, ihr müsst diesem Pfad einfach nur folgen. Gebt eure Erfahrungen an die nächste Generation weiter. Wir haben sie von denen, die vor uns kamen, an euch weitergereicht. Gebt ihr sie an die weiter, die nach euch kommen.»

Nach Ansicht des ehemaligen CIA-Agenten Michael Scheuer war dies der Versuch, den Dschihad als Teil des Reifungsprozesses von Heranwachsenden zu verankern.[14] Für junge Muslime sollte es künftig zum Erwachsenwerden dazugehören, eine Weile im heiligen Krieg mitzukämpfen oder gar ihr Leben für die höhere Sache zu opfern. Es mag die verzweifelte Vorstellung eines Terroristen sein, der sich in die Enge gedrängt sieht. Aber knapp vier Jahre später lässt sich nur feststellen, dass die Saat aufgegangen ist. Ohne einige mächtige Verbündete wäre dies Osama bin Laden allerdings niemals gelungen.

Es begann mit dem Baseballschläger und dem Bienenstock. Wenn man mit jenem in diesen hineinschlägt, dann stehen die Chancen schlecht, die Königin zu treffen. Gelänge es, sie zu töten, dann würden sich die Bienen in alle Winde zerstreuen und nach einem neuen Volk suchen, dem sie sich anschließen könnten. So ähnlich geschah es in Afghanistan. Der Baseballschläger, das war die Nordallianz, die, kombiniert mit amerikanischer Luftüberlegenheit, in einem Schnellkrieg das Taliban-Regime besiegte. Die Königin, bin Laden, wurde nicht getötet, sondern bestenfalls – und wie wir gesehen haben, auf eigenen Wunsch – von den eigenen Anhängern getrennt.

Vielleicht wäre das alles nicht geschehen, wenn die US-Regierung mit einem größeren Militäraufgebot den Feind streng nach Lehrbuch umzingelt und dann aufgerieben hätte. Der «Krieg» gegen den Terrorismus in Afghanistan war jedoch kein klassischer Krieg, sondern allenfalls eine blitzschnelle Mini-Ausgabe mit Hightecheinsatz in Form von Präzisionsbomben. Diese Art des Kampfes kostete zwar wenige Opfer unter den westlichen Soldaten, aber am Ende kam sie Amerika und die Welt viel teurer zu stehen. Denn weil die Grenze zu Pakistan nicht abgeriegelt wurde, konnten tausende von Al-Qaida-Kämpfern fliehen. Deshalb sterben nun immer mehr Menschen bei Terroranschlägen in anderen Teilen der Welt. Diese These mag gewagt erscheinen, sie wird jedoch von den Fakten gestützt. In den ersten zweieinhalb Jahren nach dem 11. September fielen dem islamistischen Terrorismus weltweit mehr als 3000 Menschen zum Opfer, weit über 10 000 wurden verletzt.[15] Nicht eingerechnet die Terroranschläge in Israel und im Irak. Seit dem Irakkrieg aber hat sich die Zahl der Terrorattacken deutlich erhöht.

Der Krieg im Irak ist tatsächlich der zweite mächtige Verbündete bin Ladens. Ohne ihn wäre sein Traum von einer dritten Generation der Dschihad-Kämpfer womöglich gar nicht in Erfüllung gegangen. Und der tägliche Terror zwischen Euphrat und Tigris ist zum wichtigsten Glied in einer Kette von Ereignissen geworden, die die kontinuierliche Globalisierung des Dschihad über die letzten 25 Jahre widerspiegelt. Wer das gegenwärtige Bedrohungspotenzial begreifen will, der muss sich diese Entwicklung nur ein wenig genauer anschauen.

Die erste Generation der Gotteskrieger kämpfte in den achtziger Jahren gegen die sowjetischen Besatzungstruppen in Afghanistan. Unterstützung erhielten die Mudschaheddin nicht nur von arabischen Regierungen, die Gelder und Kämpfer an den Hindukusch schickten, sondern auch von den USA und anderen westlichen Staaten, die damals mit Hilfe ihrer Geheimdienste die Guerillakämpfer in Trainingslagern ausbildeten und mit Waffen versorgten.[16] Schon damals spendeten Muslime aus deutschen Gemeinden eifrig für die Mudschaheddin. Nach dem Ende des Krieges gingen viele der Gotteskrieger in ihre Heimatländer zurück. Einige von ihnen gründeten Terrorgruppen, die ihre regionalen Ziele entweder mit Anschlägen im eigenen Land durchsetzen wollten, z. B. die philippinische Abu-Sayyaf, oder mit Attacken auf ehemalige Kolonialmächte, zum Beispiel die algerische GIA mit ihren Bombenanschlägen auf die Pariser Metro Mitte der neunziger Jahre.

In dieser Zeit entstand die zweite Generation der Dschihad-Kämpfer: Junge Männer, die in die Trainingslager in Afghanistan geschickt wurden, um sich dort für ihren Kampf in der Heimat ausbilden zu lassen. Unter dem Eindruck des russischen Vorgehens gegen tschetschenische Rebellen, dem Völkermord des jugoslawischen Regimes an den bosnischen Muslimen und den Kämpfen in Israel und Palästina während der zweiten Intifada zog es auch zahlreiche Muslime aus Westeuropa in die Terrorcamps.

Ihre Kontakte untereinander prägen bis heute die Struktur des weltweiten Terrornetzwerks. Die meisten von ihnen haben hinterher in den genannten Konflikten mitgekämpft. Einige – darunter Mohammed Atta und seine Hamburger Terrorzelle – schlossen sich dem Versuch Osama bin Ladens an, den Dschihad zu globalisieren. Sie glaubten an die Mitschuld des Westens, vor allem der US-Regierung, die Muslime unterdrückt zu haben, und planten deshalb Anschläge gegen amerikanische Ziele – 1993 zum ersten Mal auf das World Trade Center in New York; 1995 auf den Philippinen gegen amerikanische Fluglinien (die Attacke wurde vereitelt); 1996 gegen US-Truppen in Saudi-Arabien; 1998 gegen die US-Botschaften in Kenia und Tansania; 1999 auf den Flughafen von Los Angeles (ebenfalls vereitelt); 2000 gegen das amerikanische Kriegsschiff USS Cole im Hafen der jemenitischen Stadt Aden und schließlich den Großangriff auf New York und Washington im September 2001.

Die große Mehrheit der Täter des globalen Dschihad waren junge Männer aus arabischen, afrikanischen oder asiatischen Staaten, einige von ihnen hatten zeitweise in Westeuropa und den USA gelebt, aber es gab kaum jemanden, der in der westlichen Welt aufgewachsen war und dann in den heiligen Krieg zog. Das sollte sich ändern. Der Grundstein dafür wurde in den letzten zehn Jahren gelegt, vor allem durch all jene, die in den Ausbildungslagern trainiert und danach den Dschihad gekämpft hatten.

«Märtyrer zu werden ist das höchste Ziel des Dschihadi.» José B., wie er sich nennt, weiß, wovon er spricht. Mitte der neunziger Jahre war er in den Trainingslagern der Al-Qaida in Afghanistan. Dort lernte er, welche Angriffe welche Selbstverteidigung rechtfertigen. Achtzig Prozent des Trainings, so erzählt er uns, drehten sich um das Gesetz des Dschihad. Morgens um vier Uhr wurde mit den ersten Lesungen des Korans und der Überlieferung begonnen. Erst später kamen die Übungen mit Waffen und Sprengstoff. José B. war 1995 über das Zentrum der Tabligh-Bewegung im pakistanischen Raiwind in Kontakt mit radikaleren Kreisen gekommen. Ein Mann hatte ihm den Weg zu Abu Zubaydah gewiesen, einem Mitglied des Führungszirkels um Osama bin Laden. Zubaydah schickte den Marokkaner in das Trainingslager in Khalden, wo er neben der Dschihad-Lehre auch die militärische Grundausbildung durchlief. Die Rekruten wurden im Guerillakrieg in Kaschmir und Bosnien eingesetzt. Unter den Teilnehmern gab es viele junge Männer aus Nordafrika und Südostasien. Sie wurden nach Nationalitäten in Gruppen unterteilt, da die Kontakte für später erhalten bleiben sollten. Westliche Geheimdienste schätzen, dass in den neunziger Jahren etwa sechzig- bis achtzigtausend Kämpfer diese erste Trainingsphase durchliefen.

Rund zehntausend Rekruten durften in der nächsten Stufe an einer Spezialausbildung teilnehmen, sofern sie sich besonders geschickt angestellt und vor allem das Gesetz des Dschihad verinnerlicht hatten. José B. gehörte zu den Auserwählten. Er wechselte in das Lager von Derunta, in dem er in einer kleinen Gruppe von sieben Kämpfern im Umgang mit Sprengstoffen aller Art unterwiesen wurde. «Ich habe gelernt, wie man die Bestandteile jeder Art von Bombe findet, vorbereitet und mischt.» Dann zählt er sie auf, von Plastiksprengstoff und RDX über Nitroglyzerin bis TNT. Auch Übungen mit Zyangas sowie weiteren chemischen und biologischen Kampfstoffen gehörten zum Programm.

José B. ist Sprengstoffexperte, aber er war eigentlich nie ein Gotteskrieger, obwohl er die Ausbildung durchlaufen hat. In Wirklichkeit war er nämlich ein Agent westlicher Geheimdienste. Im Auftrag des französischen Nachrichtendienstes DGSE ging er in die Lager. Für einen Beitrag im ZDF-Magazin «Frontal 21» im Juli 2005 konnten wir Details seiner Geheimdienstkarriere recherchieren. Einen seiner letzten Aufträge hatte José B. im Jahr 2000 in einem Wohngebiet in Frankfurt ausgeführt, als er für den deutschen Verfassungsschutz die Wohnung des Statthalters der Taliban in Deutschland ausspähte.

Vorher hatte er auch in London gearbeitet und dabei unmittelbar miterlebt, welche Rolle Heimkehrer aus den Lagern und aus den Kampfgebieten bei der Nachwuchswerbung spielten. Als Maulwurf des britischen Inlandsgeheimdienstes MI5 berichtete er von 1996 bis 1998 aus der Islamistenszene rund um Hassprediger wie Abu Qatada, dem Verbindungsmann der Al-Qaida in Europa, und Abu Hamza. Letzterer war ebenfalls in den Camps in Afghanistan gewesen und hatte – angeblich im Kampf – seine Hände und ein Auge verloren. José B. weiß es besser. Abu Hamza hatte beim Anrichten eines Sprengstoffs mit Nitroglyzerin nicht auf die Temperatur des Gemischs geachtet. Als er seinen Fehler bemerkte, wollte er, statt wegzulaufen, die Schüssel aus dem improvisierten Labor hinaus ins Freie bringen. Dabei war das Ganze explodiert.

Für seine Anhänger war Abu Hamza allerdings ein Held. Seine feurigen Reden schienen den MI5 ganz besonders zu beeindrucken, ebenso wie seine heimlichen Versammlungen in einem Haus vor der Stadt. Dort leitete er Kurse, in denen über Waffen und Sprengstoff geredet wurde. Abu Qatada hingegen hielt sich von solchen Aktivitäten fern, er lehrte junge Muslime lieber die Regeln des Dschihad.[17] Das fanden die Geheimdienste recht harmlos. José B., ihr Agent in der Szene, sah das freilich anders: «Abu Qatada war viel gefährlicher als Abu Hamza. Denn Abu Qatada lehrte das, was ich in den Lagern gelernt hatte. Zuerst lernt man das Gesetz des Dschihad, bevor man lernt, was eine Kalaschnikow überhaupt ist.»

Im Rahmen der Geheimoperation «Sandling» ließ der MI5 1997 den Jugendclub Four Feathers überwachen. Dort predigte Abu Qatada in der Regel vor jungen Leuten, 12- bis 18-Jährigen, viele mit pakistanischem oder indischem Hintergrund, die meisten vermutlich britische Staatsbürger, so berichtete José B. an den MI5, aber der sah darin keine Gefahr. «Sie haben mir oft gesagt: Unser Ziel ist es, den Anschlag morgen zu verhindern. Was am Tag danach ist, interessiert uns nicht. Wir sorgen uns nur um den nächsten Anschlag.»

Diese gefährliche Gelassenheit beruhte wohl auch auf einer Annahme, die zumindest in den neunziger Jahren in ganz Europa weit verbreitet war: dass die Extremisten ihren Ruheraum nicht durch Anschläge gefährden würden. Gerade London galt als der Ort, an dem Terrororganisationen aus aller Welt Büros unterhielten, weil sie von dort aus ungestraft politische Propaganda verbreiten konnten. So war es nicht weiter verwunderlich, dass auch bekannte Terroristen ein- und ausreisten, ohne dass sie eine Festnahme befürchten mussten. Als José seinen Führungsoffizieren einmal von der Anwesenheit des Drahtziehers der Metrobombenanschläge von Paris berichtete, da beschlossen MI5 und DGSE, dass man den Mann lieber weiter beobachten wollte, vermutlich um auf die Spur seiner Helfer zu stoßen.

Genau das war vielleicht der wichtigste Fehler der Geheimdienste, Polizeibehörden und der Politik in Westeuropa in den neunziger Jahren. Sie schauten hin, sahen allerdings nicht das Entscheidende: nämlich das Heranwachsen einer Generation, die eingebettet war in die westliche Gesellschaft, aber langsam an das Gesetz des Dschihad herangeführt wurde. Das Gespräch über die religiöse Rechtfertigung des so genannten «Widerstands» und die Regeln der Selbstverteidigung bereiteten den fruchtbaren Boden für diese dritte Generation. Dennoch lag das Augenmerk der Sicherheitsbehörden auf der zweiten, weil man denen ja schon etwas nachweisen konnte. Es ist verständlich, dass man überall eher auf diejenigen blickte, die schon Taten ankündigten oder an solchen beteiligt waren, also die so genannten Gefährder. Und es ist richtig, dass ihr Vorbild der gelernten Theorie Glaubwürdigkeit verlieh.

Aber die Annahme, dass der Virus des Terrorismus erst von einem aktiven Kämpfer auf andere übersprang, war und ist falsch. In Wirklichkeit entstammt der Virus schon den Lehren vom Dschihad. José B. wusste das, weil er es in den Lagern in Afghanistan erlebt hatte.

José B. wusste auch um die zweite Gefahr, die den Behörden

entgangen war. Von den vielen Heimkehrern aus den Lagern in Afghanistan blieben die wirklich gefährlichen meist unentdeckt. Sie hatten ja die Eliteausbildung bekommen, und dazu gehörte auch eine Einweisung in konspirative Techniken. Eines der besten Beispiele dafür war Ibn al-Shayk al-Libi, der Computerfachmann der Al-Qaida in den neunziger Jahren. Er hatte die Trainingslager in Afghanistan absolviert und war anschließend nach Großbritannien zurückgekehrt. Von dort aus bereitete er unbemerkt von den Behörden die Terroranschläge auf die US-Botschaften in Kenia und Tansania vor. Erst danach, 1998, führte eine Spur von den Attentätern zu al-Libis Wohnung in Manchester. Aber MI5 und Scotland Yard kamen zu spät. Der Terrorist war entkommen; auf seinem Laptop fand die Polizei das unter Islamisten weit verbreitete «Handbuch des heiligen Krieges», dessen Anleitungen der «Schläfer» offenbar präzise gefolgt war. In dem 180-seitigen Pamphlet, das mit dem Emblem eines von einem Schwert durchbohrten Globus verziert ist, wird detailliert beschrieben, wie sich ein Gotteskrieger in operativer Mission verhalten muss – von der Auswahl einer unauffälligen Wohnung über das Kommunizieren mit Hilfe gefälschter Telefonkarten bis zur Bildung einer Zellenstruktur, in der nur die jeweiligen Anführer Kontakt in das Netzwerk halten und als Einzige über die Anschlagspläne Bescheid wissen.

Nach Schätzung der Geheimdienste sind in Westeuropa bis zu eintausend der so ausgebildeten Elitekämpfer untergetaucht, einige von ihnen auch in Deutschland. Sie sollen sich noch immer von der bekannten Islamistenszene fern halten. Mit der Heimkehr des letzten Aufgebots von Osama bin Laden, seiner Kämpfer aus der Bergfestung Tora Bora, soll sich diese Zahl noch einmal erhöht haben. Da jeder Teilnehmer am Afghanistankrieg mit Strafverfolgung rechnen musste, blieb ihnen nur der Weg in den Untergrund. Bei vereitelten Anschlägen und Verhaftungswellen in den vergangenen Jahren sind den Ermittlern immer wieder einzelne dieser «Schläfer» ins Netz gegangen, weil sie bei ihren Plänen nicht vorsichtig genug waren. Einer von ihnen ist der Iraker Ibrahim K., der im Dezember 2004 in Mainz verhaftet wurde, weil er einen mutmaßlichen Selbstmordattentäter für den Irak angeworben hatte.

Mit dem 11. September, mit Beginn des Krieges gegen den Terrorismus und mit dem Einmarsch im Irak hat sich die Situation entscheidend verändert. Was zuvor nur Theorie und Gerede gewesen war, das wurde in den Augen der Lehrlinge des Dschihad blutiger Ernst. Waren es früher die Veteranen des Afghanistankrieges oder die Al-Qaida-Anhänger aus den Trainingslagern gewesen, die junge Gotteskrieger bei Werbereisen quer durch Europa drängten, sich für die Sache zu begeistern, wollen jetzt die Jungen der dritten Generation ihre Chance zur Teilnahme an diesem Kampf ergreifen.

Ihr Antrieb ist jedoch nicht in erster Linie religiöse Überzeugung, sie dient eher als Katalysator für einen ideologisch geprägten Tatendrang. Ihre eigentliche Motivation entspringt einer Haltung, die schon früher im Spannungsfeld zwischen erlebter Ohnmacht und projizierter Macht entstanden war: ein radikaler Antiimperialismus, der in einer zweistufigen Entwicklung jetzt brandgefährlich geworden ist. Die zweite Stufe war der Irakkrieg, die erste aber war der 11. September 2001, mit dem Al-Qaida die Aufmerksamkeit der Jugend des Islam auf sich zog. Der Angriff auf die USA war für viele Menschen rund um den Erdball ein Signal für eine Zeitenwende. Wir im Westen sprachen vom Bösen, das unsere Werte vernichten wollte, während all diejenigen, die sich schon lange als Opfer der Globalisierung und der geostrategischen Interessen der Großmächte sehen, den Angriff als Befreiungsschlag betrachteten: Befreiung von der Ohnmacht, immer nur Objekt der Machtpolitik anderer zu sein.

Selbst viele Menschen in den westlichen Demokratien fühlten, obwohl sie jede Art von Gewalt zutiefst ablehnen, dass die Attacken Folge einer Außenpolitik mit zweierlei Maß waren. Einer

Außenpolitik, die nie erklärt hatte, warum sie die Mudschaheddin in Afghanistan einst mit Waffen ausrüstete, danach das Land nach der Vertreibung der sowjetischen Besatzungsarmee in Trümmern liegen ließ und sich schließlich wunderte, wie aus dem Elend das verbrecherische Taliban-Regime entstehen konnte. Eine Politik, die den Kurden im Osten der Türkei kaum erklären konnte, warum NATO-Kampfjets über ihre Köpfe hinweg in den Nordirak donnerten, um die kurdische Minderheit dort vor den Truppen Saddam Husseins zu schützen, während gleichzeitig Soldaten des NATO-Partners Türkei kurdische Dörfer im Osten des Landes in Schutt und Asche legten.

Nach dem 11. September gab es nun Gelegenheit, die Fehler der Vergangenheit zu korrigieren. Stattdessen haben wir es geschafft – wenn man es in Analogie zu einem beliebten Strategiespiel formulieren wollte –, uns selbst mit zwei Zügen ins Schach zu manövrieren. Dank der Bush-Doktrin unterschied sich die Antwort auf die Herausforderung durch den Terrorismus leider nur in einer winzigen Kleinigkeit von der Politik vergangener Jahrzehnte: Erstmals wurde die Maxime offen ausgesprochen: «Wer nicht für uns ist, ist gegen uns.» In einer Situation, in der hunderte Millionen von Menschen auf der Welt ein Signal erwarteten, dass der Westen dem Terrorismus durch eine glaubwürdigere Politik ein für alle Mal den fruchtbaren Boden entziehen würde, war das kategorische Nein zu jeder Form von Selbsterkenntnis ein strategischer Fehler. Der Westen hat die Erwartungshaltung all derer, die der blutige Terror der Al-Qaida aufgerüttelt, aber gleichzeitig – und das trifft sicher für die meisten zu – auch abgestoßen hatte, tief enttäuscht.

Der Irakkrieg ohne völkerrechtliches Mandat, verbunden mit einer naiven Nachkriegsplanung und den menschenrechtswidrigen Exzessen von Abu Ghraib hat diese Enttäuschung dann in Wut verwandelt – und in die Bereitschaft, sich auf die falsche Seite zu schlagen in diesem Kampf.

Ob aus dem Schach auch ein Matt wird, hängt zu einem guten

Teil davon ab, ob wir junge Muslime davon überzeugen können, dass es genug Gründe gibt, sich nicht in die Luft zu sprengen. Dazu gehört, diejenigen von ihrem Marsch in den Terrorismus abzuhalten, die sich aufgrund ihrer Protesthaltung gegenüber einer bestimmten Außenpolitik nach einem geeigneten Forum umsehen und dabei in Ermangelung von Alternativen einer barbarischen Ideologie des Terrors anheimfallen. Diese Ideologie könnte sich – wie der Antiimperialismus vergangener Jahre – zu einer Massenbewegung entwickeln.

Nicht von ungefähr hat sie ihren größten Zulauf an den sozialen Brennpunkten, in den Arbeitervierteln, die einst die Hochburgen der extremen Linken waren. Jetzt leben dort Muslime, die sich von radikalen Gruppen rekrutieren lassen, um – so wie einst die Linke – den Kampf gegen die etablierte Ordnung aufzunehmen. Allerdings tun sie dies im Namen Allahs. «Die Barbarei umspannt die ganze Welt», so beschreibt es der französische Wissenschaftler Olivier Roy, «ihre Suche nach mythischen, messianischen und transnationalen Befreiungsbewegungen ist gleich geblieben, wie auch ihr Feind: der allmächtige amerikanische Imperialismus. Nicht die Geschichte der westlichen Welt oder des Nahen Ostens hat sie hervorgebracht, sondern die Verschmelzung aller Geschichte und die Globalisierung. Ihr Zuhause ist eine aus den Fugen geratene Welt.»

Eine aus den Fugen geratene Welt auch mitten in Westeuropa? Spätestens seit dem Irakkrieg ist eine steigende Zahl junger Männer davon überzeugt. Und weil sie drängen, haben die früheren Büchsenspanner des Dschihad, getrieben von dieser neuen Generation, vor zwei Jahren begonnen, ihre Rhetorik zu verschärfen, bis im Sommer 2005 junge Muslime in London die Sache selbst in die Hand nahmen.

Vermummte Gestalten ziehen die blaue Plane quer über die Straße. Sie bereiten den Platz, auf dem die Anhänger des Hasspredigers Abu Hamza ihr Freitagsgebet verrichten. Vor der Finsbury-Park-

Moschee in London bietet sich den Anwohnern im Mai 2004 ein surreales Bild. Mit Tüchern haben Abu Hamzas Helfer ihre Gesichter verhüllt. Durch winzige Sehschlitze schauen sie misstrauisch umher, dabei sind sie doch bestens bewacht. Überall stehen Polizisten – wie die muslimischen Wächter tragen sie gelbe Westen – und halten rechtsradikale Hooligans auf der anderen Straßenseite zurück. Einige Beamte haben Fotoapparate und Videokameras und filmen sogar unser Kamerateam. Die Gläubigen, die da auf der Plane beten, stören sich nicht an dem Auftrieb.

Als wir London wenige Wochen nach den Anschlägen von Madrid besuchen, predigt Abu Hamza über den Irak und die Folterbilder von Abu Ghraib. Im arabischen Teil seiner Rede wird er deutlicher als im englischen. «Die Ungläubigen haben Angst vor dem Tod», meint er mit Verweis auf die US-Soldaten im Irak, «unsere Mudschaheddin fürchten nur ihren Gott.» Im kleinen Kreis, das belegen Abhörprotokolle der britischen Polizei, wurde der bis dahin eher als Maulheld bekannte Prediger viel deutlicher: «Ihr müsst nicht tausende von Meilen reisen, um Märtyrer zu werden. Das geht auch vor eurer eigenen Haustür», so hatte er gesagt. Erst ein Auslieferungsersuchen der USA, demzufolge Abu Hamza vor einigen Jahren die Errichtung eines Trainingslagers im Bundesstaat Oregon veranlasst haben soll, brachte den geistigen Brandstifter hinter Gittern – in Abschiebehaft.

Abu Hamza wollte damals nicht mit uns reden. Stattdessen trafen wir uns in London mit einem saudischen Oppositionellen. Saad al-Faqih, der sich selbst als Kritiker der Königsfamilie bezeichnet und mit Propagandamaterial auf einen Umsturz in seiner Heimat hinarbeitet, präsentiert sich gern als Mittler zwischen einer neuen Generation der Unzufriedenen, wie er sie nennt, und der westlichen Welt. Dabei sind britische und amerikanische Geheimdienste davon überzeugt, dass al-Faqih zumindest gegen Terroranschläge in seiner Heimat und in anderen arabischen Ländern nichts einzuwenden hat und deshalb die Dschihadisten aktiv unterstützt.

Diese, so räumt er ein, würden tatsächlich eher von politischen als von religiösen Zielen getrieben: «Die Dschihad-Bewegung glaubt, dass sie die Weltordnung umdrehen muss, um Veränderungen in der muslimischen Welt zu erreichen. Lasst uns Amerika befrieden und dann die Sache in unserer Heimat erledigen. Amerika wird befriedet, indem man Schrecken innerhalb Amerikas verbreitet. Aber dann kommt der Westen den Amerikanern zu Hilfe. Also lasst uns diesen Ländern kleine Dosen zur Strafe verpassen, sodass, so sagen die jedenfalls, niemand Amerika hilft, wenn wir es wieder angreifen.»

Die Vollstrecker dieser Strategie, die in ihren Heimatländern aufgrund der Bevölkerungsexplosion mittlerweile zur machtlosen Mehrheit geworden seien oder die aus demselben Grund in der neuen Heimat einer – rapide wachsenden – Minderheit angehörten, würden, so al-Faqih, motiviert von einem Streben nach mehr Freiheit und mehr Mitbestimmung, allerdings auf der Grundlage eines besonders strengen Islam. Dessen Anhänger gehen davon aus, dass er irgendwann als letzte und ultimative Religion übrig bleibt und die ganze Welt umspannt (ähnlich wie es fundamentalistische Christen gemäß der biblischen Apokalypse von ihrer Religion erwarten). Weil der Islam nicht nur eine Religion ist, sondern auch einen Staats- und Gesellschaftsentwurf in sich trägt, kleidet sich diese Revolution in das Gewand einer Weltreligion. «Der Islam ist der rechte Weg», sagt Saad al-Faqih, «weil er Gottes Bestimmung für die Menschheit ist, muss er auch die dominierende Kraft in der Welt sein. Die Dschihadisten sagen, es ist egal, ob es ein Jahr, zehn Jahre oder hundert Jahre dauert; wichtig ist, dass wir daran arbeiten. Ihr Endziel ist die Weltherrschaft. Es übersteigt offenbar die Vorstellungskraft der westlichen Welt, dass sie es mit einer richtigen Herausforderung zu tun hat. Sie will es immer damit erklären, dass sie Verbrechern und Gangstern gegenübersteht, mit denen man schon fertig wird. Aber es ist eine echte Herausforderung.»

Osama bin Laden hat da offenbar etwas losgetreten, was sich nicht einfach dadurch stoppen lässt, dass man möglichst viele seiner verstreuten Krieger fängt und hinter Gittern bringt. Denn es ist ihm gelungen, das kurzfristige politische Ziel – Vertreibung des Westens aus islamischen Ländern – und die Hoffnung junger Muslime auf Veränderung in ihren Ländern fest an das im Islam verankerte Streben nach einer Idealgesellschaft auf Erden zu koppeln. Die Idee des Dschihad als Befreiungskampf auf dem Weg zu einer Dominanz des Islam – das unterscheidet sich nicht allzu sehr von der Idee der Revolution des Proletariats als Vorbedingung für eine kommunistische Idealgesellschaft. Wie diese Herausforderung des 20. Jahrhunderts ist nun die des 21. Jahrhunderts ebenso ernst zu nehmen.

«Für die spielt Zeit keine Rolle, nur das Ziel. Die Terroristen bereiten sich in Ruhe vor. Und wenn du draufgehst oder verhaftet wirst, dann macht es halt der nächste», so erklärt uns José B., der ehemalige Geheimagent des französischen DGSE. Als sie in den Lagern in Afghanistan im Dschihad unterwiesen wurden, sei es nie um den Kampf gegen westliche Werte gegangen, sondern ausschließlich um den Kampf gegen die Taten des Westens und die Taten der angeblich korrupten Regime in islamischen Ländern. Der bewaffnete Kampf galt dabei als einzige Möglichkeit, die Hindernisse für eine weitere friedliche Ausbreitung des Islam zu beseitigen. Die Wahl der Mittel, so José B., richtete sich ausschließlich nach der Art des gegnerischen Angriffs. Jede Stufe der Eskalation musste gerechtfertigt sein. Das Töten von Zivilisten, von Unbeteiligten, galt als Verstoß gegen die Regeln des Dschihad. So war es jedenfalls im Jahr 1995.

Als Anfang September 2004 tschetschenische Terroristen die Schule von Beslan mit hunderten von Kindern in ihre Gewalt nahmen, da rief mich José B. an: «Keine Kinder, nur keine Kinder, das hat man uns damals immer eingetrichtert. (...) Die haben das Tabu absichtlich gebrochen.»

Wenn das möglich war, gelten dann vielleicht auch die Regeln aus den Lagern in Afghanistan nicht mehr? Haben wir es jetzt mit einer Generation zu tun, die brutaler und rücksichtsloser ist als ihre Vorgänger? Hält sie sich nicht mehr an das Gesetz des Dschihad, oder kennt sie es vielleicht gar nicht mehr so genau? Es ist eine Kombination aus alldem. Die Reaktion der Terroristen auf den Irakkrieg, die Enthauptungen und die endlosen Selbstmordattentatsserien haben offenbar einen Blutrausch ausgelöst, in dem die Regeln des Dschihad neu geschrieben werden von Massenmördern und Psychopathen wie dem jordanischen Al-Qaida-Chef im Irak, Abu Musb al-Zarqawi, aber auch von jungen Muslimen, die sich von ihm und den Weltereignissen inspirieren lassen und dann ihren eigenen Dschihad zusammenbasteln.

Osama bin Laden wollte, dass die Jugend des Islam den Dschihad als eine individuelle Pflicht ansieht. Das barg stets die Gefahr, dass die neue dritte Generation der Dschihadisten, die durch den 11. September und den Irakkrieg entstanden ist, sich ihre Regeln selbst schafft. Sie ist damit unberechenbarer als die zwei Generationen vor ihr: die Veteranen des Afghanistankrieges und die Absolventen der Trainingslager am Hindukusch. Mittlerweile hat die neue Generation den Kampf aufgenommen, wie die Terroranschläge von London beweisen. Dies wirft neue Fragen auf. Wie kann man sie rechtzeitig entdecken und an der Ausführung ihrer Taten hindern? Kann man sie überhaupt noch stoppen? Werden sie die nächste Stufe der Eskalation nehmen und einen Anschlag mit Massenvernichtungsmitteln verüben – vielleicht sogar mit einer radioaktiven Bombe?

Ich habe José B. gefragt, ob die Terroranschläge gegen den Westen wirklich aufhören würden, wenn sich westliche Truppen aus allen islamischen Ländern zurückzögen. Damals, im September 2004, hat er dies bejaht. Aber gleichzeitig weiß er, dass es nie dazu kommen wird, weil Anführer auf beiden Seiten die gegenseitigen Bedingungen nicht erfüllen werden. Deshalb ist er sicher, dass die

Angriffe weitergehen werden, und zwar nicht mehr unbedingt nach den Regeln, die er einst gelernt hat. So sei es nur noch eine Frage der Zeit, wann die Dschihadisten auch auf deutschem Boden einen Anschlag verüben werden: «Wenn Deutschland sich am Kampf gegen sie beteiligt, und es tut dies ja schon, dann wird es angegriffen werden. Es steht geschrieben im Koran: Du musst sie terrorisieren mit allen Mitteln, die du hast.»

4. Virtuelle Umma – was den Internet-Dschihad so gefährlich macht

Das Internet ist zum wichtigsten Werkzeug der Al-Qaida für ihren heiligen Krieg geworden, denn es ist den Terroristen gelungen, die Funktion der Trainingslager in die virtuelle Welt zu übertragen.[18] Über das Internet werden junge Muslime für die Sache begeistert und mit den Anleitungen für ihren Do-it-yourself-Dschihad versorgt. Sie kommunizieren per E-Mail und in Chatrooms, planen sogar ihre Anschläge mit allen Tricks, die die Technologie zu bieten hat. Durch das Internet wird bereits das Idealbild vorweggenommen, das die selbst ernannten Gotteskrieger in der Wirklichkeit mit Gewalt durchsetzen wollen: eine virtuelle Umma, eine weltumspannende islamische Idealgemeinschaft, an der jeder teilhaben kann, solange er Allah als seinen Gott anerkennt und gleichzeitig ein wenig Ahnung hat von Chatrooms, Modems und Message-Boards.

Beinah jeden Tag landen bis zu einem Dutzend E-Mails auf meinem Computer, die entweder Bekennerschreiben für Terroranschläge im Irak und anderswo, Anleitungen für den Bau von Bomben beziehungsweise für das Mischen von chemischen und biologischen Kampfstoffen oder Strategiepapiere der verschiedensten Zweige der Al-Qaida enthalten. Häufig sind Multimediadateien mit Anschlags- oder Propagandavideos angehängt. Die brisante Post kommt von Forschungsinstituten, die rund um die Uhr das Internet nach den Botschaften des Dschihad durchforsten.

Die Hand mit dem Kampfmesser fährt über den gezeichneten Lageplan. Sie zeigen dem «Märtyrer» noch einmal, wo genau er sein Opfer bringen soll. Es ist der 20. Dezember 2004, die eingeblendete Uhrzeit 3.37 Uhr morgens. Dann umarmt der Anführer seinen Mitkämpfer, der eine olivfarbene Sprengstoffweste trägt. Schnitt. Es ist 12 Uhr 3 Minuten und 58 Sekunden. Zu sehen ist im Bild ein großes Zelt, dessen rechter Teil genau in diesem Moment von einer Explosion in die Höhe gedrückt wird. Eine Rauchwolke steigt auf – Bilder eines der verheerendsten Selbstmordattentate gegen amerikanische Truppen im Irak. 22 Menschen, darunter zahlreiche US-Soldaten, sterben beim Anschlag auf das Messezelt auf einem Stützpunkt in der Nähe von Mossul.

Nur 48 Stunden später ist das Video der Attacke schon im Internet zu finden. Die Terroristen dokumentieren täglich Dutzende ihrer Anschläge und stellen die Bilder ins World Wide Web: Ein Militärfahrzeug mit US-Soldaten fährt eine Straße entlang. Ein Feuerball – es wird zerrissen. Ein Panzer rollt auf eine Gasbombe. Neben einem US-Soldaten, der am Straßenrand steht, schlägt eine Rakete ein. Manchmal filmen die Terroristen hinterher noch die zerfetzten Körper und die herumliegenden Gliedmaße. Manchmal zeigen sie uns, wie einer von ihnen mit einem sprengstoffgefüllten Auto in einen Checkpoint rast. Manchmal dokumentieren sie Überfälle auf Häuser, Massenerschießungen von irakischen Polizisten, Enthauptungen ausländischer Geiseln. Und alle paar Wochen schneiden sie das grausame Material zu einem «Best of» zusammen, die Highlights des selbst ernannten Widerstands im Irak.

Die Filme sollen jungen Muslimen weltweit eine doppelte Botschaft vermitteln: Wir tun was – in diesem Fall gegen die angebliche Unterdrückung von Muslimen im Irak. Und: Es ist cool mitzumachen, weil man der Supermacht Amerika endlich mal zeigen kann, wo es langgeht.

Die Videos werden auf den so genannten Dschihad-Webseiten

oder in Chatrooms geparkt, sodass sie sich jeder Interessierte herunterladen kann. Mit im Angebot sind auch immer die passenden Lehrvideos für den heiligen Krieg: Man nehme zwei dünne, flexible Sprengstoffmatten, belege eine davon mit hunderten kleiner Metallkugeln. Dann wird die zweite Matte darauf gelegt und das Ganze an den Kanten rundherum säuberlich zugenäht. Man schiebe diese Sprengstoffplatte in eine Weste aus weißem Leinen. Zuletzt wird noch der Zünder montiert. Auf dem Video sind sogar ein paar Probesprengungen mit der selbst gebastelten Weste für Selbstmordattentäter zu sehen. Ähnliche Anleitungen gibt es für den Bau von Rucksackbomben, Sprengfallen aller Art und für die Herstellung von chemischen und biologischen Kampfstoffen.

Natürlich lassen sich die Baupläne als Schriftdatei herunterladen, zum Beispiel für TATP, den Sprengstoff, den die Attentäter von London benutzten. Oder auch für die Chemiewaffe «Al-Mobtakar Al-Farid» («die einzigartige Erfindung»), einen Sprengsatz, der im Umkreis von 200 Metern angeblich alle Menschen tötet. In der Anleitung vom Dezember 2004 ist beschrieben, welche Wirkung die zwei verwendeten Nervengifte haben sollen: «Das eine lähmt das Nervensystem und verursacht schwere Schäden an Herz und Lunge, die zum Tod führen. Das andere zerstört die Lungenmembranen, wodurch der Betroffene erstickt, denn die Luftsäcke füllen sich mit Blut, das Opfer blutet aus Mund, Ohren und Nase.» Dann folgt eine detaillierte Anleitung mit genauen Mischungsverhältnissen der benötigten Substanzen, mit Fotos von den Behältnissen, die man für den Bau einer solchen Waffe braucht, und schließlich auch mit einer Beschreibung des Acetonperoxid-Zünders. Der Autor fügt noch eine Liste möglicher Ziele bei, zum Beispiel Bordelle, Einkaufszentren, Kinos, Kasinos, Tanzclubs, Kirchen und Schulen.

Angesichts der Fülle der Materialien, von denen täglich neue im Netzwerk auftauchen, lässt diese Entwicklung nur einen Schluss zu: Das Internet ist zu einer Art «Universität des Dschihad» geworden, und zwar mit hoher Wahrscheinlichkeit durch die Anhänger der Al-Qaida, die Afghanistan auf Weisung bin Ladens im Dezember 2001 verließen.

«In den schneebedeckten Bergen nahe Jalalabad im November 2001, als das Taliban-Regime kollabierte und Al-Qaida seinen Rückzugsraum verlor, da beobachtete der Biograph Osama bin Ladens, Hamid Mir, dass jeder zweite Al-Qaida-Kämpfer neben seiner Kalaschnikow auch einen Laptop mit sich herumtrug, während sie sich darauf vorbereiteten, sich zu verstecken oder ins Exil zu gehen. Auf den Bildschirmen waren Fotos von Mohammed Atta, dem Todespiloten des 11. September.»[19]

So beginnt ein brillanter Artikel von Steve Coll und Susan Glasser, der am 7. August 2005 den Auftakt zu einer dreiteiligen Serie in der «Washington Post» über den elektronischen Dschihad der Al-Qaida-Ideologie bildete. Die Kollegen kommen zu dem Schluss, dass «Al-Qaida beinah vier Jahre danach die erste Guerillabewegung der Geschichte ist, die aus dem physikalischen Raum in den Cyberspace gewandert ist. Mit Laptops und DVDs in Geheimverstecken und in Internetcafés an der Ecke, mit jungen codeschreibenden Dschihadisten, die alle Einrichtungen für Training, Kommunikation, Planung und Predigten, die sie in Afghanistan verloren haben, an zahllosen neuen Stellen im Internet wiedererschaffen haben.»

Tatsächlich ist ein Großteil der umfangreichen Bibliothek, die den Kämpfern in den Ausbildungslagern in Afghanistan zur Verfügung stand, mittlerweile im Internet zu finden. Dafür haben vor allem die Mitglieder der älteren Generation der Al-Qaida gesorgt mit ihren Dschihad-Handbüchern, ihren Strategieschriften, ja sogar mit Tipps, wo man in Westeuropa recht einfach an Sprengstoff kommen kann – all das kann problemlos gegoogelt werden. Es ist eine Mischung aus virtueller Koranschule, in der sich junge Muslime die spirituellen Grundlagen des Dschihad selbst erarbeiten können, und praktischer Ausbildung, für die das Trainingsmagazin der Al-Qaida im Internet mit folgenden Worten wirbt: «O Mudschaheddin-Bruder, um die großartigen Ausbildungslager zu absolvieren, musst du nicht in andere Länder reisen. Allein zu Haus oder mit einer Gruppe von Brüdern, kannst du mit dem Trainingsprogramm beginnen.»

Das Internetmagazin mit dem Namen «Muaskar al-Battar» («Camp des Schwerts») erscheint alle zwei Wochen, erklärt mit zahlreichen Fotos verschiedene Waffen und Sprengsätze und erörtert Methoden des Straßenkampfes, des Überlebens in freier Natur oder des unauffälligen Reisens in Westeuropa. Es ist Teil einer ganzen Zeitschriftenfamilie des saudi-arabischen Zweigs der Al-Qaida, zu der auch ein Pamphlet mit einer rosafarbenen Startseite gehört: In «al-Kansaa», dem Frauenmagazin der Al-Qaida, finden sich Fitness- und Erste-Hilfe-Tipps für Dschihad-Kämpferinnen und natürlich die Genehmigung für alle Frauen, auch gegen den Willen ihrer Männer am Dschihad teilzunehmen. Am gefährlichsten aber ist das Flaggschiff der islamistischen Propaganda im Internet: «Sawt al-Dschihad», die «Stimme des Dschihad», in dem die neuesten Strategieschriften des islamistischen Terrorismus veröffentlicht werden, darunter auch der bereits im Prolog angesprochene Aufruf, «die Länder der Gotteslästerer in Kriegszonen zu verwandeln».

Diese elektronische Offensive extremistischer Ideen, kombiniert mit entsprechenden Handlungsanweisungen, macht es führenden Al-Qaida-Funktionären leichter als je zuvor, der neuen Generation von Kämpfern den Weg zu weisen. Abu-Musab al-Suri, der mutmaßliche Drahtzieher der Terroranschläge von Madrid, hatte seine Ideen von der «geheimen Bandenkriegsstruktur mit verschiedenen und zahlreichen Zellen, die nicht miteinander verbunden sind» im Dezember 2004 natürlich im Internet veröffentlicht. Er nennt die Verfügbarkeit von Theorie und Praxis im World Wide Web eine «Kultur der Vorbereitung» für den heiligen Krieg.

Das Beunruhigende daran: Die Flut der Terrorpropaganda

schwillt weiter an, dafür hat insbesondere der Irakkrieg gesorgt. In den vergangenen acht Jahren ist die Zahl der Internetseiten islamistischer Extremisten nach Angaben des Simon Wiesenthal Center in Los Angeles von 12 auf 4500 gestiegen. Hinzu kommen unzählige Chatrooms und Message-Boards, die gerne von Anhängern der Dschihad-Bewegung für ihre Zwecke missbraucht werden. Das SITE-Institut in den USA hat sich zur Aufgabe gemacht, diese Webseiten rund um die Uhr zu beobachten. «Al-Qaida ist überall», meint Rita Katz, die Leiterin des Instituts, und erklärt uns, dass die Terroristen mit ihrer elektronischen Allgegenwärtigkeit eine wirkungsvolle Botschaft senden wollen: «Ihr dachtet, ihr hättet uns durch die Zerstörung der Camps in Afghanistan besiegt. Irrtum, jetzt sind wir überall, und es war vielleicht besser für euch, dass wir nur in Afghanistan waren, jetzt könnt ihr uns nicht mehr kontrollieren.»

Wir sind zu Besuch bei SITE, Kurzform für *Search for International Terrorist Entities* (Suche nach internationalen terroristischen Gruppen), in einer Stadt irgendwo in den USA. Rita Katz hat uns gebeten, den genauen Ort, an dem sich die Büroräume befinden, aus Sicherheitsgründen nicht zu nennen. Hier durchsuchen eine Hand voll Mitarbeiter im Auftrag großer Unternehmen und der US-Regierung die Dschihad-Webseiten und übersetzen die Erklärungen, die in Arabisch, Urdu, Farsi oder anderen Sprachen auftauchen. Es ist dieses Sprachengemisch, das es den Anti-Terror-Fahndern weltweit so schwer macht, die Entwicklungen im World Wide Web zu verfolgen. Zu allem Überfluss sind die Chatrooms, in denen Nachwuchs für den Dschihad geworben wird, meist auch noch mit Passwörtern geschützt.

In einem solchen Chatroom fragt Anfang September 2003 jemand mit dem Decknamen «Das Jüngste Gericht wird kommen»: «Brüder, wie komme ich in den Irak, um den heiligen Krieg zu kämpfen? Gibt es dort irgendwelche Militärlager oder jemanden, der das Kommando führt?» Die Antwort unter dem Decknamen

«Gnadenloser Terrorist» lässt nicht lange auf sich warten: «Lieber Bruder, die Straße steht dir weit offen. Es gibt viele Gruppen. Geh und such nach jemandem, dem du vertraust, und schließe dich ihm an. Er wird der Wächter der irakischen Gebiete sein. Und mit Allahs Hilfe wirst auch du ein Mudschaheddin werden.» «Gnadenloser Terrorist» schickt dem Interessenten daraufhin Werbevideos mit Anschlägen auf US-Soldaten im Irak, selbst gedreht von den Attentätern. Dann empfiehlt er das Herunterladen der Software Pal-Talk, mit der man über das Internet telefonieren kann.

Wer auf diese Weise Kontakt aufnimmt, so erfahren wir bei SITE, bekommt in einem Telefonat dann Namen und Adressen von Ansprechpartnern genannt, die bei der Reise in den Irak behilflich sind. Solch eine Anwerbung erfolgt komplett anonym, da sich kaum feststellen lässt, von wem die beteiligten Computer zum Telefonieren benutzt werden. «Wenn sie jemanden mit dem Telefon anrufen», so Rita Katz, «dann kann man herausfinden, mit wem sie wie lange über was gesprochen haben. Wenn sie aber über das Internet in einem Chatroom telefonieren, dann kann das niemand verfolgen. Es ist die sicherste und fortschrittlichste Methode, miteinander zu kommunizieren. Wir wissen heute, dass die Anschläge von Istanbul im Dezember 2003 durch das Internet koordiniert wurden.»

Hinweise auf solch eine Koordination gibt es auch bei anderen Anschlägen, allerdings sind die jungen Täter den Fahndern oft meilenweit voraus, weil sie sich in der Regel besser auskennen mit den Tricks und Kniffen im Cyberspace und weil sie meist auch – anders als die Ermittler – über die neuesten Computermodelle und die aktuellste Software verfügen. Was das Internet angeht, waren islamistische Extremisten immer schon besser aufgestellt als ihre Verfolger.

Am 17. März 1997 tauchte in einer islamischen Newsgroup im Internet eine interessante Werbeanzeige auf, in der fromme Muslime mit Computerkenntnissen aufgefordert wurden, «ihre Fähigkeiten – die vielleicht im Informationskrieg gebraucht werden – zu verbessern, sich selbst zu schützen und die andere Seite zu infizieren». Es folgte die E-Mail-Adresse des «Muslim Hacker Club», der auf seiner Webseite detaillierte Anleitungen für die Schaffung von Computerviren, für einen Angriff auf die Computersysteme des amerikanischen Pentagons und für die Herstellung von Bomben und Sprengfallen zu bieten hatte. Der Terrorismusexperte Evan Kohlmann beschreibt ein Phänomen, das von den Ermittlungsbehörden in aller Welt lange nicht ernst genommen wurde, weil es eng mit den Grundsätzen der Meinungsfreiheit verflochten war, wie folgt: «Jetzt gibt es keine Möglichkeit mehr, es zu stoppen. Es ist extrem frustrierend, weil sie jetzt Qualitätsvideos unzensiert an Millionen von Menschen schicken können.»[20]

Die Grundlage dafür legte Al-Qaida schon in den neunziger Jahren: Als Osama bin Laden nach dem Tod seines Mentors Abdallah Azzam dessen «Büro für Mudschaheddin-Dienste», eine Organisation zur Unterstützung des heiligen Krieges in Afghanistan und später Tschetschenien mit Filialen in einer ganzen Reihe von Ländern, übernommen hatte, da wurden die Spenden aus den islamischen Gemeinden auch mit Hilfe des Internets eingeworben. Bis zum Jahr 1998 geschah das relativ offen durch die Publikation von Zeitschriften und den Verkauf von Videos. Nach den Anschlägen von Kenia und Tansania allerdings wurden die Methoden konspirativer. Bin Laden ließ Redeausschnitte von sich, kombiniert mit Bildern aus den Trainingslagern in Afghanistan und Filmmaterial von Terroranschlägen aus den Fernsehnachrichten, auf CDs brennen, die millionenfach in kleinen Shops in Asien und Afrika verkauft wurden. Und auch die Betreiber von Internetseiten wurden vorsichtiger, wie wir bei unseren Recherchen für den Bericht im Mai 2001 feststellen konnten. Unter der Internetadresse www.qoqaz.de wurden Videos vom Kampf der Mudschaheddin in Tschetschenien und in Bosnien zum Herunterladen angeboten. In der Abteilung «Wie kann ich für den Dschihad trainieren» gab der Autor die entsprechenden Tipps inklusive einiger Ratschläge, wie man in die Ausbildungslager in Afghanistan gelangen konnte.

Die deutschsprachige Version dieser Webseite wurde unseren Recherchen zufolge von einem Studenten in Münster auf dem neuesten Stand gehalten. Als wir ihm in seinem Studentenwohnheim einen Besuch mit versteckter Kamera abstatten wollten, war er kurz zuvor umgezogen. Schon damals wurde uns klar, dass die junge Generation der Gotteskrieger mit den Waffen des Informationszeitalters so gern und gut umging wie ihre Vorbilder im Afghanistankrieg mit Stinger-Rakete und Panzerfaust. Denn mit Hilfe eines Hackers bekamen wir heraus, dass die Spur der Internetseite rund um den Globus reichte. Texte und Fotos waren auf Servern in Tokio, Canberra, Dubai, Caracas, Mexico City und Bedford, Texas, gespeichert. Die Fährte endete bei Azzam Publications, einem Verlag, hinter dem eine einzelne Person steckte – Babar Ahmad. Er betrieb seine Internetseite in der Stadt, in der auch der «Muslim Hackers Club» zu Hause war – London.

Ahmad gilt heute als «der Pate» aller Dschihad-Seiten im Internet.[21] Als 22-jähriger Student an einem Londoner College hatte er azzam.com im Jahr 1996 gestartet und damit erstmals die Botschaft des heiligen Krieges in einer Sprache verbreitet, die viele junge Muslime weltweit eher verstanden als die Sprache des Korans, der ja in Arabisch verfasst ist: Englisch. Damit öffnete er ein wichtiges Tor für die Globalisierung des Kampfes der Mudschaheddin. «Es war die erste echte Al-Qaida-Seite», sagte Evan Kohlmann der «Washington Post». «Sie hat einer ganzen Generation den Dschihad gelehrt. (…) Obwohl sie technisch nicht ganz ausgereift war, sah sie professionell aus, jedenfalls professioneller als alle anderen Dschihad-Webseiten da draußen.»[22] Und von denen gab es damals ja gerade mal ein Dutzend. Azzam.com, qoqaz.com oder qoqaz.de ermöglichten es der Dschihad-Bewegung erstmals, elektronisch Spenden zu sammeln und Nachwuchskrieger für den Einsatz in Tschetschenien und Bosnien zu werben. Erst im Sommer

2004 konnte die britische Polizei Ahmad aufspüren und verhaften, vermutlich weil sein eigener Cousin, Mohammed Noor Khan, der Computerspezialist Osama bin Ladens, ihn verriet, nachdem Khan vom pakistanischen Geheimdienst verhaftet worden war.

Seit Jahren bemühen sich Evan Kohlmann, Rita Katz und andere, die Webseiten des Dschihad zu enttarnen, stellen dabei aber fest, dass die Betreiber immer gewiefter werden. Die Jagd auf die wichtigste Propagandaseite der Al-Qaida, www.alneda.com, führte dazu, dass sie zunächst immer häufiger den Server wechselte, erst nach Malaysia, dann nach Texas und schließlich nach Michigan. Dann wichen die Computerfreaks des Terrors auf Message-Boards aus, also Fremdseiten, auf denen man Nachrichten verbreiten konnte, ohne Spuren zu hinterlassen. Allerdings war die Verbreitung von Filmen auf diese Weise eher mühsam. Wegen der Dateigröße des Videos von der Enthauptung des Amerikaners Nick Berg konnte es bei seinem Erscheinen am 11. Mai 2004 nur auf zwei Webseiten deponiert und abgerufen werden; die zwei Seiten wurden von US-Geheimdiensten schnell identifiziert und lahm gelegt.

Aber da offenbar jede Terrorgruppe mittlerweile ihre Computerexperten hat, die nach der neuesten Software Ausschau halten, fanden die Terroristen rasch eine Lösung. Abu Maysara nennt sich der Mann, der seit Anfang 2004 für den Anführer der Al-Qaida im Irak, Abu Musab al-Zarqawi, die Internetpropaganda steuert. Er entdeckte das Programm einer kleinen Firma in Kaliforniens Silicon Valley und nutzt es seitdem für seine Zwecke. Mit «YouSendIt» lassen sich Videofiles anonym auf Webseiten der Firma heraufladen. Dann erstellt der Kunde eine ganze Armada von unterschiedlichen Links, die an Chatrooms geschickt werden können. Wer einen dieser Links anklickt, der lädt automatisch den bereitgestellten File auf seinen Computer.[23] In Windeseile wanderten die neuen Terrorvideos aus dem Irak um die Welt, so schnell, dass die Fahnder keine Chance hatte, sie frühzeitig zu stoppen.

Auf diese Weise werden heute fast alle Text-, Audio- und Videobotschaften der Al-Qaida und anderer Terrorgruppen weltweit verbreitet. Einer der beliebtesten Plätze für diese Art der Verteilung war das Forum Qalah, das kurz nach den Terroranschlägen von London am 7. Juli 2005 auch das Bekennerschreiben einer «Geheimorganisation der Al-Qaida in Europa» veröffentlicht hatte und dann binnen Stunden aus dem Internet verschwand. Vermutlich hatte der britische Geheimdienst beschlossen, die Beobachtung des Forums einzustellen und die Seite lahm zu legen.

Solche Aktionen sind kaum mehr als ein Zeichen der Hilflosigkeit, wie auch das Beispiel der drei Publikationen der Al-Qaida in Saudi-Arabien zeigt. «Sawt al-Dschihad», «Muaskar al-Battar» und «al-Kansaa» werden längst nicht mehr auf Internetseiten verbreitet, sondern bei Erscheinen automatisch an Hunderttausende von E-Mail-Fächern weltweit verschickt. Die Fahnder haben keine Chance, die Weiterverteilung zu stoppen, solange sie die Macher der Magazine nicht aufspüren. Die Ermittler sehen mit Staunen, zu welchen Hackertricks die Terroristen greifen. Sie knacken Zugangscodes und übernehmen unbemerkt die Server von Unternehmen, die gar nicht merken, dass in ihrem System Terrorvideos geparkt werden. Sie beerdigen wichtige Botschaften in einer Flut von Spam-Mails, aus der nur Eingeweihte die brisante Botschaft herausfiltern können. Und sie benutzen die modernsten Verschlüsselungsprogramme, die auf dem Markt zu haben sind.

Der Chefplaner der Anschläge vom 11. September, Khalid Sheikh Mohammed, bediente sich bei seiner Kommunikation einer besonders cleveren Methode. Er deponierte seine Nachrichten in einem so genannten «toten Briefkasten». Mohammed richtete sich eine E-Mail-Adresse bei einem großen E-Mail-Dienst wie hotmail oder gmx ein. Dann schrieb er einen Entwurf für eine Nachricht, schickte sie aber nicht ab. Stattdessen gab er seine E-Mail-Adresse und das Passwort in einem ebenfalls mit Passwort geschützten Chatroom an einen «Bruder» weiter. Der konnte sich damit auf dem E-Mail-Server den Entwurf ansehen. Die Nachricht selbst wurde dabei niemals versendet und konnte deshalb auch nicht von den Computerexperten der Geheimdienste abgefangen werden. Solche Tricks, so klagen die Ermittler, machen es ihnen fast unmöglich, die Kommunikation der Terroristen zu überwachen und ihre Pläne zu vereiteln. Das Zeitalter der Kuriere ist jedenfalls vorbei.

Kombiniert mit der virtuellen «Universität des Dschihad» zerstören Al-Qaidas Internetkünste «die Fähigkeit der Sicherheitsdienste, die Terroristen an der Stelle zu treffen, an der sie am meisten verwundbar sind: wenn sie sich bewegen. Früher mussten sie in den Sudan, nach Jemen oder auch nach Afghanistan reisen, um zu trainieren», so zitiert die «Washington Post» den ehemaligen CIA-Agenten Michael Scheuer, der für die Jagd auf Osama bin Laden zuständig war. Jetzt brauche ein Al-Qaida-Terrorist, wenn er doch mal reisen müsse, «nichts mehr mit sich zu nehmen, das ihn möglicherweise verdächtig macht oder überführen könnte. Er braucht keine Tabellen oder Blaupausen oder chemische Formeln mehr.» All das sei entweder im Internet zu finden oder «kann mit verschlüsselter Mail verschickt werden und verschwindet dann einfach zwischen den Milliarden von Nachrichten, die im Internet herumschwirren».[24]

Angesichts der Ausbreitung des Internets – immerhin sechs Milliarden vernetzte Computer soll es weltweit geben – ist es höchst bemerkenswert, dass die Kunden im riesigen Selbstbedienungsladen des Dschihad immer das finden, was sie suchen und was ihre Begeisterung für den gewählten Weg anfeuert. Dabei fragen sie wenig nach den Hintergründen, der Augenschein genügt.

Zum Beispiel bei den Fotos von den blutigen Ereignissen an irgendeinem Checkpoint im Irak. Es ist eine Bilderserie. Foto 1: Verschwommen ist ein PKW zu sehen, der mit der Motorhaube in der Böschung am Straßenrand steht. In der Kabine brennt Licht. Im Hintergrund ein Haus, im Vordergrund schemenhaft ein US-Soldat. Foto 2: Ein US-Soldat steht mit Gewehr im Anschlag vor der geöffneten Hintertür. Ein Mädchen steht vor ihm, ein Mann liegt am Boden. Foto 3: Ein kleines, vielleicht vierjähriges Mädchen. Blut tropft von ihren Händen auf den Boden. Das Gesicht ist blutverschmiert. Sie schreit. Neben ihr im Anschnitt ein US-Soldat mit Gewehr. Foto 4: Das kleine Mädchen schreit immer noch. Um sie herum zwei Frauen. Ein kleiner Junge steht an der Wand mit großen ängstlichen Augen. Zwei US-Soldaten. Foto 5: US-Soldat durchsucht einen weiteren kleinen Jungen. Er wird dabei an die Wand gepresst. Er schreit. Foto 6: US-Soldat hat das blutverschmierte Mädchen auf einen Tisch oder Regal gesetzt. Vielleicht schaut er, ob das Kind verletzt ist. Sie schreit. Foto 7: US-Soldat bringt das Mädchen in ein Zimmer, vermutlich Krankenstation. Frau trägt den kleinen Jungen herein. Foto 8: Das Auto von vorn. Ein Soldat steht neben der geöffneten Hintertür. Der Fahrer muss tot sein. Er ist verpixelt. Überall Blut.

Was war passiert? Mit großer Wahrscheinlichkeit haben die US-Soldaten auf den Fahrer das Feuer eröffnet, seine Familie kam – blutverschmiert – mit dem Schrecken davon. Warum sie geschossen haben? Vielleicht hatte er den Befehl zum Anhalten nicht gehört? Vielleicht hatte er tatsächlich etwas zu verbergen? Vielleicht hatte ein Soldat die Nerven verloren? Ein Unfall? Egal – auf den Internetseiten des Dschihad, in den Foren und auf den Message-Boards werden diese Fotos weitergeschickt, diskutiert und immer nur als Beweis dafür gewertet, wie brutal, grausam, unmenschlich und verbrecherisch die amerikanischen Besatzer angeblich seien. Schließlich – so heißt es – sei das ja kein Einzelfall. Gab es nicht die Folterbilder von Abu Ghraib? Die Fernsehbilder von der Erschießung Verwundeter durch US-Soldaten? Die Aufnahmen von den Durchsuchungen, bei denen muslimische Frauen herumgeschubst und beleidigt wurden? Die Sache mit der italienischen Journalistin Sgrena, auf deren Auto doch auch geschossen wurde? Und dann die Fotos, die seit dem Frühsommer 2005 heiß diskutiert werden: Da liegen die Leichen von vier Jungen in einem Waldstück, 14 bis 18 Jahre sind sie vermutlich alt. Sie haben Schusswunden, überall ist Blut. Jeder von ihnen ist allerdings mehrfach fotografiert worden. Einmal so – und dann liegen plötzlich Waffen im Bild, eine Panzerfaust, zwei Geschosse. Bei jedem Bild der zweiten Serie sind es dieselben Waffen, die Panzerfaust und die Geschosse.

Für die Internet-Islamisten ist die Sache klar. Die Jungen haben nur Fußball gespielt, und die Amerikaner haben sie einfach erschossen; dann legten die Soldaten die Waffen daneben, damit es so aussieht, als seien die Jugendlichen eigentlich Terroristen, die bei den Aufständischen im Irak mitgekämpft haben. In einem der Foren meldet sich daraufhin der US-Soldat, der die Fotos machen ließ. Der Leutnant, der den Spähtrupp anführte, erklärt, dass die Jugendlichen auf seine Soldaten gefeuert hätten. Daraufhin habe man sie in das Waldstück verfolgt und dort in einer Schießerei getötet. Um zu dokumentieren, mit welchen Waffen die Jungen unterwegs waren, habe er angeordnet, die Panzerfaust mit den Geschossen jeweils neben die Leichen zu legen.

Aber er kann behaupten, was er will, in den Augen der Leser hat er auf jeden Fall verloren: Entweder waren es unschuldige, fußballspielende Jungen, die von brutalen US-Soldaten ermordet wurden, oder es waren Märtyrer, die bis zum letzten Blutstropfen gegen eine verbrecherische Besatzungsarmee gekämpft haben und dafür nun im Paradies belohnt werden. Vier neue Helden im Alter von 14 bis 18 Jahren.

Darin besteht die große Gefahr des Selbsterziehungslagers für angehende Dschihadisten im Internet: Die Macht der Bilder überdeckt alles. Man stellt keine Fragen, weil es ja nur eine Antwort geben darf: Die Muslime werden unterdrückt, also darf man den Feind mit allen Mitteln angreifen. Vielleicht gibt es im Internet zu wenige positive Beispiele aus dem Irak, über das Miteinander der Religionen, über die Sicherheit, die US-Soldaten und irakische Polizei in manche Landesteile gebracht haben. Dort, wo diese Beispiele normalerweise zu sehen wären, in den westlichen Medien, sind entsprechende Bilder verschwunden, weil sich Journalisten aufgrund der Terroranschläge nicht mehr frei bewegen können. Das gehört zur Strategie der Terroristen dazu. Sie glauben, dass westliche Medien sowieso nur einseitig berichten. Also beanspruchen sie das Monopol der Bilder und zeichnen damit ein noch viel einseitigeres Bild des Irak. Dass niemand mehr sterben müsste, wenn sie ihren Terrorkrieg endlich beendeten, das dürfen ihre Anhänger um keinen Preis erfahren, aber die wollen es sowieso nicht wissen.

Stattdessen suchen sie nach Anhaltspunkten dafür, dass ihre selbst gebastelten Theorien auch stimmen. Und das Schlimme ist: Sie finden Belege im Internet, eben weil hier uneingeschränkte Meinungsfreiheit herrscht und sich deshalb Extremisten aller Art im Web all das erlauben, was sie über andere Medien nicht verbreiten könnten. Da wäre zum Beispiel der Fall des William Boykin.

In einem Internetforum der Islamisten war folgende Szene zu sehen, die einem Fernsehbericht entnommen wurde. Ein Mann steht mitten in einer Kirche und ruft den Besuchern zu: «Ich bin heute hier, um Sie als Krieger für das Königreich Gottes zu rekrutieren.» Die Welt befinde sich nämlich in einem Krieg, in dem «der Satan uns als Nation und als christliche Armee zerstören will». Im Folgenden lässt er keinen Zweifel daran, dass mit «Satan» der Islam gemeint ist. Er schließt mit den Worten: «Der Feind wird besiegt, wenn wir im Namen Jesu gegen ihn ziehen.» In Deutschland würde der Mann, zumindest wenn er die Worte «christlich» und «Jesu» gegen «islamisch» und «Mohammed» getauscht hätte, als Hassprediger in Abschiebehaft landen. In den USA ist das Meinungsfreiheit. Angesichts mancher seltsamer Geisteshaltungen im Land der unbegrenzten Möglichkeiten wäre die Geschichte nicht weiter bemerkenswert, wenn der Mann im Juni 2002 nicht in der Uniform eines Generals in der Kirche aufgetreten wäre und wenn er nicht im US-Verteidigungsministerium die Jagd der Special Forces auf Terroristen leiten würde. General William Boykin, den man getrost als christlichen Fundamentalisten bezeichnen darf, wurde wegen seines Verhaltens nur gerügt und erlangte damit traurige

Berühmtheit auf den Webseiten des Dschihad. Für die These, dass ein Kreuzzug gegen den Islam im Gange ist, gilt er als lebender Beweis, leider nicht als einziger.

Zu sehen ist ein Gemälde von der Eroberung Jerusalems durch die Kreuzritter. Im Hintergrund ist die Stimme von George W. Bush zu hören. Crusade, Crusade, Crusade. Dreimal haben sie sein Zitat vom Kreuzzug hintereinander geschnitten. Dann wird die Schrift eingeblendet: Die Wiederkehr der Kreuzzügler. Im Wort «Crusaders» sind die Buchstaben ...usa... in blau-rot eingefärbt, den Farben der amerikanischen Flagge. Auf mehreren Schrifttafeln wird die Geschichte der Kreuzzüge wiedergegeben mit Verweis auf die Massaker der Kreuzritter, die allein beim Einmarsch in Jerusalem 65 000 Einwohner getötet hätten. Und nun gebe es einen neuen Kreuzzug: «Unter dem alten Banner des Kreuzes kämpfen sie und schlachten Muslime in Afghanistan und im Irak. Der Kreuzzug geht weiter ...» So beginnt ein Propagandavideo, das im Februar 2005 auf einer Dschihad-Webseite im Internet auftauchte.

Nach der Einführung zeigt es Redenausschnitte von amerikanischen Fernsehpredigern. «Hitler war schlimm, aber was die Muslime mit den Juden tun wollen, ist noch schlimmer.» – «Mohammed war ein Terrorist.» – «Der Islam wurde gegründet von Mohammed, einem von Dämonen besessenen Kinderschänder, der zwölf Frauen hatte, die letzte von ihnen war ein neun Jahre altes Mädchen.» – «Wir müssen jeden einzelnen muslimischen Studenten in jeder einzelnen Hochschule dieses Landes nehmen und dahin zurückschicken, woher er gekommen ist.» Dies sind Äußerungen von Anführern der evangelikalen christlichen Fundamentalisten, Pat Robertson, Jerry Falwell und James Dobson. Die Propagandamaschine der Terroristen hat die Fernsehbilder aus den USA für ihre Zwecke ausgeschlachtet. Dann kommen – auf lärmende Musik mit arabischem Gesang geschnitten – die Bilder aus dem Irak. US-Soldaten im Gefecht, dann im Gebet, eine Bibel, Militärkapläne beim Segen, ein Rosenkranz, der an einem Panzerrohr baumelt.

George W. Bush vor einem Jesus-Gemälde. Ein Soldat mit einem Helm, aus dem Teufelshörner ragen. GIs, die Frauen und Kinder abführen, wieder betende Soldaten, ein Kreuz auf der Autotür, ein Holzkreuz im Sand, George W. Bush vor einem Kirchenfenster. Der Film zeigt dann Bilder von verletzten Kindern, mit zerfetzten Gliedmaßen und geschundenen Gesichtern.

Die Botschaft ist klar. Amerika führt einen Vernichtungsfeldzug. Das Video wurde tausendfach über das Internet verbreitet und stammt wohl aus der Werkstatt von Abu Maysara, dem Sprachrohr des Al-Qaida-Chefs im Irak. Seit Monaten wirbt Abu Musab al-Zarqawi mit einem Verweis auf die Kreuzzüge in seinen Audiobotschaften neue Kämpfer für seinen Terrorkrieg. Da sind ihm solche Bilder gerade recht. Er selbst verlor im Frühjahr 2005 auf der Flucht im Irak sein wichtigstes Werkzeug – seinen Laptop. Aber er dürfte längst einen neuen besitzen. Al-Zarqawi verfügt über die perfekte Maschinerie der «verdrahteten Krieger» («wired warriors»), wie die «Washington Post» sie nennt. Täglich schickt seine Internetabteilung unter der Führung von Abu Maysara durchschnittlich neun Botschaften ins Web, 180 waren es nach Angaben des SITE-Instituts allein in der ersten Juliwoche 2005. Nur Wochen zuvor erschien unter dem Titel «Kamelhöcker» («Thurwat al-Sinam») erstmals eine eigene Internetzeitschrift von Zarqawis «Al-Qaida im Zweistromland». In ihrer dritten Ausgabe fand sich die Begründung für den endlosen Strom der Anschlagsvideos aus dem Irak: «Das Ziel ist nicht, eine Operation auszuführen und danach im Schweigen zu verharren, sondern die Gründe zu erklären, warum die Operation ausgeführt wurde. Wir müssen dieser Sache die Aufmerksamkeit geben, die sie verdient. (...) Wie viele Schlachten hat diese Nation nur wegen eines Informationsdefizits verloren?»[25] Zarqawi hat erkannt, dass die Bluttaten seiner Anhänger allein kaum Wirkung erzielen, wenn die Videos nicht gleichzeitig das Image von einer erfolgreichen Kampagne gegen die Besatzungsarmee erzeugen.

An Zarqawis Propaganda lässt sich ablesen, wie gefährlich die Rolle des Internets als neue «Universität des Dschihad» sein kann. Wie im richtigen Leben haben auch im Cyberspace Bilder ein viel größeres Gewicht als Worte. Der junge Muslim, der in der Welt der Videoclips herangewachsen ist, wird sich beim Bau seines selbst gemachten Dschihad eher von den Bildern leiten lassen, als sich in die langen Erklärungen von islamischen Rechtsgelehrten zu versenken. Nicht einmal die Pamphlete der Al-Qaida-Vordenker werden ihn so fesseln wie die Flut der Videos aus dem Irak. Deshalb bricht Abu-Musab al-Zarqawi bewusst Tabus, um seine Anhänger aus dem islamischen Mainstream herauszulösen. Wenn er das Video einer neuen Enthauptung per Internet verbreiten lässt, feiern seine Verehrer seine Grausamkeit in den Webforen weltweit. Mitte 2004 wird in einem Video mit dem Titel «Dschihad Kids» eine Enthauptung nachgestellt. Zwei Jungs, vielleicht zehn und zwölf Jahre alt, stehen vermummt, mit Stöcken bewaffnet, hinter einem vielleicht vierjährigen Jungen, der auf dem Boden kniet. Einer der Großen beugt sich herunter und tut so, als würde er dem Kleinen mit einem imaginären Messer den Kopf abschneiden. Die Mutter (oder ältere Schwester?) steht daneben und schaut dem grausamen Spiel zu. In einem Dschihad-Chatroom will ein Besucher wissen, ob man bei Enthauptungen nicht auch eine Säge benutzen dürfe. Ein selbst ernannter Gelehrter antwortet: «Gott hat Mitgefühl in allem befohlen. Wenn du töten musst, dann mit Mitgefühl. Das gezackte Sägeblatt könnte Folter vor dem Eintreten des Todes verursachen. Das widerspricht der Pflicht zum Mitgefühl.»

Eine pseudoreligiöse Rechtfertigung fürs Kopfabschneiden, solange es kaum wehtut? Wir wollen wissen, wie echte Islamgelehrte dazu stehen. Im Herbst 2004 fragen wir an der Al-Aqsa-Universität von Kairo nach, die als höchste Autorität des sunnitischen Islam gilt. Sheikh Farahad al-Mongy hält al-Zarqawi für einen Terroristen, der den Islam für seine Zwecke pervertiert. Solche Enthauptungen seien verboten: «Was müssen wir uns täglich ansehen: Morde mit Schwertern, Dolchen, Sprengstoff. Wer hat ihnen befohlen, so etwas zu tun? Im Namen unserer Religion? Wo steht das? Nirgendwo. Der Prophet hat etwas anderes gepredigt.» Aber in ihrer offiziellen Anerkennung von al-Zarqawi als Anführer im Irak rechtfertigt auch die Al-Qaida-Führung seine Bluttaten und verweist dafür ausdrücklich auf eine Anweisung des Propheten Mohammed: «Wenn ihr auf einem Feldzug mit den Ungläubigen zusammentrefft, dann haut ihnen mit dem Schwert auf den Nacken.»

Nun können Islamgelehrte überzeugend erklären, dass diese Bestimmung im historischen Zusammenhang mit einer Zeit zu sehen ist, in der die schnellste und damit gnädigste Tötungsmethode im Krieg das Abschlagen des Kopfes war. Aber die Tradition mutiert schon längst zum Blutrausch. Al-Zarqawis Fans hören nicht mehr auf die Worte der echten Gelehrten. Vor der qualvollen Tötung der britischen Geisel Ken Bigley forderten Islamisten im Internet, man solle doch einen der mitgefangenen Amerikaner zuerst enthaupten und dann Bigley den Kopf des anderen in einem Bittvideo an Tony Blair vor die Kamera halten lassen. Auch der angebliche Islamgelehrte meldete sich wieder zu Wort, um das Verbot, beim Köpfen eine Säge zu benutzen, ein wenig zu relativieren: «Es gibt eine andere Option für die Mudschaheddin: eine elektrische Säge mit einer sehr scharfen Klinge.» Damit sei den Vorschriften, das Leiden zu verringern, Genüge getan.

«Diese Täter sind Ignoranten, Ungläubige», ereifert sich Sheikh al-Mongy angesichts solcher Dreistigkeit, «aber dahinter steckt eine Kraft, die ganz offensichtlich gegen den Islam arbeitet. Diese Täter haben eine lange Hirnwäsche durchlaufen, um so etwas Abscheuliches machen zu können. Sie missbrauchen den Koran für ihre Verbrechen.» Früher richteten sich die Muslime in aller Welt nach den unterschiedlichen Lehrmeinungen, die einige hundert große Rechtsgelehrte für eine Vielzahl islamischer Gemeinden rund um den Erdball festlegten. Jetzt entsteht im Internet eine einheitliche, extrem radikale Lehrmeinung und mit ihr die globale – wenn auch virtuelle – Umma, ein Zerrbild dessen, was dem Propheten und seinen Nachfolgern als Idealbild immer vorschwebte. Die Anhänger fühlen sich durch ihre gemeinsame Überzeugung miteinander verbunden, auch wenn sie unterschiedlichen sozialen, wirtschaftlichen und ethnischen Umständen entstammen. Der Kontakt über das Internet schweißt sie zusammen.

Osama bin Laden, der sich ständig auf der Flucht befindet, kann bestenfalls ein paar ruckelige Videobotschaften dazu beitragen, aber er dürfte an der Entwicklung seine helle Freude haben. Die besondere Anziehungskraft für seine Anhänger, so schreibt die «Washington Post», stamme «von seiner für arabische Anführer untypischen Bereitschaft, sich mit Menschen unterschiedlicher Rasse und ethnischer Herkunft zu umgeben sowie alte Vorurteile und nationale Grenzen zu ignorieren».

Das Internet mit seinem fehlenden Respekt vor Grenzen und ethnischen Unterschieden sei zu einem Sammelplatz für eine «Regenbogenkoalition von Dschihadisten» geworden. Das klingt harmlos, aber in Wirklichkeit formiert sich da ja eine neue Generation von Mördern und Terroristen, die die Dynamik der Bewegung im Internet vorantreibt und gleichzeitig von ihr getrieben wird – weil die Dschihad-begeisterte Masse nach neuen Heldentaten zum Herunterladen giert.

Vor der riesigen Dimension der Internetpropaganda scheinen einige Experten bereits kapituliert zu haben. Sie glauben, dass es wenig Zweck hat, auf der endlosen Jagd nach extremistischen Äußerungen im Internet Ressourcen zu verschwenden oder gar zu versuchen, die Betreiber der Webseiten wegen der Unterstützung von Terrorismus haftbar zu machen. «Ich glaube, es ist eine unlösbare Aufgabe», meint Thomas Hegghammer vom Norwegischen Verteidigungs-Forschungs-Institut, das im Jahr 2003 im Internet die Strategieschrift mit der Analyse zu den politischen Folgen von Anschlägen gegen Spanien entdeckt hatte. «Vielleicht kann man den einen oder anderen fangen. Aber wir werden niemals in der

Lage sein, die Flut der radikal-islamischen Propaganda aufzuhalten.» Der Experte plädiert für eine andere Strategie: «Stattdessen sollten wir sie genau beobachten und bei den dort geführten ideologischen Auseinandersetzungen nach Entwicklungen suchen, die uns später bei einem Anschlag physisch direkt betreffen könnten.»[26] Ein Beispiel: Wie heftig über das Für und Wider des Einsatzes von radioaktivem Material in so genannten schmutzigen Bomben diskutiert wird, lässt Rückschlüsse darauf zu, ob die Terroristen sich ernsthaft für einen solchen Anschlag interessieren.

Rita Katz vom SITE-Institut und das amerikanische Justizministerium haben genau beobachtet und dabei eine bittere Niederlage erlitten. Mit Hilfe der gesammelten Daten von SITE verklagte die US-Regierung einen Computerwissenschaftler im Bundesstaat Idaho. Der 35-jährige Muslim hatte von seinem Haus aus mehrere Internetseiten unterhalten, auf denen nach Erkenntnissen der Staatsanwaltschaft zu Gewalt und Hass aufgerufen wurde. Durch diese Propaganda, zu der auch Videos tschetschenischer Terroristen und Pamphlete über «Selbstmordoperationen gegen Juden» gehörten, seien Spenden gesammelt und Nachwuchskämpfer für den heiligen Krieg geworben worden. Als Betreiber der Internetseite, so der Vorwurf der Ankläger, habe der Computerfachmann eine verbotene Terrorgruppe aktiv unterstützt. Die Geschworenen im Prozess sahen das anders. Die Beweise reichten nicht für eine Verurteilung.

Wo hört die Meinungsfreiheit auf, und wo fängt die Unterstützung für Terrorismus an?, fragt sich Rita Katz. Sie glaubt, dass sich die westlichen Gesellschaften diese Frage erneut stellen müssen angesichts einer Bedrohung, die sich zunehmend aus den Produkten der Meinungsfreiheit speist und die sich längst nicht mehr in kleinen oder großen Gruppen organisiert. «Al-Qaida ist jetzt der Name für eine Ideologie», meint Katz. «Selbst wenn du bin Laden tötest, wird sie immer da sein. Al-Qaida bedeutet ‹Hass gegen den Westen›, bedeutet ‹Amerikaner töten›. Jeder, der daran glaubt, ist Al-Qaida. Es ist eher eine Bewegung als eine Organisation.» Wie geht man vor gegen solch eine Bewegung oder Geistesströmung?

Auch deutsche Sicherheitsbehörden beschleicht langsam das Gefühl, dass sie auf verlorenem Posten kämpfen, weil sie nicht die richtigen Werkzeuge haben. Hierzulande ist jede Art von Propaganda im Internet weitgehend straffrei – aus Gründen der Meinungsfreiheit und des Datenschutzes. Doch bei den Fahndern wächst die Sorge, dass auch in Deutschland mit Hilfe des World Wide Web Terroranschläge beinahe unbemerkt vorbereitet werden können.

Es ist ein meditatives Video, das sich der Verfassungsschützer da anschaut. In der rechten Bildhälfte rollt eine schwarze Billardkugel immer wieder vor und zurück. Links daneben in der oberen Ecke umkreisen kleine leuchtende Linien einen strahlend weißen Lichtpunkt, in dessen Mitte der englischsprachige Text des Liedes nach oben fährt. Die Musik ist ruhig, die Stimme des Sängers fast einschläfernd, seine Worte beinah unverdächtig. «Am Ende steht Himmel oder Hölle. Entscheide dich jetzt, zögere nicht. Komm, mein Bruder, lass uns beten. Entscheide dich jetzt, zögere nicht.» Es ist eines der vielen Videos, mit denen junge Muslime ganz langsam an den Gedanken herangeführt werden, dass der Tod als Märtyrer nur der Übergang ins Paradies ist. Beinah täglich entdecken die Fahnder des bayerischen Verfassungsschutzes solche Werbeclips auch auf deutschsprachigen Dschihad-Seiten im Internet. In einem der Clips werden Fotos von Selbstmordattentätern in Bilder von Löwen überblendet, denn als solche werden die so genannten Märtyrer gesehen.

Auch in deutschsprachigen Chatrooms kann man beobachten, wie junge Muslime gezielt angesprochen werden. Wenn sie beispielsweise ihrem Ärger über den Irakkrieg oder über die US-Regierung Luft machen, oder wenn sie sich über die Behandlung von

Muslimen in Deutschland aufregen oder über die Berichterstattung der Medien hierzulande, dann geschieht das oft nach folgendem Muster: Ein freundlicher Mitchatter heizt den Ärger noch ein wenig mehr an: «Der Beckstein will doch jetzt in allen Moscheen Videokameras aufhängen, was hältst du davon?» – «Hast du gehört, dass die jetzt die Muslime einsperren wollen?» (Stichwort: Sicherungsverwahrung.) Wenn sich der andere dadurch ins Gespräch verwickeln lässt, kommt irgendwann mal die Frage: «Weißt du, was der Koran dazu sagt?» Wer mehr darüber erfahren wolle, der solle doch bitte in diesen oder jenen Chatroom wechseln, der mit einem Passwort geschützt sei. Da könne man dann in Ruhe mal reden.

Um die Diskussionen im Internet in ihrer Gefährlichkeit einschätzen zu können, haben Landeskriminalamt und Verfassungsschutz in Bayern Verstärkung durch Islamwissenschaftler bekommen, die die Inhalte der Gespräche mit ihren Fachkenntnissen bewerten. Das Ergebnis ist alarmierend. Nach den Äußerungen im Internet zu schließen, wächst auch bei jungen Muslimen in Deutschland die Bereitschaft, sich für Selbstmordattentate anwerben zu lassen, eine Entwicklung, der die Fahnder nur das Prinzip Hoffnung entgegensetzen können. «Wenn einer, der Anschläge begehen will, sein Leben opfern will, dann kann ich ihn nicht mit einer generalpräventiven Bestrafung – mit lebenslänglich – von seiner Tat abhalten», so der ehemalige Verfassungsschutzpräsident Bayerns, Günter Gold. «Hier haben wir ein neues Phänomen, das uns wirklich große Sorgen bereitet, sodass wir nur hoffen können, dass wir rechtzeitig die Gefahr erkennen und abschalten können.» Wenn das nur so einfach wäre …

Teil II
Dschihad in Deutschland

5. «Die nichterfüllte Pflicht» ruft zum Kampf

In Deutschland gibt es nach den Erkenntnissen des Bundesamtes für Verfassungsschutz rund dreihundert so genannte «Gefährder» – Personen, die Kontakte zu Terrororganisationen pflegen, eine terroristische Ausbildung durchlaufen oder am Dschihad in Bosnien, Afghanistan oder Irak teilgenommen haben. Einige von ihnen werden verdächtigt, an Anschlägen im Ausland beteiligt gewesen zu sein. Deshalb stellen sie eine Gefahr für die Sicherheit Deutschlands dar. Diese Gefährder sind eingebettet in eine Szene von fast 32 000 islamischen Extremisten, darunter mindestens dreitausend, die aufgrund ihrer Gesinnung ebenfalls als gewaltbereit gelten, allerdings bisher nicht in terroristische Aktivitäten verwickelt waren. Dreitausend – das sind die oft zitierten 0,1 Prozent der insgesamt 3,4 Millionen Muslime in Deutschland. Diese Zahl wird immer wieder vor allem von Politikern genannt, um die Öffentlichkeit zu beruhigen.

Reda Seyam ist gebürtiger Ägypter. Im Mai 2004 trifft sich unser Kamerateam in einem Hotelzimmer in Ulm mit dem Mann, der vom Bundeskriminalamt als einer der Top-Gefährder in Deutschland eingestuft ist. Wenige Tage zuvor war das Video von der Enthauptung des Amerikaners Nick Berg im Irak im Internet aufgetaucht. Seyam hatte es noch nicht gesehen und ist nun sichtlich erschüttert, als wir ihm die Bilder auf unserem Laptop zeigen: Ein Vermummter liest die letzten paar Sätze der Erklärung von einem

Zettel ab. Rechts und links neben ihm stehen vier Männer, ebenfalls ganz in Schwarz gekleidet, drei von ihnen tragen Sprengstoffwesten. Auf dem Boden sitzt an Händen und Füßen gefesselt ein junger Mann in orangefarbenem Gewand. Rechts unten im Bild ist die Uhrzeit eingeblendet: 2:44:37 Uhr. Der Mann in der Mitte reicht den Zettel an seinen Nachbarn, zieht ein langes Messer heraus. Sie rufen «Allahu Akbar» ...

«Das macht man nicht mal mit einem Tier», murmelt Reda Seyam beim Anblick der grausamen Szene, die dann folgt. Ein paar Minuten später fragen wir ihn, ob die Terroristen nicht den Islam missbrauchen, wenn sie solche Enthauptungen als Selbstverteidigung im Dschihad rechtfertigen. Seine Antwort: «Es ist Krieg. Natürlich ist das Töten von Zivilisten nicht gewollt. Aber die andere Seite tötet Muslime mit Bomben und Panzern. Dabei sterben jeden Tag viele Kinder. Das ist Krieg, und durch Krieg entsteht Terrorismus.»

Der Mann mit dem schwarzen Vollbart weiß, wovon er redet, denn er ist selbst im Krieg gewesen. In Bosnien, so erzählt Seyam, habe er gefilmt, wie Muslime von Serben regelrecht abgeschlachtet wurden, auch Frauen und Kinder. Er sei nur Kameramann gewesen, der das Leid von unterdrückten Muslimen dokumentieren wollte.

Seyams Filmkassetten sind im Besitz des Bundeskriminalamts. Die deutschen Ermittler sehen seine Rolle ganz anders: Der Ägypter habe in Bosnien Propagandafilme für den heiligen Krieg gedreht. Mit Hilfe dieser Videos seien in Deutschland Gelder und Nachwuchs für den Dschihad geworben worden. Ganz offenbar gibt es ein paar Wahrnehmungsunterschiede.

Seyam behauptet, der Dschihad habe nichts mit Terrorismus zu tun: «Es ist allen Muslimen bekannt, dass der Dschihad in Teilen des Korans steht. Wir können natürlich nicht den Koran in Frage stellen. Wenn nun die jungen Männer jeden Tag diese Bilder sehen in den Nachrichten – die Taten der Juden und Zionisten in Palästina oder im Irak, in Afghanistan, Tschetschenien oder anderen islamischen Ländern –, wenn sie also den Krieg zwischen Muslimen und Nichtmuslimen sehen, dann bringt sie das in Rage. Muslime sind verpflichtet, sich betroffen zu fühlen, egal, wo sie sich aufhalten. Es gibt nämlich eine Episode aus dem Leben des Propheten, wo er gesagt hat: Jeder, der den Islam im Herzen trägt, muss die Sorgen der anderen Muslime ernst nehmen.»

Nach Erkenntnissen des indonesischen Geheimdienstes soll Seyam die Sorgen der Muslime in Indonesien besonders ernst genommen haben. Die Behörden dort glauben, dass er den Terroranschlag auf das Touristenzentrum in Kuta zumindest teilweise finanziert hat und damit verantwortlich ist für den Tod von über 180 Menschen, darunter auch deutsche Touristen. Im Oktober 2002 hatten sich mehrere Attentäter vor einem Nachtclub auf Bali in die Luft gesprengt. Auf einer Liste, die die Polizei nach der Attacke bei Seyam gefunden haben will, waren die Namen der Anstifter sowie die üppigen Geldbeträge fein säuberlich verzeichnet. Der Beschuldigte bestreitet aber auch uns gegenüber jede Verwicklung, schließlich hätten ihn die indonesischen Behörden nach kurzer Zeit wieder freigelassen. Er sei also unschuldig.

In der Tat war Seyam offiziell nur wegen eines Visavergehens inhaftiert. Trotzdem gehen die Geheimdienste in Indonesien und Deutschland weiter davon aus, dass er eine nicht unwichtige Rolle bei der Vorbereitung der Anschläge gespielt hat. Weil die Hinweise für eine Verhaftung nicht ausreichen, steht er unter Beobachtung durch den Verfassungsschutz, und der macht sich jetzt Gedanken darüber, warum Reda Seyam wohl im Jahr 2004 aus der Ulmer Gegend nach Berlin umgezogen ist. Uns hat Seyam – mit einem Augenzwinkern – erklärt, er wolle sich als Kameramann beim ZDF-Hauptstadtstudio bewerben.

Reda Seyam war über viele Jahre im Visier der Verfassungsschützer. In Ulm besuchte er das Multikulturhaus, das nach den Erkenntnissen der Ermittler seit den neunziger Jahren ein Treffpunkt der örtlichen Islamistenszene ist. Lange Zeit galt Seyam besonders jungen Muslimen als Vorbild, spätestens nach seiner Rückkehr aus Indonesien im Jahr 2003 war er jedoch für viele ein Ärgernis, weil er die Aufmerksamkeit der Behörden und der Medien auf seine Glaubensbrüder zog. Vielleicht siedelte er deshalb nach Berlin um. Er lebt dort mit seiner Familie weiter von Sozialhilfe, sein Umzug wurde vom Sozialamt mitfinanziert.

Wir fragen Seyam nach dem Irakkrieg, der ja den Attentätern von Madrid als Rechtfertigung für ihre Anschläge gedient hatte. Wir wollen wissen, warum so viele Muslime die Terroristen im Irak und auch Osama bin Laden als Widerstandskämpfer sehen und nicht als Mörder. «Die fremden Truppen, die gegen die Muslime und den Islam kämpfen, müssen die islamischen Länder verlassen», antwortet Seyam. «Das ist eine Forderung jedes Muslim. Warum sind die Amerikaner in Afghanistan und im Irak einmarschiert? Sie vergießen das Blut der Muslime; keiner wagt, etwas zu sagen, außer Osama bin Laden, der seine Meinung und die seiner Gruppe vertritt – und er folgt dabei immer der Logik des Korans.» Seyam schenkt uns am Ende des Interviews noch eine deutsche Ausgabe des Korans, damit wir uns von der Glaubwürdigkeit bin Ladens überzeugen können.

Rechtfertigung von Terrorismus, Propaganda für Terrorismus, Hinweise auf Unterstützung terroristischer Aktivitäten – warum ist Reda Seyam nicht längst in seine ägyptische Heimat abgeschoben worden? Die Antwort ist einfach: Seine erste Frau war eine Deutsche, und durch die Heirat erhielt er nicht nur eine dauerhafte Aufenthaltsgenehmigung, sondern später auch die deutsche Staatsbürgerschaft.

Wie erwähnt gibt es in Deutschland rund dreihundert solcher «Gefährder», aber die Sicherheitsbehörden schätzen die tatsächliche Zahl von potenziellen Attentätern viel höher ein. Die Hemmschwelle zur Ausübung von Gewalt, so erklärte mir ein Verfassungsschützer, sinkt in dem Maße, wie der Terrorismus der Al-Qaida als legitime Selbstverteidigung angesehen wird, zum Beispiel gegen israelische Soldaten in Palästina, russische Soldaten in Tschetschenien und amerikanische Soldaten im Irak. Bei Sympathisanten der Bewegung gibt es einen breiten Konsens, dass Selbstmordanschläge – oder Märtyrer-Operationen, wie sie es nennen – ebenfalls gerechtfertigt sind. Man diskutiert nur noch darüber, ob Zivilisten dabei getötet werden dürfen.

«Die Anschläge gegen Zivilisten finde ich nicht in Ordnung», ereifert sich der Mann mit dem rot-weiß karierten Palästinensertuch um den Hals, «aber gegen die Besatzungstruppen, gegen die Besatzungsarmeen, das finde ich in Ordnung. Das ist Widerstand, und das ist das Recht aller Völker, um ihr Land von der Besatzung zu befreien.» Wir haben diese Äußerung am Rande der alljährlichen Al-Quds-Demonstration in Berlin eingefangen. Es sind Anhänger der radikalislamischen Hizbollah, die da auf die Straße gehen, um gegen die israelische Palästinenserpolitik und überhaupt gegen Israel und alle Juden zu demonstrieren. Ein vielleicht 20-jähriger Mann sagt: «Für den einen ist es Selbstmord, für den anderen ist es Glück. Und ich würde das nicht als Selbstmord bezeichnen oder betrachten. Das ist vielmehr ein Zeichen der Märtyrer, die was für ihre Heimat tun.»

Diese Überzeugungen, auch wenn sie von Anhängern einer schiitischen Gruppierung stammen (die meisten radikalislamischen Gruppen in Deutschland folgen der sunnitischen Ausrichtung des Islam), werden nach Ansicht vieler Verfassungsschützer, mit denen ich gesprochen habe, von nahezu allen Mitgliedern islamistischer Organisationen in Deutschland geteilt; das wären laut Verfassungsschutzbericht 2004 immerhin 24 Gruppen mit zusammen rund 31 800 Mitgliedern – unterm Strich also knapp ein Prozent aller Muslime in Deutschland –, die als Ziel die Errichtung eines Gottesstaates anstreben und Gewalt in Form von Terroranschlägen gegen Soldaten des Gegners als «Selbstverteidigung» in Ordnung finden. Unter diesen ist eine große Zahl, die offenbar auch gegen zivile Opfer nichts einzuwenden hat, jedenfalls wenn man der Propaganda der Islamisten Glauben schenkt.

Menschen klagen und beten vor den Leichen ihrer Angehörigen. Ein totes Baby ist zu sehen, eingehüllt in eine palästinensische Flagge, kombiniert mit Fotos von Kindern, die in der Intifada Steine gegen israelische Panzer schleudern. Zukünftige Selbstmordattentäter der «Märtyrer-Brigade» tragen einen gefallenen Kameraden im blutgetränkten Hemd zu Grabe, daneben Frauen und Kinder mit Tränen in den Augen. Das sind die Bilder. Der gesprochene Text des Videos ruft nicht zu Gewalt auf, aber er verherrlicht die Taten der so genannten Märtyrer im heiligen Krieg: «Hey, Tschetschenien, Bosnien, Kaschmir, Palästina! Wir sind Brüder. Wir sehen, wie ihr blutverschmiert zu Boden fallt. Der Frühling wird kommen, die Blumen werden blühen. Tausende von Märtyrern werden eines Tages lächeln.»

Das Lied wird in türkischer Sprache gesungen, denn das Video wurde von der größten extremistischen Vereinigung in Deutschland angefertigt, der Islamischen Gemeinschaft Milli Görüs (IGMG). Die türkische IGMG mit 26 500 Mitgliedern hat in Köln ihren Deutschlandsitz. Sie wird vom Verfassungsschutz beobachtet, und der sieht mit Sorge, wie in den Reihen der Anhänger mit solchen Filmen das Heldenimage islamischer Selbstmordattentäter gepflegt wird. Das Video kam bei einer Tagung der IGMG im Jahr 2002 im niederländischen Arnheim zur Aufführung. Offiziell distanziert sich die Milli Görüs vom Terrorismus und gibt sich als «legalistische» Organisation, die die Errichtung einer islamischen Gesellschaftsordnung gewissermaßen mit einem Marsch durch die Institutionen, also völlig legal erreichen will. Aber in ihren Schriften wird staatliche Autorität stets dem Gesetz des Korans untergeordnet. So heißt es in der Verbandszeitung «Milli Gazete» am 27. Juli 2004: «Doch alle Präsidenten, Könige und orientalischen Herrscher dieser Welt verfügen nicht über ein Einspruchsrecht gegen einen einzigen Vers im Buch Gottes.» Das schließt den Vers zum Dschihad mit ein. Verfassungsschützer in Bund und Ländern sind deshalb überzeugt, dass die IGMG durch ihre Propaganda zumindest fruchtbaren Boden schafft für die Rechtfertigung des Dschihad.

Nach Erkenntnissen des Verfassungsschutzes fördern die islamistischen Organisationen in Deutschland mit solchen oder ähnlichen Parolen die Bereitschaft, den so genannten heiligen Krieg in Ländern, in denen Muslime unterdrückt werden, durch Solidaritätsbekundungen und durch Spenden zu unterstützen. Gleichzeitig steigt vor allem bei jungen Mitgliedern das Interesse, an diesem angeblichen Freiheitskampf aktiv teilzunehmen. Die Verbände tun nichts, um den Drang der Jungen zu stoppen. Im Gegenteil, sie bereiten ihm den Weg durch eine gezielte Aufbauarbeit.

Bei der Großveranstaltung in Arnheim, zu der Tausende von Anhängern der IGMG gekommen sind, tummeln sich auch zahlreiche Kinder. Nachwuchsarbeit wird für die extremistischen Organisationen immer wichtiger. Sie organisieren Sportveranstaltungen, Handarbeits- und Computerkurse sowie Nachhilfeunterricht. Allerdings liegt der Schwerpunkt der Jugendarbeit meist auf der Vermittlung eines wörtlich zu nehmenden Korans. Jeden Sommer beobachtet der Verfassungsschutz, dass Milli Görüs Ferienlager für Kinder organisiert. Was genau in diesen Camps, von denen einige im Süden von Ägypten stattfinden, gelehrt wird, ist allerdings nicht bekannt. Dennoch sind die Ermittler überzeugt, dass da eine neue Generation mit radikalem Gedankengut heranwächst, muslimische Kinder und Jugendliche, die – ähnlich wie viele palästinensische Kinder in Israel – Selbstmordattentäter für Vorbilder und Helden halten.

Diese Einstellung wurde jahrelang an der König-Fahd-Akademie in Bonn staatlich gefördert. Der islamischen Kultur- und Bildungseinrichtung mit Moschee und Schule stellte die Bundesrepublik Deutschland öffentliche Gelder zur Verfügung. Die Regierung

Saudi-Arabiens finanzierte nicht nur den Bau des Zentrums, sondern auch den Unterhalt und die Ausstattung mit Lehrmitteln.[27] Letztere verbreiteten nicht selten gefährliches Gedankengut. In den Schulbüchern der Kinder in arabischer Sprache fand sich zum Beispiel der Satz: «Es ist die erste Pflicht jedes Muslims, sich auf den Kampf gegen diese Feinde vorzubereiten.» Gemeint waren all jene, die sich an der Unterdrückung des «wahren Glaubens» beteiligten, also Juden, Kreuzfahrer und Ungläubige. In einem anderen «Lehrmittel» stand unter einer Landkarte des Nahen Ostens: «Das ist deine islamische Gemeinschaft, angefüllt mit Dschihad, wohlriechend von Opfern.» In einem Lesebuch für Schüler der 7. Klasse werden «Märtyrer» verherrlicht, denn Allah werde denjenigen, «denen es vergönnt ist, auf dem Weg Gottes zu sterben, ein Leben im Paradies schenken. Und sie werden auch glücklich sein, dort zu erfahren, was Allah für die weiterlebenden Mudschaheddin an Belohnungen und Verzeihungen bereithält.» Erst nach einem Beitrag in einem ARD-Fernsehmagazin griffen die Schulbehörden des Landes Nordrhein-Westfalen im Jahr 2004 ein und sorgten dafür, dass sowohl bei der Auswahl von Schulbüchern als auch bei der Wahl der Lehrer auf die Vereinbarkeit mit den Bestimmungen der freiheitlich-demokratischen Ordnung geachtet wird. Ein striktes, unreflektiertes Auswendiglernen des Korans gehört allerdings weiter zum Curriculum.

Welche Folgen das haben kann, wird an den Aktivitäten der Organisation Tabligh-e-Jamaat deutlich, von der schon die Rede war. Sie ist hierarchisch organisiert und verfügt über eine Deutschland-*schura*, einen Rat aus vier Anführern, die sich alle drei Monate treffen, um die laufenden Aktivitäten der Tabligh zu koordinieren. Abwechselnd übernimmt jeweils einer der vier, die zur Zeit in Köln, Hannover, München und Bad Homburg leben, den Vorsitz – er ist dann der Emir der Tabligh in Deutschland. Die TJ verfügt über eine Reihe von Moscheen und Zentren, zum Beispiel in München, Nürnberg, Erfurt und Köln. Das wichtigste davon liegt wohl im hessischen Friedrichsdorf in der Nähe von Bad Homburg. Der dortige Vorsitzende des Anjuman-e-Islahul-Muslemenn Deutschland, eines eingetragenen Vereins, Mohammed N., fungiert als Sprecher der Bewegung nach außen. Die Abteilungen in Deutschland pflegen direkte Kontakte mit dem Europazentrum in Dewsbury, Großbritannien, und mit dem operativen Weltzentrum in Raiwind, Pakistan. Die spirituelle Zentrale liegt in Neu-Delhi, Indien.

Im Jahr 2004 taucht die TJ erstmals im Verfassungsschutzbericht auf. Dort heißt es, dass die rund 450 Mitglieder «eine eng am Wortlaut ausgerichtete Auslegung des Korans vertreten, was in der Konsequenz zur Ausgrenzung der Frauen, zur strikten Einhaltung von muslimischen Familienrechten und zu einer Abgrenzung von Nicht-Muslimen führt. Zudem beinhaltet diese wortgetreue Auslegung des Korans zwangsläufig eine Ablehnung des westlichen Wertesystems.»

Dazu gehört auch, dass die Anhänger der TJ die Lebenskultur in Deutschland im Kern ablehnen. Musik, Tanz, Zeitungen, Radio, Fernsehen sind verpönt, um die Konzentration auf das Gebet und auf islamische Lehrbücher nicht zu stören. Sie akzeptieren die staatliche Ordnung nur insoweit, als sie ihnen auch Freiräume für das Gebet schafft. So haben die Tablighi kein Problem damit, von Sozialhilfe zu leben oder unregelmäßige Arbeiten zu verrichten, sodass ihr Leben nicht durch einen Beruf diktiert wird. Die Missionare der Tabligh gehen von Haus zu Haus und versuchen laut Verfassungsschutzbericht gezielt, «wirtschaftlich und sozial benachteiligte junge Muslime in intensiven persönlichen Gesprächen anzuwerben». Sie suchen regelrecht nach labilen, perspektivlosen, marginalisierten Jugendlichen im Alter zwischen 14 und 16 Jahren, die in kriminelle Aktivitäten verwickelt waren. Im ersten Schritt bitten sie die jungen Leute, die Moschee zu besuchen. Später sollen sie die Missionare an drei Tagen im Monat bei der Missionierung begleiten oder selbst weitere Mitglieder werben. Es folgt eine vierzigtägige Missionsreise und schließlich der viermonatige Aufenthalt in Pakistan.

Wie in anderen Sekten gibt es eine Reihe von Repressionsmechanismen. Wer gegen die Vorschriften des Emirs verstößt, bekommt den psychischen Druck der anderen Mitglieder zu spüren. Die Angeworbenen lehnen in der Regel ihre eigene ursprüngliche Kultur, sei es eine nordafrikanische, asiatische oder – bei Konvertiten – auch westeuropäische, vollständig ab und lösen alle Kontakte mit ihren Familien. Damit sind sie gewissermaßen reif, um von Terrororganisationen außerhalb der sonst eher unpolitischen Tabligh-Bewegung rekrutiert zu werden.

Zum Beispiel im Falle des jungen Türken Tarkan Kalaci, der über die TJ in München geworben wurde, dann eine Weile in London lebte, ein Ausbildungslager der irakischen Terrororganisation Ansar-el-Islam besuchte und nun in Istanbul im Gefängnis sitzt, weil er an der Vorbereitung der Bombenanschläge gegen eine Synagoge und das britische Generalkonsulat im Dezember 2003 beteiligt gewesen sein soll. Kombiniert man diesen Fall mit den bereits erwähnten Fällen – der Schuhbomber Reid, Mitglieder der Meliani- und der Tawhid-Gruppen in Deutschland –, scheint die TJ ein ideales Rekrutierungsfeld für den islamistischen Terrorismus zu sein.[28] Deutsche Sicherheitsbehörden verfolgen mit großer Aufmerksamkeit, zu welchen Erkenntnissen ihre amerikanischen Kollegen bezüglich der Tabligh-e-Jamaat gekommen sind, denn es gibt allen Grund anzunehmen, dass diese Informationen Rückschlüsse auf die Situation der TJ in Deutschland zulassen.

In einer geheimen Analyse des Anti-Terror-Zentrums der US-Nachrichtendienste und des FBI, die dem Autor vorliegt, heißt es: «Islamische Extremisten benutzen den legitimen nationalen Verband der Tabligh-e-Jamaat innerhalb der USA als Tarnung, um mit anderen Extremisten in den USA Kontakt zu halten. (…) Einige TJ-Mitglieder haben die Fähigkeit, einen Terroranschlag in den USA auszuführen. Die TJ stellt einen Pool für mögliche Mitglieder von Terrorzellen innerhalb der USA dar. Einige radikale Muslime haben die TJ als Einfallstor für islamisch-extremistische Aktivitäten genutzt.»

Das FBI habe festgestellt, so heißt es in der «Special Analysis» vom 15. April 2004, dass extremistische Muslime die Organisation in Teilen unterwandert und mehrere Führungsfunktionen eingenommen hätten. Gegen alle Mitglieder der siebenköpfigen Schura werde ermittelt, drei von ihnen hätten Kontakte zu mutmaßlichen Terroristen. «Mehrere Mitglieder der TJ in den USA haben mit Anschlägen gegen die USA gedroht, an militärischem Dschihad-Training teilgenommen und pflegten Kontakte mit bekannten oder mutmaßlichen Al-Qaida-Anhängern.» In dem Papier, das mit «SECRET» überschrieben ist und sich auf zahlreiche Quellen stützt, werden eine Reihe von konkreten Fällen aufgezählt, in denen TJ-Mitglieder mit Terroristen in Verbindung standen. Eine Rekrutierung von Tablighi durch Terrororganisationen erfolge vor allem auch im Ausland: «In Übersee nutzen Terrorgruppen die missionarischen und religiösen Reisen von TJ-Mitgliedern. Sie identifizieren mögliche Kämpfer, sprechen sie an und rekrutieren sie, insbesondere wenn sie TJ-Mitglied in den USA sind.»

Nach Erkenntnissen der US-Behörden dient die TJ auch der Al-Qaida seit langem als Nachwuchsreservoir. Der Drahtzieher und Chefplaner der Terroranschläge des 11. September, Khaled Sheikh Mohammed, habe einen seiner Gefolgsleute beauftragt, bei den Konferenzen der Tabligh-e-Jamaat in den USA junge Afroamerikaner, die zum Islam konvertiert waren, anzuwerben, um mit ihrer Hilfe eine Reihe von Tankstellen in die Luft zu sprengen. Der Geheimdienstbericht kommt zu dem Schluss, dass es wegen der großen Zahl der Tablighi in den USA und wegen ihrer sehr diskreten Vorgehensweise schwer sein wird, extremistische Aktivitäten zu entdecken. Daraus resultiere eine fortdauernde Bedrohung für die USA. Was die amerikanischen Ermittler darunter verstehen, wird einige Absätze vorher deutlich: «Einige TJ-Mitglieder sind zunehmend auf Geheimhaltung bedacht und sind sich wahrscheinlich bewusst, dass sie von den Behörden überwacht werden. Dieses verstärkte Sicherheitsbewusstsein könnte zur Verschleierung der Planung oder Unterstützung eines Anschlags dienen.»

Auch deutsche Geheimdienste registrieren, dass führende Mitglieder der TJ konspirativer geworden sind. Sie glauben zwar nicht, dass deshalb Anschläge drohen, aber die Fahnder sind alarmiert. Eben weil sich die Mitglieder der Bewegung den Beobachtungen des Verfassungsschutzes entziehen, schätzen die Ermittler, dass es in der Bundesrepublik bereits deutlich mehr als nur die im Verfassungsschutzbericht genannten 450 Tablighi gibt – Tendenz steigend.

Diese Entwicklung macht den Ermittlern bei Verfassungsschutz und Bundeskriminalamt große Sorge. Denn es gibt einige islamische Organisationen in Deutschland, etwa den Verband Islamischer Kulturzentren (VIKZ) mit 20 000 Anhängern, die nicht als verfassungsfeindlich eingestuft sind, weil sie als unpolitisch gelten. Gleichzeitig aber fördern sie – wie die TJ – eine extrem strenge Ausprägung des Islam und schaffen dadurch die Voraussetzungen, dass zumindest einige ihrer Anhänger unter dem Eindruck der Weltereignisse ebenfalls den Weg in die Dschihad-Bewegung suchen.

Das Potenzial der streng religiösen Muslime in Deutschland liegt deutlich höher als die erwähnte Zahl von 32 000 Extremisten. Der türkische Botschafter in Berlin vermutet, dass allein unter den 2,4 Millionen Türken in der Bundesrepublik bis zu 4 Prozent einem fundamentalistischem Islam anhängen – das wären rund 96 000 Muslime.[29] Wenn der Anteil auf die gesamte islamische Bevölkerung übertragen wird, läge die Zahl bei 136 000. Unter diesen Gläubigen, so erklärten mir Verfassungsschützer, ist eine Haltung weit verbreitet, die den Dschihad als Selbstverteidigung rechtfertigt und damit die Grundlage dafür schafft, dass eine junge Generation von Radikalen sich ihren Do-it-yourself-Islam nach ihren Wünschen zurechtzimmert. In Deutschland kursiert zurzeit ein Strategiepapier der Islamisten, das selbst hartgesottene Fahnder das Schlimmste für die Zukunft befürchten lässt.

«An die Macht gelangt man ausschließlich und nur durch Kampf und Krieg.» So steht es in dem hundertseitigen Pamphlet, das deutschen Fahndern bei mehreren Razzien in Süd- und Westdeutschland in der ersten Jahreshälfte 2005 in die Hände fiel. Das Buch ist eigentlich nicht neu, denn es entstand in den siebziger Jahren in Ägypten und wurde geschrieben von einem der Anstifter für die Ermordung des ägyptischen Präsidenten Anwar el-Sadat bei einer Militärparade im Oktober 1981. Muhammad Abdussalam Farg, der in der islamistischen Bewegung als Märtyrer gilt, weil er für seine Taten hingerichtet wurde, liefert mit seiner Schrift eine Rechtfertigung für die Ausdehnung des so genannten heiligen Krieges über die bisherigen Grenzen des Dschihad hinaus. Die Fahnder beunruhigt vor allem, dass sie das gefährliche Traktat erstmals in deutscher Übersetzung gefunden haben, und zwar in den Wohnungen junger Muslime in verschiedenen Bundesländern. «Die nichterfüllte Pflicht», so der Titel des Werks, findet offenbar großen Anklang in der Szene.

Das Traktat ist Leitfaden, Handlungsanweisung und Standardwerk des islamistischen Terrorismus, es ruft zum bewaffneten Kampf auf und zeichnet den Weg vor, den die neue, aggressive Weltanschauung einschlagen wird. Schon in der Einleitung erläutert Farg, was er mit der «nichterfüllten Pflicht» meint. Er fordert, das Leben nach den Worten Allahs und nach dem Leben des Propheten auszurichten, und erteilt jeder Art von Reformen im Islam eine totale Absage: «Die schlimmsten Erscheinungen im Glauben sind Erneuerungen.» Diese seien Irrwege, die letztlich in die «Hölle» führen. Die «einzige und erfolgreichste Art der Verteidigung und Erhaltung des Islam» sei der «Dschihad im Sinne des Kampfes auf dem Wege Allahs». Farg glaubt, dass die Islamgelehrten und die Muslime in aller Welt diese Verpflichtung vergessen haben – dem

Pfad des Dschihad zu folgen sei deshalb die «nichterfüllte Pflicht» der Muslime.

Dies allerdings erfordere den bewaffneten Kampf: «Wir hegen nicht den geringsten Zweifel an der Tatsache, dass die Diktatoren, die die Macht auf Erden haben, ihre Position nur unter dem Druck der Gewalt und Waffen aufgeben.» Also müsse man zum Schwert greifen, so wie es einst nach der Überlieferung der Prophet getan habe: «Gesandt wurde ich mit dem Schwert vor dem Tage des Gerichts, um für die Gesetze der Religion Allahs so lange zu kämpfen, bis nur Allah auf Erden angebetet wird.»

Wer immer diese Schriften verinnerlicht und sich ihnen anschließt, der kann eigentlich nicht mit dem Rückzug westlicher Truppen aus islamischen Ländern zufrieden sein, sondern muss der Pflicht des Dschihad so lange folgen, bis sie erfüllt ist. Dies ist erst dann der Fall, wenn es nur noch eine einzige Religion gibt, selbst wenn einer Phase des bewaffneten Kampfes wieder eine Phase der friedlichen Verbreitung des Islam folgt. In diesem Sinne zitiert Farg einen islamischen Gelehrten des Hadith, Ibn Radjab al-Hanbali, mit den Worten: «Allah hat ihn gesandt, um mit dem Schwert zum monotheistischen Glauben aufzurufen und zwar jene, die zuvor mit Argumenten des Koran eingeladen wurden, dies jedoch ablehnten. Diese sollen dann mit dem Schwert bzw. mit Waffen aufgerufen werden.»

Welche Wirkung haben solche Worte auf junge Muslime hier in Deutschland, etwa auf einen marokkanischen Jugendlichen, der keine Lehrstelle findet, dessen Eltern sich wenig um ihn kümmern, der auf der Straße herumlungert und zum Beispiel wegen Schlägereien und Diebstählen mit dem Gesetz in Konflikt geraten ist? Im Internetcafé verfolgt er die Diskussionen um die Weltereignisse, sieht, dass Menschen sterben, darunter auch viele muslimische Kinder. Überall werden Konflikte mit Waffen ausgetragen, und oft siegt nicht der Gerechte, sondern eher der Stärkere.

Vielleicht hat ihm auch schon jemand erklärt, wie der Islam seinem Leben ein Ziel geben kann und dass sein Einsatz einen Wert hat für die Umma, die islamische Gemeinschaft, während er sonst von allen Seiten das Gefühl bekommt, dass sein Leben nichts wert sei, dass er als Ausländer unter Verdacht steht, potenzieller Terrorist zu sein. Er hat den Koran gelesen. Und jetzt bekommt er ein Papier in die Hände, das ihm erklärt, was die Suren in der heutigen Zeit zu bedeuten haben.

Das Pamphlet baut darauf, dass der Leser nicht unbedingt ein Experte in Glaubensfragen ist. Je fragmentarischer das Vorwissen, desto besser. Dabei ist spannend und erschreckend zugleich zu lesen, wie «Die nichterfüllte Pflicht» die augenscheinlichen Widersprüche im Koran und der Hadith und damit mögliche Zweifel des Lesers glattbügelt. Tatsächlich finden sich im heiligen Buch der Muslime Vorschriften, denen zufolge es «keinen Zwang im Glauben» gebe. Diese Formulierung wird gerne als Beweis angeführt, dass der Islam eine absolut friedliche Religion sei. Dazu steht die von Farg geforderte und religiös begründete Ausbreitung des Islam durch das Schwert in krassem Gegensatz. Aber dieser Gegensatz wird schnell entschärft, schließlich beziehe sich die gewaltsame Ausbreitung auf die Eroberung der Länder der Ungläubigen, nicht auf eine Drohung, sie alle zu töten, wenn sie sich nicht zu Allah bekehren lassen. Das kann der junge Leser nachvollziehen, es hört sich nicht wahnsinnig, sondern sogar ganz vernünftig und maßvoll an.

Ab Seite 21 beginnt das gefährliche Pamphlet mit der Rechtfertigung von all dem, was die einen als menschenverachtenden Terrorismus, die anderen aber offenbar als legitime «Selbstverteidigung» ansehen. «Die Herrscher der heutigen Zeit», so Farg, «sind Verräter des Islam», und nach den Anweisungen wichtiger Rechtsgelehrter des Islam sei «die Strafe für einen *murtad* oder Abtrünnigen härter als die Strafe eines Ungläubigen. Für denjenigen, der vom Islam abfällt, wird das Todesurteil ausgesprochen ohne Rücksicht auf seine Lage, selbst wenn er schwach und kampfunfähig ist.» Auf dieser Grundlage gelten Attentate auf arabische Politiker und

Anschläge auf andere Muslime als gerechtfertigt, sofern sie keine wirklichen Muslime mehr sind, sondern Abtrünnige oder deren Helfershelfer, denn nach der «Nichterfüllten Pflicht» ist jede Unterstützung für Abtrünnige oder auch für Besatzer «streng verboten». Sollten unter den Getöteten dennoch einige «gute» Muslime sein, dann ist ihr Tod ebenfalls gerechtfertigt, weil sie in diesem Moment ja als Märtyrer ins Paradies eingehen. Und wer nicht in der Lage ist, Besatzer zu bekämpfen, der sei zumindest verpflichtet «wegzuziehen», damit er sich nicht mitschuldig macht.

Wer diese Vorstellungen auf die gegenwärtige Situation im Irak überträgt, der kommt unweigerlich zu folgendem Schluss: Solange irakische Muslime nicht mitkämpfen gegen amerikanische Truppen und die irakischen Sicherheitskräfte oder nicht wenigstens wegziehen, gelten sie als legitime Anschlagsziele. Und der Autor fügt hinzu: «Angreifer und Frevler zu töten ist in der Sunna und im Konsens islamischer Gelehrter tief verankert.»

Aber wie ist das mit den Selbstmordattentaten, mag da der junge Leser denken. Schließlich haben ihm doch seine Eltern und andere gesagt, dass der Islam Selbstmordattentate grundsätzlich ablehnt. Fargs Pamphlet hält dagegen, dass der Prophet dem Hadith zufolge selbst die Bedeutung des Märtyrers beschrieben habe: «Wer bei der Verteidigung seines Vermögens stirbt, stirbt als Schahid. Wer bei der Verteidigung seines eigenen Lebens stirbt, der stirbt als Schahid. Und wer bei der Verteidigung seines Heims stirbt, der stirbt als Schahid.» Nach der Überlieferung würden dem Schahid sieben Vorzüge durch Allah zuteil:

1. Es werden ihm mit dem ersten Blutstropfen all seine Sünden vergeben.
2. Er wird seinen Platz im Paradies sehen.
3. Er wird vor der Strafe im Grab bewahrt werden.
4. Er wird vor der Angst am Tag der großen Abrechnung in Sicherheit sein.
5. Er wird in seiner Kleidung auferweckt werden.

6. Er wird mit Paradiesjungfrauen (Huris) verheiratet werden.
7. Er wird für 70 Mitglieder seiner Familie Fürsprache (*shaf'a*) einlegen können.

Fazit bis hierher: Der bewaffnete Kampf ist eine Pflicht. Der Gegner ist klar definiert, ebenso wie die Belohnung für die Teilnahme am Dschihad. Später im Text wird Farg klar machen, dass «die Priorität des Dschihad in der Abrechnung mit den führenden, bestehenden atheistischen Regimen in der islamischen Welt liegt und ihre Ersetzung durch gerechte, islamische Herrscher». Aber das hindert ihn nicht, an dieser Stelle bereits die Bestimmungen der 2. Sure, die den defensiven Dschihad als Selbstverteidigung etabliert, ein wenig auszudehnen: «Auch wenn es viele gibt, die behaupten (...), dass im Islam lediglich ein Verteidigungskrieg erlaubt und gerechtfertigt sei. Eine solche Meinung ist falsch. Im Gegenteil, der Islam hat sich mittels des Kampfes ausgebreitet.»

Der Gotteskrieger soll offenbar auch in nichtislamischen Ländern aktiv werden. Der Angriffskrieg ist erlaubt, um das große Endziel zu erreichen, die Errichtung der islamischen Gesellschaft rund um den Erdball.

Nun könnte der junge Leser, vielleicht auch, weil er in einer westlichen Demokratie aufgewachsen ist, Skrupel haben, in den bewaffneten Kampf in Westeuropa oder überhaupt einzusteigen. Man könnte ja auch politisch tätig werden, sich mit anderen zusammenschließen, demonstrieren, Spenden sammeln. Oder langfristig denken: nach und nach Einfluss erwerben in der Gesellschaft. Es gibt tatsächlich einige extremistische Gruppen, die ihren Mitgliedern nahe legen, die deutsche Staatsbürgerschaft zu erwerben und durch Wahlen in die Parlamente auf lokaler und vielleicht sogar nationaler Ebene zu kommen. All diesen friedlichen Überlegungen auf dem Weg des Dschihad erteilt das Pamphlet eine eindeutige Absage: «Manche schlagen vor, dass die Muslime sich bemühen sollten, bestimmte Positionen und wichtige Stellungen in der Gesellschaft einzunehmen. Und wenn die Mehrheit der Positionen von Muslimen geleitet werden, so wird man eines Tages zu einem islamischen Staat gelangen.» Dies aber sei nicht der richtige Weg zur Errichtung eines islamischen Staates, «denn in die wichtigsten Funktionen kommen nur die, die dem heutigen Regime gegenüber loyal sind». Also kein Marsch durch die Institutionen.

Auch die Bekehrung der Massen – wie sie in Deutschland etwa die Tabligh-Bewegung verfolgt – sei zwar wichtig, aber letztlich ebenfalls der falsche Weg: «Es gibt auch jene, die sagen, dass der Weg, einen islamischen Staat zu gründen, die Missionierung bzw. Da'wa ist. Doch unsere Meinung ist, dass man mittels dieses Weges niemals einen islamischen Staat gründen wird. Warum? Wir möchten den Wert und die Wichtigkeit der Rolle der Da'wa (die Menschen zum Glauben zu rufen) nicht mindern, doch die Macht wird man damit nicht bekommen. An sie gelangt man ausschließlich und nur durch Kampf und Krieg. Niemals hat eine regierende Klasse ihre Position freiwillig aufgegeben. An die Macht gelangt man nur durch Blut.»

Manche behaupten auch, so fährt der Text fort, dass der Dschihad durch das Streben nach Wissen ersetzt werden darf. Immerhin, so könnte der Leser denken, wird doch in Deutschland in der öffentlichen Diskussion gerade von den Vertretern muslimischer Verbände immer darauf hingewiesen, dass mit dem Dschihad aus dem Koran nur ein persönliches Streben nach Erkenntnis und Wissen, niemals aber die Pflicht zum bewaffneten Kampf gemeint sei. Dem widerspricht Farg ganz entschieden. Das Streben nach Wissen sei Pflicht jedes Muslim, aber dürfe niemals als Entschuldigung dafür gelten, nicht am Dschihad teilzunehmen: «Derjenige, der erfährt, dass Dschihad (der Kampf auf Allahs Weg) ‹fard› (Pflicht) ist, hat die Pflicht, sich dem Dschihad anzuschließen. Wenn jemand sein Wegbleiben damit rechtfertigt, die Vorschriften des Dschihad nicht zu kennen, so wird eine derartige Entschuldigung nicht angenommen. Die Vorschriften des Dschihad sind einfach, leicht und deutlich. In kürzester Zeit kann man sie erlernen. Dafür ist kein besonderes Studium erforderlich. Denjenigen, die sich auf dem Gebiet der islamischen Gesetze spezialisieren und ihr Wissen erweitern möchten, steht nichts im Weg, denn jedem ist die Möglichkeit und das Recht zu lernen gegeben. Doch was das Hinauszögern des Dschihad wegen des Erlangens von Wissen anlangt, so ist dies kein ausreichendes Argument und in keinstem (sic!) Fall ist es zu tolerieren und zu erlauben.»

Tatsächlich gebe es zwar auch einen Dschihad des Geistes, also einen Kampf mit sich selbst, der sich im Streben nach Bildung äußere, aber dieser Dschihad verlaufe parallel zum «Dschihad gegen die Ungläubigen und Heuchler».

Gerade diese Formulierungen signalisieren dem Leser, dass Eile geboten ist. Wenn es die Umstände erfordern, wäre es demzufolge nicht notwendig, an die Lehrstätten dieser extremen Auslegung des Dschihad zu reisen. Früher machte man sich auf den Weg nach Saudi-Arabien oder Pakistan, um den Glauben zu festigen. Dagegen mag der Dschihad-Interessierte heute durch die Worte Abdussalam Fargs – obwohl der es bei der Niederschrift damals nicht ahnen konnte – in seinem Streben nach einem selbst gebastelten Dschihad bestärkt werden, der der schnellen Praxis Vorrang einräumt vor der grauen Theorie. So war es vermutlich bei den Londoner Attentätern vom 21. Juli 2005.[30]

Im bewaffneten Kampf gegen die Ungläubigen, so schreibt Farg weiter, sei übrigens auch jedes Mittel erlaubt, inklusive Lüge, Betrug und Täuschung. Am besten sei es, für jede Schlacht eine neue Methode zu entwickeln. Ein Gedanke, an den sich die Terrorzellen der Al-Qaida in den letzten Jahren gehalten haben. Es sei auch keine Pflicht, den Feind vor einem Angriff zu warnen, aber solch eine Warnung werde dennoch empfohlen. Eine Empfehlung, der Osama bin Laden, sein Stellvertreter Ayman al-Zawahiri, Abu Musab al-Zarqawi und andere mit ihren Audio- und Videobotschaften meist folgen.

Aber soll wirklich alles erlaubt sein, mag da der junge Leser zweifeln. Wie war das im September 2004, als tschetschenische Rebellen in Ossetien eine Schule besetzt hatten? Am Ende waren hunderte von Kindern tot. Das kann doch niemand rechtfertigen – oder? Auf Seite 87 tut «Die nichterfüllte Pflicht» genau dies. Sie legitimiert den Tod von Kindern und alten Menschen im Verlauf des Dschihad: «Es ist erlaubt, den Feind überraschend anzugreifen und auf ihn zu schießen, selbst wenn dies zum Tod ihrer Jungen, Greisen und Schwachen führen sollte.» Es seien ja die Kinder von Ungläubigen, allerdings, so die Einschränkung, dürften sie «nur unabsichtlich und in Notsituationen» getötet werden. Gleiches gelte auch für Frauen. Was also ist, wenn man den Mord an den Kindern von Beslan zur Notsituation erklärt, weil es die russischen Sicherheitskräfte waren, die den Sturm auf das Gebäude begonnen hatten?

Abdussalam Farg beschließt sein Werk mit einer Aufforderung an die nachfolgende Generation, seinen Anweisungen zu folgen, da andere Methoden und Wege für die Errichtung einer islamischen Gesellschaft nicht erfolgreich gewesen seien. «Dieser Weg, den wir hier aufgezeigt haben, wurde noch nicht ausprobiert, doch er ist, wie wir glauben, der einzig richtige Weg. Ihn ging und zu ihm leitete Allahs letzter Gesandter Muhammad, Frieden und Segen auf ihm. So zögere nicht, zieh mit Allahs Segen los!»

Das Buch wurde, wie erwähnt, in den siebziger Jahren geschrieben, aber es diente in den Folgejahren ganz offenbar als Handlungsanweisung. Und mittlerweile hat die Anhängerschaft dieses Gedankenguts eine kritische Masse erreicht, sodass der bewaffnete Kampf von vielen Islamisten als das einzige Mittel für eine Wiedergeburt des Islam angesehen wird.

Die deutschen Ermittler, die den Text bei ihren Razzien gefunden haben, würden brennend gern erfahren, wer ihn ins Deutsche übersetzt und dann in Umlauf gebracht hat. Groß ist ihre Befürchtung, dass «Die nichterfüllte Pflicht» gerade junge Muslime der dritten Generation inspiriert, die nicht bereits im Dschihad in Tschetschenien, Afghanistan oder Bosnien mitgekämpft haben und die nicht in den Ausbildungslagern der Al-Qaida waren, sondern die durch die Weltereignisse der letzten Jahre, durch den 11. September und den Irakkrieg, für die Thesen des ägyptischen Gotteskriegers besonders anfällig sind. Sein Werk ragt heraus aus den anderen Schriften des Dschihad, weil es die «Missionierung» und den «Marsch durch die Institutionen» für nutzlos erklärt für das Erreichen des Endziels – der islamischen Weltherrschaft.

Damit ist das Pamphlet eines der wichtigsten Dokumente dieser neuen Al-Qaida, die eben längst nicht mehr eine Terrororganisation ist, sondern eine Ideologie, eine Geisteshaltung einer wachsenden Zahl von Anhängern. Junge Muslime holen sich in den Schriften das ideologische Rüstzeug für ihren Do-it-yourself-Dschihad.

Der fruchtbare Boden für diese Thesen ist in Deutschland eindeutig vorhanden und er umfasst wohl weit mehr als die genannten 0,1 Prozent der Muslime hier. Im Sommer 2005 liefen in der Bundesrepublik 160 Ermittlungsverfahren wegen des Verdachts auf Unterstützung oder Mitgliedschaft in einer terroristischen Vereinigung, zwanzig Extremisten saßen in Haft. Es gibt zahlreiche Anzeichen dafür, dass Gruppen und Einzelpersonen dem Aufruf zum Dschihad Folge leisten: Die Anhänger der Tawhid-Gruppe hatten Anschläge mit Handgranaten in Deutschland geplant, der Tunesier Ihsan Garnoui wollte Bombenanschläge auf Demonstrationen in Berlin verüben, knapp hundert Islamisten aus der Bundesrepublik sollen sich nach Erkenntnissen der Sicherheitsbehörden dem bewaffneten Kampf im Irak angeschlossen haben, Dutzende von Verdächtigen waren in die Schleusung von Kämpfern in Krisengebiete und zurück nach Deutschland verwickelt, eine Reihe von Unterstützern der Attentäter vom 11. September 2001 mit besten Verbindungen ins Terrornetzwerk sind weiterhin auf freiem Fuß, und Mitglieder der irakischen Terrorgruppe Ansar-el-Islam wollten Iraks Präsidenten Allawi bei seinem Besuch in Berlin im Dezember 2004 ermorden.

Gerade der Plan der Iraker zeigt, wie banal die Vorbereitungen für solch einen Anschlag ablaufen: Am 18. Oktober 2004 stoßen die Fahnder im Internet auf einen Aufruf zur Ermordung Allawis. Ende November besprechen der 30-jährige Mazen H. in Augsburg und sein 31-jähriger Landsmann Ata R. in Stuttgart telefonisch, wie sie an den Besuchsplan des Präsidenten in Berlin und an Waffen kommen könnten. Bei ihrem Gespräch, das vom baden-württembergischen Landeskriminalamt abgehört wird, benutzen sie Codeworte. Ata R. ist ein wichtiger Funktionär und Spendensammler der irakischen Terrorgruppe. Vorbereiten soll die Tat der 30-jährige Iraker Rafik Y. in Berlin. Aus den Telefongesprächen erfahren die Ermittler, dass der ursprüngliche Plan, Allawi bei einem Treffen mit Exilirakern zu töten, geändert wird. Stattdessen soll es am 3. Dezember bei einem Treffen des Präsidenten mit Vertretern aus der Wirtschaft in der Deutschen Bank in Berlin geschehen. Rafik Y. späht am Vorabend die Zufahrtswege aus und meldet telefonisch, er habe «die Baustelle besichtigt». Noch in der Nacht lässt der Generalbundesanwalt die drei Verdächtigen festnehmen.

Wie verzweigt das Netz der Ansar-el-Islam in Deutschland ist, zeigt folgender Auszug aus einem Gespräch zwischen einem terrorverdächtigen Araber aus Deutschland und einem Kontaktmann in Italien, das von italienischen Behörden im Jahr 2002 abgehört wurde:

Frage: «Wie läuft die Sache in Deutschland?»

Antwort: «Ich kann nicht klagen. Es gibt hier zehn von uns. Wir interessieren uns für Belgien, Spanien, die Niederlande, Türkei, Ägypten, Italien und Frankreich, aber das Nervenzentrum ist immer noch London. Sheikh A. hat uns viel Geld gegeben; wie ich dir sagte, zu diesem Plan bedarf es keiner weiteren Worte.»

Frage: «Ich hoffe, dass er unsere Jugend zum Leuchten bringt?»

Antwort: «Das ist unser Ziel. Jeder von uns hat eine Aufgabe. Wenn er zum Beispiel zehn Kameraden zusammenhat, dann wird er ihr Anführer und er kann entscheiden, ob er sie in noch kleineren Gruppen organisieren will oder nicht. Wichtig ist, dass sie ihre Intelligenz anwenden.»

Frage: «Selbst wenn es Ausländer sind, keine Araber?»

Antwort: «Das ist nicht wichtig. Wir brauchen auch Ausländer. Wir haben Albaner, Schweizer, Briten. Sie müssen nur ein hohes kulturelles Niveau haben. In Deutschland haben wir Dolmetscher, die auch Bücher übersetzen. Wir haben welche im Telekommunikationsbereich, auch in Österreich. Wichtig ist nur, dass ihr Glaube an den Islam ehrlich ist.»

Im weiteren Verlauf des Gesprächs wird klar, dass die genannten Länder jeweils als Oberbegriff für eine ganze Region als Operationsgebiet stehen, so gehört Deutschland zu «Niederlande» dazu. Wie konspirativ die Terrorzellen vorgehen sollen, beschreibt der Araber aus Deutschland wie folgt: «Wenn du über das Internet kommunizierst, solltest du eine andere Sprache verwenden. Wichtig ist, dass jede Gruppe die jeweils nächste Gruppe schützt, ohne dass sie sich gegenseitig zerstören; jede Gruppe muss sich von der nächsten fern halten. Tschetschenien sorgt für das Training der Jungen, während eine andere Gruppe sich um Information kümmert. Wieder eine andere kümmert sich um die Luft, die wir atmen (Geld, Nachschub, E. T.). Nur ein oder zwei Leute einer Gruppe nehmen an den Treffen teil, bei denen sie die Lage besprechen. Wichtig ist, dass sie den gleichen Rang haben und sehr gut auf alles Acht geben. Wir sind alle eins in Gott.»

Eine Vielzahl solcher Aktivitäten konzentriert sich auf die Unterstützung des «heiligen Krieges» im Irak, so zum Beispiel im Fall des 21-jährigen Palästinensers Yasser Abu S., der von dem 29-jährigen Exiliraker Ibrahim K. als Kämpfer für den so genannten Widerstand angeworben wurde. Abu S. schloss sogar Lebensversicherungen in Höhe von insgesamt 832 640 Euro ab. Er wollte seinen Tod bei einem Autounfall in Ägypten vortäuschen und dann in den Irak weiterziehen, um einen Selbstmordanschlag zu verüben. Seine Familie sollte derweil mit einem gefälschten Totenschein die Versicherungssumme kassieren und an Al-Qaida weiterreichen. Ein anderer junger Muslim aus Deutschland, der 19-jährige Ibrahim Nagah, war 2003 in den Irak gezogen und organisierte von dort aus als eines der Führungsmitglieder der Ansar-el-Islam die Schleusung weitere Kämpfer aus Deutschland und wieder zurück.

Nach Erkenntnissen des Bundeskriminalamts sind bisher über ein Dutzend freiwilliger Kämpfer aus dem Irak zurückgekehrt, die gemäß einer BKA-Analyse als neue Generation von Mudschaheddin Anschläge verüben könnten. Tatsächlich stoßen die Sicherheitsbehörden bei ihren Ermittlungen immer wieder auf Hinweise, dass auch weiterhin Vorbereitungen für Anschläge innerhalb Deutschlands laufen. Dabei sind Bundes- und Landesbehörden in einem Dilemma: Entscheiden sie sich zu früh für einen Zugriff, könnte es sein, dass die Beweise nicht für ein längeres Festhalten, geschweige denn für eine Verurteilung der Verdächtigen reichen. Warten sie zu lange, riskieren sie, dass die Verdächtigen den Anschlag ausführen, bevor die Polizei es verhindern kann.

Mit großer Sorge registrieren die Ermittler dabei eine zunehmende Vernetzung der Terroristen mit dem kriminellen Milieu in Deutschland. So rekrutieren die Dschihadisten auch in Gefängnissen Nachwuchs für den bewaffneten Kampf, zum Beispiel einen 28-jährigen Algerier, der wegen schwerer Körperverletzung im Maßregelvollzug einer Psychiatrie in Norddeutschland einsaß. Er sollte für den Irakkrieg geworben werden. Weil auch die Terroristen gefälschte Pässe, Dokumente, Autos, Waffen, Sprengstoff, Handys und Telefonkarten brauchen, bedienen sie sich aus denselben Quellen wie kriminelle Banden, sie lassen ihre Papiere zum Beispiel in denselben Fälscherwerkstätten herstellen. Islamistische Strukturen finanzieren sich darüber hinaus mit Geldern aus Raubüberfällen und illegalem Kfz-Handel. Solche Aktivitäten werden sogar als «Schwächung des Feindes» gerechtfertigt, wie der Leiter der Staatsschutzabteilung im baden-württembergischen Landeskriminalamt, Reinhard Tencz, dem «Spiegel» sagte: «Uns liegen Fatwas vor, nach denen Muslime sich keine Sorgen machen müssten, wenn sie die angeblich dekadente westliche Gesellschaft der Ungläubigen mit Straftaten überziehen.»[31]

Und noch etwas ist auffällig: Wegen der großen Aufmerksamkeit der Behörden und der anhaltenden öffentlichen Diskussion verhalten sich mutmaßliche Extremisten zunehmend konspirativ. Früher mag es in zahlreichen Moscheen Deutschlands immer wieder Hasspredigten gegeben haben. Nach dem Freitagsgebet wurde oft über die politische Lage diskutiert oder das Propagandamaterial des Dschihad offen verteilt oder verkauft – Zeitschriften von Terrororganisationen, Audiokassetten mit Hasspredigten und Videobotschaften Osama bin Ladens, kombiniert mit Szenen vom Kampf der Mudschaheddin in Bosnien oder Tschetschenien.

Wer heutzutage in diesem Rahmen mit besonders radikalen Äußerungen auffällt, der wird zwar nach wie vor nicht den Behörden gemeldet, aber – so wie die Londoner Attentäter – mit Hausverbot belegt. An Universitäten, in den Schulen und bei öffentlichen Veranstaltungen setzen sich junge Muslime nicht mehr dem Risiko aus, wegen politischer Äußerungen, insbesondere wegen einer amerikafeindlichen Haltung, als vermeintliche oder echte Extremisten identifiziert zu werden.

Heute findet das alles nur noch im engsten Kreis statt, sodass auch diejenigen, die wirklich zum Handeln bereit sind, nicht unbedingt ins Visier der Ermittler geraten. «Wir stellen fest», so der nordrhein-westfälische Verfassungsschützer Carl-Heinrich von Bauer, «dass man sich hier im ganz kleinen Kreise, im ganz engen Zirkel, in Privatwohnungen trifft, und zwar Tag für Tag in einer anderen Wohnung, sodass man, wenn man sich in der Moschee trifft, nicht weiß, wohin man nach dem Gebet gehen wird. Das wird erst nach dem Gebet ausgegeben – eine Wohnung, eine Adresse –, und dann geht ein ganz kleiner Kreis, drei bis vier Personen, zu dieser Adresse hin.»

In den Augen der Fahnder sind diese Personen gleichzeitig normale Moscheebesucher, die unauffällig freitags zum Gebet erscheinen und danach wieder verschwinden. Natürlich gehen die Ermittler davon aus, dass die meisten potenziellen Anhänger des bewaffneten Kampfes weiterhin die radikalsten Moscheen besuchen. Aber sie glauben, dass die Lehre vom Dschihad auch auf die jungen Muslime eine große Anziehungskraft ausübt, deren Eltern einem weniger radikalen Islam anhängen und dementsprechend auch die «unverdächtigeren» Moscheen in Deutschland besuchen. Mit anderen Worten: Das Reservoir, aus dem sich der Nachwuchs für den so genannten heiligen Krieg rekrutiert, geht weit über die bekannten und beobachteten islamistischen Gruppierungen und Moscheen hinaus.

Vielleicht deshalb und wohl auch aus einem Gefühl der Hilflosigkeit heraus riegelte die Bochumer Polizei im April 2004 einige Moscheen im Stadtgebiet ab, um bei jedem Besucher des Freitagsgebets die Personalien zu überprüfen. Ähnliches versuchten die Ermittlungsbehörden mehrerer Bundesländer Anfang August 2005. Bei ihren Razzien in zahlreichen Moscheen stellten sie überrascht fest, dass einige Verdächtige an völlig unerwarteten Orten aufgetaucht waren, um ihr Freitagsgebet zu verrichten. Am Ende stand die Einsicht, dass es wichtiger war, die persönlichen Kontakte der Verdächtigen nachzuvollziehen, als einschlägige Orte zu überwachen.

Angesichts dieser Entwicklung sehen sich die Fahnder überfordert. Oft sind sie es auch rein zahlenmäßig. Während in Bayern beispielsweise beim Landesamt für Verfassungsschutz über hundert Auswerter für den Bereich Ausländerextremismus/Islamismus arbeiten, sind es in Hessen weniger als zwanzig. Für ein Bundesland, in dem der Gefährdungsraum Rhein-Main mit einem hohen Islamistenanteil rund um Frankfurt liegt, ist das eine verschwindend geringe Zahl. Wenn der Wille zur Teilnahme am Dschihad nicht nur unter den Anhängern der verfassungsfeindlichen Organisationen in Deutschland, sondern auch unter jungen Mitgliedern von moderateren Gemeinden wächst, hat man es mit einem Gefährdungspotenzial zu tun, das um ein Vielfaches höher liegt als die 31 800 Extremisten, die im Verfassungsschutzbericht angegeben sind. Das Beispiel der Londoner Attentäter zeigt, dass die neue Generation der Gefährder nicht zwangsläufig in extremistischen Organisationen und damit auf dem Radarschirm der Verfassungsschützer auftauchen muss.

Umso wichtiger ist, dass offen ausgesprochen wird, was viele in der Gesellschaft als politisch inkorrekt gerne verschweigen. Der Koran beinhaltet Formulierungen, die es den Extremisten leicht machen, seine Vorschriften auf das politische Geschehen der Gegenwart zu übertragen. Wer den politischen Anspruch der islamischen Religion fördert, trägt Mitverantwortung dafür, dass dies zu einer automatischen Rechtfertigung des bewaffneten Kampfes führen kann. Das muss verhindert werden, zum Beispiel dadurch, dass friedliche Wege aufgezeigt werden, um tatsächlich vorhandene politische, wirtschaftliche und soziale Ungerechtigkeiten in der Welt zu bekämpfen. «Ich glaube, dass es sehr wichtig ist, die Grundlagen dieser Geisteshaltung zu sehen und offen zu legen; insbesondere allen das politische Verständnis des Islam und die Gefährdung, die davon ausgeht, so deutlich zu machen, dass ein solches politisches Verständnis des Islam keinen Nährboden mehr findet», so Verfassungsschützer von Bauer. «Wir können nur mit den richtigen Methoden reagieren, wenn wir die wahren Ursachen kennen. Mit Bomben und Granaten ist geistigen Bewegungen nicht beizukommen.»

6. Ernstfall – ist Deutschland vorbereitet?

Im Dezember 2004 hat das ZDF ein Experiment gewagt. In einer Sendung mit dem Namen «Tag X» wurde das Szenario eines Terroranschlags auf die Bundesrepublik Deutschland durchgespielt. Mit großem Aufwand und zahlreichen Statisten stellte der Sender drei synchronisierte Sprengstoffattacken auf das Berliner U-Bahn-System nach, gefolgt von der Explosion einer Autobombe, die, so das Drehbuch, große Mengen Chlorgas auf dem Potsdamer Platz freisetzte. Während manche Zuschauer und Kritiker dem öffentlich-rechtlichen Sender Sensationsgier und Panikmache vorwarfen, hätte es sich gelohnt, einmal ganz genau hinzuhören. Denn die Defizite bei der Vorbereitung auf einen möglichen Anschlag wurden dank der akribischen Recherchen der Kollegen in der Sendung sachlich aufgelistet und diskutiert.

Demnach würden Rettungsmaßnahmen bei mehreren synchronisierten Terroranschlägen aufgrund eines Kompetenzwirrwarrs hoffnungslos scheitern, denn die Zuständigkeiten sind auf Bund, Länder und Gemeinden aufgeteilt. Polizei und Feuerwehr haben in jeder Region des Landes eine unterschiedliche Ausstattung, abhängig oft genug von der dramatisch schlechten Finanzlage der Bundesländer, Städte und Kommunen. Die meisten Krankenhäuser sind für Katastrophenszenarien nicht vorbereitet. Es mangelt an technischem Gerät und am Training des Hilfspersonals für solche Extremfälle. In Deutschland wurden in den vergangenen Jahren zehntausende von Betten abgebaut, viele davon auch auf Intensivstationen. Regelmäßig geübt wird bestenfalls in der Hälfte der deutschen Krankenhäuser, weil den Hospitälern, die auf Gewinnmaximierung ausgerichtet sind, dafür das Geld fehlt.

Im Fall von Angriffen mit nichtkonventionellen Mitteln mangelt es an den notwendigen Medikamenten und an Fachpersonal, das die Versorgung der Verletzten übernehmen könnte, die radioaktiven, chemischen oder biologischen Kampfstoffen ausgesetzt waren. Bei einer Chemieattacke an einem beliebigen Ort in Deutschland könnte die Feuerwehr maximal fünfzig Opfer versorgen. Die notwendigen Gegenmittel bei einer Vergiftung sind in beschränkter Zahl nur an wenigen Depots im Land gelagert. Schlimm, wenn man bedenkt, dass Terroristen problemlos auf irgendeiner Autobahnraststätte Gefahrguttransporter mit Chlorgas, Blausäure oder Natronlauge stehlen könnten.

Nach den Terroranschlägen des 11. September 2001 wurden die Feuerwehren in Deutschland mit rund vierhundert sogenannten ABC-Erkundungsfahrzeugen ausgestattet, die allerdings nicht in der Lage sind, biologische Kampfstoffe zu entdecken, weil das notwendige Gerät nicht im Etat von 100 000 Euro pro Wagen enthalten war. Aus Kostengründen fehlt auch jede Möglichkeit, das Testergebnis per Datenübertragung an die Einsatzzentrale weiterzusenden. Das Innere des Fahrzeugs ist außerdem nicht gegen chemische und radioaktive Stoffe abgeschirmt: Der Feuerwehrmann müsste im schweren Schutzanzug mit Atemgerät die Analyse durchführen, falls er den Einsatzort überhaupt lebend erreichen sollte.

Wohl gibt es von Zeit zu Zeit Katastrophenübungen, aber die laufen nach Ansicht von Experten zu sehr nach Drehbuch, die Reaktion auf eine neue Lage ist bereits festgelegt, nur die Abläufe werden geprobt. Auf diese Weise können sich die Ereignisse nicht wie in der Wirklichkeit dynamisch entwickeln. Die Beteiligten werden nicht mit dramatischen Fehlern bei ihren Entscheidungen konfrontiert. Dass beispielsweise durch eine zu späte Alarmierung der ABC-Spürfahrzeuge tausende von Menschen sterben, wird dem Entscheider nicht bewusst gemacht. Die jeweiligen Chefs bis hinauf in den Ministerrang lassen sich zudem gerne von den Stellvertretern der Stellvertreter vertreten. Statt des im Ernstfall zuständigen Staatssekretärs nimmt etwa nur ein Abteilungs- oder Referatsleiter an der Übung teil. Warum übt ein Verteidigungsminister nicht, was er entscheidet, und auf welchen Grundlagen, und wie sehr er von dieser Entscheidung emotional berührt wird, wenn eine entführte Passagiermaschine im Anflug auf den Reichstag ist?

Vielfach sind es reine Schau-Übungen, mit denen man die Bereitstellung neuer Gelder erreichen will. Bei einer Großübung im November 2004, an der das Bundesinnenministerium und die Länder Berlin, Bayern und Baden-Württemberg beteiligt waren, wurden erhebliche Mängel offenbar. Die Notfallmanager kannten nicht einmal die wichtigsten Telefonnummern und verwechselten die giftigen Substanzen, sodass die richtigen Gegenmittel nicht gefunden werden konnten. Vor allem aber war nicht erkennbar, wer in der Extremsituation das Sagen hat, eben weil es die vielen Zuständigkeiten gibt. Es existiert kein einheitliches nationales Katastrophenschutzkonzept in Deutschland.

Niemand könnte die Bevölkerung im Krisenfall schnell alarmieren, denn das alte Sirenensystem wurde vor einigen Jahren aus Kostengründen ersatzlos gestrichen. Neue technische Methoden, wie zum Beispiel eine Alarmierung per Kurzmitteilung auf dem Handy, werden erprobt, wer die Einführung aber bezahlen soll – Bund und/oder Länder –, steht in den Sternen. Es ist schlimm, dass sich Bund und Länder in vielen wichtigen Fragen nicht einigen, weil sie um die Aufteilung der Kosten streiten. Das ist ein Grund, warum Deutschland, was etwa die Ausstattung von Polizei und Feuerwehr mit einem dringend benötigten Digitalfunknetz angeht, dem technischen Standard um Jahre hinterherhinkt. Während der Fußballweltmeisterschaft im Sommer 2006 werden sich die Sicherheitsbehörden in weiten Teilen auf die völlig veralteten Funkgeräte aus den siebziger Jahren des letzten Jahrhunderts verlassen müssen.

Die Fußball-WM wird dennoch ein Hochsicherheitsereignis werden. Seit Jahren arbeiten deutsche Sicherheitsbehörden an Konzepten zum Schutz von Mannschaften und Besuchern. Im August 2005 beispielsweise stellten 350 Beamte der Berliner Polizei einen Angriff mit einer Bombe und Schusswaffen auf den Autokonvoi eines Staatsgastes während der WM nach. Teil des Trainings, für das sogar ein Autobahnabschnitt gesperrt wurde, war auch die Überprüfung eines mit Sprengstoff beladenen LKW. Die Einsatzleitung zeigte sich hinterher zufrieden. Die Gewerkschaft der Polizei kritisierte, Berlin habe bisher kein Einsatzkonzept, es fehle an Polizisten und Fahrzeugen, und die von der Bundesregierung gegebenen Sicherheitsgarantien seien kaum einzuhalten.

Terrorismusexperten in den Sicherheitsbehörden von Bund und Ländern befassen sich damit, konkrete «Worst-Case»-Szenarios zu entwerfen, also die schlimmsten aller denkbaren Anschlagsvarianten. Der Besuch von Papst Benedikt XVI. in Deutschland anlässlich des Weltjugendtages im August 2005 war bereits so etwas wie eine Generalprobe, allerdings konzentrierte sich das Geschehen auf einen begrenzten Raum rund um die Städte Bonn und Köln und das Gelände der Abschlussfeier auf dem Marienfeld. Vor allem den Medien, aber auch vielen Bürgern erschien der Papstbesuch als ideales Ziel für islamistische Terroristen, die sich ja im Krieg mit den «Ungläubigen» und «Kreuzfahrern» sehen. Aber die Terrorfahnder von Bundeskriminalamt, Verfassungsschutz und Polizei waren sich eigentlich sicher, dass Al-Qaida-Zellen solch eine religiöse Veranstaltung nicht attackieren würden. Nach Auskunft von Islamwissenschaftlern und Terrorismusforschern ist der Papst als Anführer einer Religionsgemeinschaft und Priester einer vom Islam anerkannten Religion besonders geschützt. Priester – ebenso wie Frauen, Kinder und Greise – dürfen im Dschihad nur in einer «Notsituation» zu Schaden kommen. Da sich der Kampf der Islamisten auch gegen eine Abkehr von fundamentalen Werten richtet, genießen der Papst und seine Anhänger, die für ein Wiedererstarken der Werte eintreten, einen gewissen Respekt, auch wenn es sich um christliche Werte handelt. Eine ernsthafte Gefahr drohte den eine Million Besuchern des Weltjugendtages nach Einschätzung der Ermittler nur von Einzeltätern, die sich von den Tabubrüchen des Al-Qaida-Chefs im Irak, Abu Musab al-Zarqawi, anstecken lassen.

Bei der Fußballweltmeisterschaft könnte es ganz anders sein, obwohl es bisher keine konkreten Hinweise auf geplante Anschläge gibt, also keine entsprechenden Erkenntnisse aus Razzien oder Abhörmaßnahmen. Verfassungsschützer und Fahnder verschiedener Landes- und Bundesbehörden bestätigten mir dennoch, dass für die WM aus mehreren Gründen eine deutlich höhere Gefährdung gelte.

Erstens: Die WM ist ein durch und durch säkulares Ereignis, das von Nationalstolz und Patriotismus geprägt wird und deshalb nicht den Schutz einer religiösen Veranstaltung genießt. Zweitens: Die weltweite Aufmerksamkeit ist die ideale Plattform, wie sie gern von Al-Qaida genutzt wird. Die Anschläge von Istanbul – unter anderem auf britische Ziele – ereigneten sich während eines Staatsbesuchs von US-Präsident Bush in Großbritannien. Die Attacken von London fanden am ersten Tag des G-8-Gipfeltreffens in Gleneagles statt, ein Tag nachdem London als Olympiastadt 2012 ausgerufen wurde. Drittens: Bei dem Turnier sind, die Qualifikation der jeweiligen Mannschaften vorausgesetzt, die wichtigsten «Feinde» der Dschihadisten vertreten, die USA, Großbritannien, Italien, Polen, die Niederlande. Alle wären durch Anschläge auf Mannschaften oder Fans direkt oder indirekt betroffen. Viertens: Die WM beginnt knapp ein Jahr nach den «letzten» Warnungen der Al-Qaida, nach Ansicht der Islamisten eine angemessene Zeitspanne für eine «letzte Chance». Die dritte Generation der Gotteskrieger würde genug Zeit haben, die nötigen Vorbereitungen zu treffen.

Nach den Anschlägen von London hatte die Abu-Hafs-al-Masri-Brigade in ihrer Erklärung vom 19. Juli 2005 weitere Attacken angekündigt: «Unsere Schläge in das Herz der britischen Hauptstadt der Ungläubigen sind unsere letzte Botschaft an alle europäischen Regierungen, dass wir nicht ruhen und nachlassen werden, bis alle ungläubigen Soldaten aus dem Land der zwei Flüsse (Zweistromland = Irak, E. T.) abgezogen sind. (...) Wir kündigen an, dass unsere kommenden Schläge die Hölle für die Feinde Allahs sein werden. Wir werden einen blutigen Krieg entzünden gegen all jene, die die ungläubigen Amerikaner unterstützen. Diese kommenden Botschaften werden in den Hauptstädten der europäischen Nationen eintreffen, in Rom, in Amsterdam und in der von Dänemark, deren Soldaten im Irak hoffnungslos hinter ihren Herren, den Amerikanern und Briten, stehen.»

Obwohl es in der Vergangenheit immer Zweifel an den Bekennerschreiben der Abu-Hafs-al-Masri-Brigade gab – sie will sogar für die Stromausfälle im Nordosten der USA im Jahr 2004 verantwortlich gewesen sein –, nehmen die Fahnder ihre Drohungen zunehmend ernster. Insbesondere, weil sie meist mit den Erklärungen der Al-Qaida-Führung in Einklang stehen, so auch beim Auftritt des Bin-Laden-Stellvertreters Ayman al-Zawahiri, der in einer Videobotschaft im August 2005 ebenfalls eine «letzte Warnung» aussprach und große Anschläge ankündigte: «Wenn ihr (unsere Länder) nicht verlasst, dann werdet ihr verschwinden, nachdem weitere zehntausende getötet worden sind.»[32] Im September 2005 erneuerte der Vizechef der Al-Qaida diese Drohung.

Deshalb rechnen die Fahnder in Deutschland damit, dass Anhänger der Al-Qaida den Worten al-Zawahiris Taten folgen lassen, damit sie nicht als leere Floskeln erscheinen. Osama bin Laden und sein Stellvertreter mögen zwar nicht mehr in der Lage sein, gewissermaßen auf Knopfdruck Anschläge verüben zu lassen. Aber sie setzen offenbar weiterhin den Zeitrahmen und liefern die Rechtfertigung, die Attacken deutlich zu verschärfen, nachdem den westlichen Regierungen eine weitere Chance gewährt worden war.

Ein wichtiger Grund allerdings spricht gegen einen Angriff auf die Fußballweltmeisterschaft: Bisher hat Al-Qaida sportliche Großveranstaltungen weder als Ziel noch als Anlass für Anschläge betrachtet. Bei den Olympischen Spielen in Griechenland beispielsweise war die Gefährdung deutlich geringer, als das Gerede in den Medien oder die milliardenschweren Sicherheitsmaßnahmen vermuten ließen. Auch deshalb, weil die Regierung des Gastgeberlands zu den Gegnern des Irakkriegs gehörte.

Mit den kommenden Winterspielen in Turin 2006 jedoch, so glauben die Ermittler, könnte Al-Qaida die nächste Eskalationsstufe nehmen, weil Italien ganz oben auf der Liste der Terrorziele steht. Die Anhänger des Netzwerks werden möglicherweise nur wenig Chancen haben, im unmittelbaren Ablauf der olympischen Wettbewerbe zuzuschlagen, da die meisten Austragungsorte rund um den gut zu überwachenden Ort Sestriere liegen und die restlichen Wettkampfstätten in Turin bestens geschützt sein werden. Aber die Terroristen könnten alles daransetzen, italienische Interessen während der vierzehntägigen Veranstaltung zu treffen, in Rom, Mailand, Neapel oder im Ausland. Der nächstmögliche Termin für einen Anschlag wäre dann die Fußball-WM.

Ich möchte auf den folgenden Seiten ein Szenario für die Fußballweltmeisterschaft entwerfen, das mit Absicht drastisch gewählt ist. Es soll demonstrieren, was auf dem Spiel steht, wenn die Gefährdung durch islamistischen Terrorismus weiterhin unterschätzt wird. Die bereits erwähnten Mängel beim Katastrophenschutz zeigen die Naivität und Ignoranz, mit der Politik und Gesellschaft der Herausforderung begegnen. «Die Menschen müssen verstehen, wie ernst diese Bedrohung ist», sagte mir der ehemalige UN-Chefermittler für Al-Qaida, Michael Chandler. «In vielen Ländern ist sie immer noch nicht in den Köpfen der Menschen registriert, es sei denn, man hatte einen ohrenbetäubenden Knall um zehn nach neun Uhr in der Hauptverkehrszeit. Solange es nicht vor der eigenen Haustür geschieht, wird es weiter eine Menge Gleichgültigkeit geben.»

Ich kann mir die Fragen und Vorwürfe nach der Lektüre des nun folgenden Szenarios schon ausmalen. Warum denkt der sich so eine Horrorvision aus? Ist die Phantasie mit ihm durchgegangen? Will er Panik schüren? Gehört so etwas überhaupt in ein Sachbuch? Ist das nicht übertrieben und völlig unrealistisch? Liefert er den islamistischen Terroristen damit nicht noch Ideen für Anschläge? Ähnliche Kritik traf den ehemaligen Anti-Terror-Experten der US-Regierung, Richard Clarke, als er 2004 im «Atlantic Monthly» ein Szenario für die kommenden zehn Jahre im Kampf gegen den internationalen Terrorismus veröffentlichte, aus dem ich das ein oder andere hier Dargestellte ausgeborgt habe.[33] Gleiches möchte ich mit seiner Antwort auf die Vorwürfe tun: Islamistische Terroristen haben sich längst all diese Anschlagsideen und noch viel schlimmere bis ins Detail ausgemalt und entsprechende Pläne geschmiedet.

Das scheinbar Unmögliche zu denken gehört spätestens seit dem 11. September 2001 zu den wichtigsten Pflichten und Fähigkeiten der Terrorfahnder. Das Geschilderte ist leider nicht so weit hergeholt, wie es uns wohl lieb wäre. Denn das Szenario beruht zum allergrößten Teil auf den Erkenntnissen westeuropäischer Sicherheitsbehörden, der Rest – insbesondere auch die Namen der Verdächtigen – ist frei dazuerfunden, aber leider realistisch, wie mir mehrere Verfassungsschützer und Terrorfahnder bestätigt haben. Demnach wurden und werden einzelne Elemente dieses Szenarios in dieser oder ähnlicher Form im Gemeinsamen Terror-Abwehr-Zentrum von Bund und Ländern, dem GTAZ in Berlin, diskutiert. So haben die Fahnder beispielsweise die Pläne der Attentäter des 11. März 2004 in Spanien genau analysiert. Die Terroristen, die sich nach ihrer Entdeckung in einem Apartment in einem Vorort von Madrid in die Luft sprengten, wollten nach den Anschlägen auf das Bahnsystem eine Selbstmordattacke auf ein nahe gelegenes

Einkaufszentrum verüben. Dies geht aus Schriftstücken hervor, die die Polizei in der zerstörten Wohnung der Terroristen entdeckte.

Nach solchen Indizien und zahlreichen Hinweisen durch deutsche Terrorfahnder könnte das Szenario eines Anschlags auf die WM 2006 also folgendermaßen aussehen (um Missverständnisse auszuschließen, sind im Folgenden sämtliche Schilderungen fiktiver Ereignisse kursiv gesetzt):

Der 13. Juni 2006 ist ein ganz normaler Dienstag. Vor einem Einkaufszentrum in Nordrhein-Westfalen stehen an diesem Morgen wieder einmal Dutzende von Omnibussen. Diesmal allerdings sind es nicht nur die üblichen Kaffeefahrten. Ein Drittel der Busse hat ausländische Kennzeichen. Es sind Pauschaltouristen aus ganz Europa; die Shopping-Tour haben sich ihre Reiseveranstalter ausgedacht als Teil des fünftägigen Fanpakets mit Eintrittskarten für mindestens zwei Spiele der Fußballweltmeisterschaft in Deutschland. Nicht alle Fans sind so früh schon wieder fit fürs Einkaufen. Viele haben die Nacht durchgefeiert, egal, ob ihre Mannschaft gewonnen oder verloren hat. Dabei sein ist alles. Wer an diesem Morgen nicht dabei ist, gehört zu den Glücklichen.

Natürlich gab es am Vorabend Randale. Hundertschaften der Bundespolizei schützen die Spielorte in Köln, Dortmund und Gelsenkirchen. Ganz verhindern konnten sie die Gewalt rund um die Arena Auf Schalke nicht, in der am Montag eines der drei Spiele dieses WM-Tages stattfand. Aber sie sind bestens vorbereitet. Das Landeskriminalamt NRW hat die 3000 deutschen Hooligans im Bundesland intensiv überwacht. Ausländische Polizeibehörden haben Erkenntnisse über eigene Unruhestifter bereitwillig zur Verfügung gestellt, und zwar nicht einfach nur ein paar Namen und Daten – Verbindungsbeamte aus beinahe allen Teilnehmerländern der WM sitzen mit ihren deutschen Kollegen in den Leitstellen zusammen, gewähren Zugang zu allen verfügbaren Informationen. Immerhin ein Drittel der 900 000 erwarteten Besucher zwischen Rhein und Ruhr kommen aus dem Ausland. Hunderte von Überwachungskameras in den Stadien und auf den An- und Abreisewegen stellen sicher, dass Gewalttätige unter den deutschlandweit drei Millionen Besuchern des Fußballfests zumindest hinterher identifiziert und belangt werden können.

Wie gesagt, die Vorbereitung ist perfekt. Auch für Schlimmeres sind die deutschen Sicherheitsbehörden gerüstet. Über die Allgemeinkriminalität (Diebstahl, Raub, Sexualdelikte) machen sich die Ermittler dabei die geringsten Sorgen, auch das organisierte Verbrechen wird nicht als schwerste Bedrohung angesehen. «Größere Schadenslagen» – dahinter verbirgt sich das eigentliche Problem, denn neben einer Massenpanik oder einem Zugunglück ist mit diesem Begriff aus der Einsatzplanung der deutschen Behörden der Katastrophenfall infolge eines Terroranschlags gemeint.

Sie haben getan, was sie tun konnten. VIPs und Politprominenz werden mit einem Rekordaufgebot von Personenschützern begleitet, viele dürfen ihre eigenen Sicherheitskräfte mitbringen, mit voller Bewaffnung. Awacs-Flugzeuge der NATO überwachen den Luftraum, Abfangjäger der Bundeswehr stehen bereit für alle Fälle. Neben dem Schutz für die 12 Spielorte und die 32 Trainingsstätten und Mannschaftsquartiere haben die Veranstaltungen rund um die Großbildleinwände auf öffentlichen Plätzen, WM-Partys und Autokorsos höchste Priorität. Metalldetektoren, Ausweiskontrollen, Zugangsbeschränkungen – die Fans müssen einiges über sich ergehen lassen. Eine besonders interessante Maßnahme ist geheim. Am 19. Juli 2004 hat der nordrhein-westfälische Innenminister per Erlass den Verfassungsschutz und die Polizei seines Landes zu engster Zusammenarbeit verpflichtet, um mit nachrichtendienstlichen Methoden Anschlagsvorbereitungen rechtzeitig zu erkennen und zielgerichtete Einsätze zur Beweiserlangung und Gefahrenabwehr durchzuführen. Die operativen Details werden über die nachfolgenden zwei Jahre erarbeitet. Aber die besten «nachrichtendienstlichen Methoden» reichen nicht, um die Ereignisse dieses 13. Juni 2006 zu verhindern.

Es sind einige tausend Besucher im Einkaufszentrum, als um 12.27 Uhr an zwei Eingängen Kleinbusse einer Gebäudereinigungsfirma halten. Die Männer in den blütenweißen Overalls halten sich nicht lange auf, sie stürmen hinein, eröffnen mit ihren automatischen Waffen das Feuer und sprengen sich kurz danach in die Luft.

Etwa um die gleiche Uhrzeit trifft aus einem der Mannschaftsquartiere eine weitere Hiobsbotschaft ein: Zwei Drittel der Fußballnationalmannschaft eines Landes, das am Irakkrieg teilgenommen hat, sind mit Verdacht auf Vergiftung ins Krankenhaus eingeliefert worden. Bei drei Mitgliedern des Teams konnte der herbeigerufene Notarzt nur den Tod feststellen. Nach einer ersten Analyse ist klar: eine Vergiftung mit Botulinum-Toxin.

Die schlimmsten Befürchtungen der Ermittler im GTAZ, dem Gemeinsamen Terror-Abwehr-Zentrum von Bund und Ländern in Berlin, wären damit wahr geworden. Und es ist auch wahrscheinlich, dass es vorher keine konkreten Warnungen geben würde, bestenfalls einige Hinweise auf bevorstehende Attacken. So könnte sich im Frühjahr 2006 die Kommunikation über das Internet zwischen islamistischen Extremisten erheblich verstärken. Auch der Telefonverkehr zwischen Verdächtigen würde möglicherweise zunehmen.

Ein Terroranschlag mit Botulinum-Toxin würde die Ermittler im GTAZ ebenfalls nicht überraschen. Zwar ist noch kein einziger Fall bekannt, bei dem dieser oder andere Giftstoffe bereits angewendet wurden, aber deutsche Terrorfahnder kennen die detaillierten Herstellungsanleitungen, die über die Dschihad-Internetseiten verbreitet werden, sie haben die Ricinfunde bei Razzien in Westeuropa genau analysiert, und sie wissen auch, dass in den Ausbildungslagern der Al-Qaida in Afghanistan Zyangas an jungen Hunden in Pappkartons getestet wurde. Ganz oben auf der Liste der möglichen Giftstoffe, die islamistische Gotteskrieger einsetzen würden, stehen deshalb Zyanid/Zyangas, Ricin und Botulinum. Den Terroristen geht es bei solchen Attacken nicht darum, möglichst viele Menschen zu töten, sie wollen Panik verbreiten, Angst vor einer unsichtbaren und schleichenden Gefahr.

Auf den ersten Blick sähe der Doppelschlag aus unserem Szenario wie ein neuer Modus Operandi, eine neue Vorgehensweise, des Terrornetzwerks aus. Erstmals würde es nichtkonventionelle Waffen, biologische Kampfstoffe, einsetzen, während die beinah gleichzeitige Attacke auf das Einkaufszentrum mit Mitteln verübt würde, wie sie konventioneller nicht sein könnten: automatische Waffen und Sprengstoff.

Dass Al-Qaida innerhalb einer Serie so unterschiedliche Attacken verübt, wäre ungewöhnlich, aber ganz neu wäre die Methode nicht. In Mombasa zerstörten Selbstmordattentäter im November 2002 mit einer Autobombe eine Hotelanlage, 16 Menschen starben dabei. Beinahe gleichzeitig feuerten unbekannte Täter am Flughafen mindestens eine SA-7-Flugabwehrrakete auf eine abfliegende Passagiermaschine der israelischen El Al ab. Sie verfehlten ihr Ziel. Fluggäste und Besatzungsmitglieder kamen mit dem Schrecken davon.

Bei einem Anschlag während der Fußballweltmeisterschaft würden solche früheren Attacken im GTAZ analysiert und die Ergebnisse dann dem Bundessicherheitsrat vorgelegt, dem neben dem Kanzler auch Innen-, Außen- und Verteidigungsminister sowie die Spitzen von BKA, Bundesnachrichtendienst und Verfassungsschutz angehören.

Lange diskutieren die Teilnehmer der Runde darüber, ob sie eine Fortsetzung der WM verantworten können. Natürlich sind die Sicherheitsmaßnahmen noch einmal erheblich verschärft worden. Fest steht auch, dass die Freude an der wichtigsten Nebensache der Welt einer großen Angst und Unsicherheit unter den Fans und in der Bevölkerung gewichen ist. Zu den Spielen an diesem Tag sind nur knapp die Hälfte der Zuschauer erschienen. Alle öffentlichen Übertragungen auf Großleinwände sind aus Sicherheitsgründen abgesagt worden. Das Organisationskomitee hat die WM für den Fall eines Abbruchs bei einer namhaften Versicherung mit 158 Millionen Euro versichert. In der stolzen Prämie von 5 Millionen

Euro ist das Terrorrisiko bereits berücksichtigt. Der Sicherheitsrat beschließt, die Entscheidung über ein vorzeitiges Ende der WM am nächsten Morgen zu fällen, wenn auf der Grundlage der laufenden Ermittlungen sowie der nachrichtendienstlichen Erkenntnisse aus dem Ausland das Lagebild aktualisiert worden ist. Was die Beteiligten nicht ahnen: Die Lage wird sich schneller verschärfen, als sie es in dieser Situation für möglich halten.

Mitten in der Nacht merken Techniker einer deutschen Telekommunikationsfirma, dass etwas an ihren Großrechnern nicht in Ordnung ist. Die Systeme schalten sich nahezu gleichzeitig ab. Zuerst sieht alles nach Stromausfall aus, und nur wenige Minuten später fahren die Computer wieder hoch, aber nur, um gleich wieder abzustürzen und erneut zu starten, immer wieder in einer endlosen Schleife. Ein Virus muss die Firewall, die Schutzprogramme der Rechner, geknackt haben. Die Folge: Der Telefonverkehr in Teilen Deutschlands kommt zum Erliegen. Die Datenleitungen des Anbieters stehen ebenfalls nicht mehr zur Verfügung. Gegen acht Uhr morgens, als die ersten Mitarbeiter großer Unternehmen und Behörden an ihrem Arbeitsplatz eintreffen, stellen sie fest, dass alle Leitungen tot sind, bis auf die Mobilfunknetze anderer Anbieter. Für den Krisenstab der Firma steht fest, dass der Konzern Ziel einer Hackerattacke geworden ist. Während die Techniker in enger Zusammenarbeit mit ihren Kollegen bei Tochterunternehmen im Ausland die Backup-Rechner in das Havarienetzwerk einzubinden versuchen, versammelt sich der komplette Vorstand des Unternehmens in der Firmenzentrale. Um Punkt 9.32 Uhr rast ein Tanklastzug in die Lobby des Gebäudes. Die Detonation ist so gewaltig, dass in umliegenden Gebäuden beinahe alle Fenster nach innen gedrückt werden. Als die ersten Retter eintreffen, bietet sich ihnen ein Bild der Zerstörung. Von der Konzernzentrale ist nur noch ein Berg von Trümmern übrig.

Ebenfalls um 9.32 Uhr explodieren Sprengsätze an drei europäischen Flughäfen. In Amsterdam, Warschau und Frankfurt detonieren Bomben an Bord von jeweils zwei Flugzeugen amerikanischer und britischer Gesellschaften am Terminal bzw. auf dem Rollfeld. Ein weiterer Sprengsatz zündet mitten in der Abfertigungshalle, er hat die geringste Sprengkraft, aber die größte Wirkung. Dutzende von Menschen sind auf der Stelle tot, hunderte werden verletzt – äußerlich und innerlich, wie die Rettungskräfte wenige Minuten später feststellen. Streng nach Vorschrift haben die Feuerwehrleute Schutzanzüge angelegt, und ihre Messgeräte signalisieren eine starke Strahlung in den Schalterhallen. Drei wichtige Flughäfen in Europa sind radioaktiv verseucht. Neben dem Verlust von Menschenleben – weit über tausend Todesopfer fordert die Anschlagsserie – summiert sich der wirtschaftliche Schaden für Deutschland, Polen und die Niederlande auf Milliardenbeträge.

Am späten Morgen dieses Schreckenstages – das Organisationskomitee hat soeben den Abbruch der WM verkündet – taucht auf zwei islamistischen Message-Boards im Internet ein Bekennervideo auf. Ein vermummter Mann verliest eine kurze Erklärung, eine Rechtfertigung des Massenmords mitten in Westeuropa: «Dieses Feuer wurde von den Ungläubigen entfacht, nicht von den Muslimen. Jeden Tag sterben unsere Kinder und unsere Frauen unter den Bomben der USA. Hier erkläre ich offen: Solange das Leid in der islamischen Welt andauert, so lange werden die Angriffe auf die Hauptstädte des Westens weitergehen und sich verstärken. Der Westen wird noch viel mehr von dem Leid zu schmecken bekommen, das die Muslime erdulden. Wir sehen die Besetzung des Irak durch Amerika als dritten Weltkrieg. Dies ist ein Krieg zwischen den Gläubigen und den Ungläubigen. Salih Mirzabeyoglu, Osama bin Laden, Shamil Basayev, Mullah Omar und al-Zarqawi sind die ehrenwerten Kommandeure dieses heiligen Krieges. Wir glauben, dass diese Anführer die Welt in friedlichere und glücklichere Tage führen werden.»

Soweit das Szenario. Es wird in dieser extremen Form wahrscheinlich nie stattfinden. Jedes einzelne Element aber stimmt mit Erkenntnissen überein, die Sicherheitsbehörden quer durch Europa in den letzten Jahren gesammelt haben.

Beginnen wir mit der Anschlagsgefahr für Deutschland. Nach den Lageberichten, die das Bundeskriminalamt in Abstimmung mit

Verfassungsschutz, BND und anderen Behörden ständig erneuert, ist das Risiko «abstrakt hoch», mit anderen Worten sehr hoch und sehr besorgniserregend, eben weil es «abstrakt» ist, also keine konkreten Anschlagsplanungen bekannt sind. Die Unterstützung der Bundeswehr im Kampf gegen den Terrorismus und den Drogenanbau in Afghanistan macht deutsche Soldaten vor Ort zu einem Topziel der Terroristen.

In den vergangenen Jahren mag die Nichtbeteiligung am Irakkrieg ein kleiner Schutz vor Anschlägen innerhalb Deutschlands gewesen sein, aber Deutsche wurden dennoch zu Opfern des Terrors bei den Attacken von Djerba, Bali und Kabul, insgesamt sind mehr deutsche Opfer zu beklagen als einst durch den Terror der RAF.

Im Sommer 2003 fielen deutsche Touristen in Algerien in die Hände von Terroristen, die noch im Dezember 2001 Seite an Seite mit Osama bin Laden in Afghanistan gekämpft hatten. Im März 2004 geriet sogar Bundespräsident Johannes Rau ins Visier der Terroristen. Bei seinem geplanten Besuch in Dschibuti wollten islamistische Terroristen, so jedenfalls meldete es eine Quelle des Bundesnachrichtendienstes, die Wagenkolonne Raus auf dem Weg durch die Stadt mit Panzerfäusten und einer Autobombe angreifen. Vielleicht sollte der Präsident, der erst nach eindringlicher Bitte des Kanzleramts seine Afrikareise widerwillig abbrach, ermordet werden, weil deutsche Behörden ein Jahr zuvor einen hochrangigen jemenitischen Sheikh und mutmaßlichen Finanzier des Terrorismus in Frankfurt in eine Falle gelockt und dann an die USA ausgeliefert hatten. Das Killerkommando soll jedenfalls vom Jemen aus über die Meeresenge nach Dschibuti eingesickert sein.

In den vergangenen vier Jahren sind auch in Deutschland selbst mindestens drei Terroranschläge verhindert worden, darunter die geplante Ermordung des irakischen Präsidenten in Berlin, Attacken auf jüdische Einrichtungen in der Bundesrepublik und Anschläge auf eine Demonstration in der Hauptstadt. Ein erfolgreicher Angriff auf deutschem Boden dürfte deshalb keine Überraschung sein.

Attacken gegen Ziele in Deutschland, die Interessen von Ländern darstellen, die am Irakkrieg teilgenommen haben, erst recht nicht, da sich die Drohungen der Al-Qaida wiederholt und ausdrücklich gegen die Verbündeten der USA im Irakkrieg richteten.

Alle im Szenario betroffenen Staaten haben die Invasion militärisch unterstützt, mit Ausnahme von Deutschland. Aber die Bundesrepublik beteiligt sich durch die Ausbildung irakischer Polizisten direkt am Wiederaufbau des Irak. Sie ist Partner im Kampf gegen den Terrorismus, und Bundeskanzler Schröder hatte in den vergangenen Jahren durch seine Freundschaft mit Russlands Präsident Wladimir Putin die Wut der Islamisten gesteigert. Wegen des brutalen Vorgehens der russischen Armee in Tschetschenien gibt es erste Versuche der Terroristen, auch diesen Konflikt zu globalisieren, zum Beispiel durch einen Anschlag auf deutsche Ziele. So nahmen nordrhein-westfälische Ermittler vor einiger Zeit mehrere Personen fest, die einen Angriff auf den Flughafen Düsseldorf geplant haben sollen, die Attentäter, so der Verdacht, seien eigens aus Tschetschenien eingereist. Da die Fahnder aber frühzeitig zugegriffen hatten, gab es nicht genügend Beweismaterial. Die Verdächtigen mussten wieder auf freien Fuß gesetzt werden.

Was die Wahl der Mittel angeht, wären konventionelle Anschläge in Deutschland für die Terroristen kein Problem. Waffen und Sprengstoff sind nach Erkenntnissen der Sicherheitsbehörden recht einfach über die neuen Beitrittsstaaten der EU zu besorgen. So manche heiße Ware stammt aus den ehemaligen Bürgerkriegsgebieten auf dem Balkan. Aber auch aus Norwegen, denn dort verschwanden im Frühjahr 2004 in dem kleinen Ort Gol 600 Kilogramm Sprengstoff aus einem Lagerraum. Die Diebe hatten es einfach, denn in Norwegen muss ein Depot für explosive Stoffe erst ab einer Menge von 10 000 Kilogramm mit einer Alarmanlage gesichert sein. Die gestohlene Ladung Sprengstoff würde ausreichen, um sechzig Bomben vom Ausmaß der Sprengsätze von Madrid und London zu bauen.

Die Anleitung zur Herstellung von Botulinum-Toxin mit allen Details, genauen Mengenangaben, Lagerungsvorschriften und Tipps zur Anwendung ist seit Anfang 2005 im Internet zu finden, neben all den anderen Anleitungen des heiligen Krieges. Dass Terroristen in Westeuropa mit solchen Stoffen experimentieren, ist seit den Ricinfunden bei Razzien in Großbritannien und Spanien bewiesen. Auch in Deutschland wurden bei Verdächtigen Stoffe gefunden, mit denen chemische Attacken hätten verübt werden können, so zum Beispiel bei einer Razzia in der Wohnung eines Arabers in Nordrhein-Westfalen. Wie gesagt, Terroristen wollen mit chemischen, biologischen und radioaktiven Kampfstoffen in erster Linie Schrecken verbreiten. Denn Strahlen, Gase oder Viren sind unsichtbare und schleichende Gefahren.

Wiederholt haben Al-Qaida-Anhänger in der Vergangenheit versucht, sich radioaktives Material aus Atomkraftwerken oder Armeebeständen des früheren Ostblocks zu beschaffen, zum Beispiel aus dem bulgarischen Kozlodoj. Einen Versuch konnten wir in einem Beitrag des ZDF-Magazins «Frontal 21» am 18. Oktober 2001 dokumentieren. Bei einem anderen erwarb Osama bin Laden eine Ladung Uran, die sich hinterher als nicht echt herausstellte.[34] Strahlende Stoffe für eine schmutzige Bombe, etwa Strontium, Kobalt und Cäsium, könnten auch aus ausrangierten medizinischen Geräten entwendet werden. Einige führende Islamisten in Deutschland beschäftigen sich mit dem Vertrieb neuer und gebrauchter medizinischer Großgeräte, in denen unter anderem Strahlenmaterial verwendet wird. Bei seinem Auftritt auf dem Evangelischen Kirchentag in Hannover im Mai 2005 erklärte der bayerische Innenminister Günther Beckstein während einer Podiumsdiskussion zum Thema «Islamistischer Terrorismus», dass es auch in Deutschland Hinweise auf Interesse an radioaktivem Material gebe. Nähere Details wollte er trotz mehrfacher Nachfrage nicht preisgeben.

Al-Qaida bricht die Tabus im Dschihad sehr bewusst: In Madrid geschah der erste Anschlag in Westeuropa, in Beslan gab es die erste Attacke, bei der vor allem Kinder als Ziel ausgesucht wurden. Warum sollte der Angriff mit radioaktiven Stoffen nicht denkbar sein? Nach Angaben britischer Behörden planten Terrorzellen, die enttarnt wurden, schmutzige Bomben mit Chemikalien und Strahlenmaterial am Flughafen Heathrow und im britischen Parlament zu zünden.[35] Diese Eskalation findet ganz gezielt statt. Logistische Unterstützung für die Operation wäre auch kein Problem. Dass beispielsweise ein Bombenbauer mit Hilfe eines französischen Reisepasses aus den Emiraten einreist, um zu der Terrorzelle zu stoßen, ist absolut möglich, denn in Frankreich wurden im Februar 2004 in einer Behörde zehntausend Blanko-Ausweispapiere gestohlen. Islamistische Fälscherwerkstätten könnten die Feinarbeit übernehmen, eine Logistikzelle beispielsweise operierte in Karlsruhe, dem Sitz des Generalbundesanwalts.

Ein Eindringen in die Sicherheitszone internationaler Flughäfen müsste ja eigentlich seit den Anschlägen des 11. September 2001 unmöglich sein. Aber noch im Mai 2004 konnten Kollegen von «Frontal 21» nachweisen, dass man mit einer Leuchtweste bekleidet und einem Schuss Dreistigkeit problemlos bis an die Flugzeuge auf dem Frankfurter Flughafen herankommen kann. Das Team war mit einem PKW durch eine der Mitarbeitereinfahrten auf das Gelände gefahren, weil die Schranke so langsam schloss, dass ein zweites Fahrzeug hinter einem zugangsberechtigten Auto unkontrolliert eindringen konnte. Die sonst mit Codekarten geschützten Sicherheitsbereiche erreichten die Kollegen ebenfalls, weil freundliche Mitarbeiter den professionell wirkenden Eindringlingen höflich die Türen aufhielten.

Was die mutmaßlichen Täter betrifft, gäbe es viele Möglichkeiten, zum Beispiel eine Pakistan-Verbindung. Im Sommer 2005 war kurz nach den Londoner Attacken in Pakistan ein mutmaßliches Mitglied der Al-Qaida verhaftet worden. Auf seinem Laptop entdeckten die Behörden Stadtpläne mehrerer europäischer Orte;

unter ihnen ist auch die deutsche Stadt, in der im skizzierten Szenario die Konzernzentrale des Telekommunikationsunternehmens zerstört wurde. Der Mann hatte in den Tagen vor seiner Festnahme Mobilfunknummern in Deutschland angewählt, und er soll in engem Kontakt mit Abu Faraj al-Libbi gestanden haben, der bis zu seiner Verhaftung im Frühjahr 2005 als der Chefkoordinator der Al-Qaida für Europa galt. Al-Libbi war als einer der wenigen in der Lage, Kontakt zu «Schläfer»-Zellen in Westeuropa aufzunehmen.[36]

Die skizzierte Hackerattacke könnte von jungen Muslimen in Deutschland verübt werden, denn nach Erkenntnissen des Verfassungsschutzes gibt es in islamistischen Kreisen hier zahlreiche Personen, die die entsprechenden Fähigkeiten besitzen. Über das Interesse junger Muslime an dem Konzept des Märtyrertums geben die beiden vorangegangenen Kapitel Auskunft.

Der Name Salih Mirzabeyoglu in dem Bekennervideo unseres Szenarios würde die deutschen Sicherheitsbehörden aufschrecken. Dieser Mann ist der Anführer einer türkischen Terrororganisation, die für die Anschläge von Istanbul im Dezember 2003 verantwortlich gemacht wird. Die «Front der Vorkämpfer für einen großislamischen Osten», abgekürzt IBDA-C, wird auch hinter einem versuchten Brandanschlag in Hannover im Jahr 1996 vermutet und bezichtigte sich selbst des Anschlags auf das türkische Generalkonsulat in Düsseldorf im April 2001. Salih Mirzabeyoglu sitzt seit Jahren in der Türkei im Gefängnis, mit seiner Festnahme, davon gehen deutsche Behörden aus, waren auch die gerade entstehenden Strukturen der Gruppe in Deutschland zerschlagen worden.

Dass einige junge Türken in Deutschland Anhänger Osama bin Ladens sind und möglicherweise auch Terroranschläge verüben würden, gilt in Ermittlerkreisen als sicher. Nicht zuletzt, weil die Bekennerbotschaft aus unserem Szenario absolut authentisch ist. Der Text stammt nämlich aus einem Interview, das der politische Sprecher der IBDA-C, Ali Osman Zor, einer türkischen Zeitung kurz nach den Anschlägen von London und Sharm-el-Sheikh gegeben hat.

Zor ist kein Unbekannter. Gegenüber dem ZDF erklärte er schon nach dem Bombenterror von Istanbul im Dezember 2003, dass die IBDA-C mit kleinen, voneinander unabhängigen Zellen operiere, die nur durch die Ideologie miteinander verbunden seien. Mittlerweile macht er offen Werbung für den heiligen Krieg. Zor ist seit dem Sommer 2005 Mitherausgeber einer Zeitschrift mit dem Titel «Kaide», die – ihrem Namen entsprechend – Propaganda für die Al-Qaida macht und an den Kiosks in der ganzen Türkei verkauft wird. In der ersten Ausgabe vom 28. Juli 2005 bejubelt «Kaide» die Terroranschläge von London unter der Überschrift «Al-Qaida befreit die Welt» und preist die Enthauptungen im Irak. Die Zeitschrift verherrlicht Osama bin Laden und andere Terroristen und veröffentlicht die Transkripte der Al-Qaida-Erklärungen aus Saudi-Arabien, Afghanistan und Irak. Ein Artikel ist überschrieben mit den Worten «Taliban töten 600 Johnnys». In einem anderen heißt es: «Wir wollen alle Brücken zwischen uns und den westlichen Kolonialisten niederbrennen. Wir wollen die gleichen Szenen, die wir im Irak jeden Tag sehen, in den USA, England, Spanien und Italien sehen.» Die Anschläge von Sharm-el-Sheikh werden als «wichtiger Treffer gegen den Imperialismus» gerechtfertigt.

Die IBDA-C, die über Jahre terroristische Ausbildungslager in Anatolien unterhielt, ist Mitte der siebziger Jahre aus der Jugendorganisation der Islamischen Wohlfahrtspartei des ehemaligen türkischen Premierministers Erbakan hervorgegangen. Nach dem Verbot der Partei 1980 radikalisierte sich die IBDA-C weiter und verübte zahlreiche Attentate und Terroranschläge. Heute fordert sie junge Muslime auf, in kleinen Terrorzellen den bewaffneten Kampf gegen die türkische Regierung aufzunehmen, um einen Gottesstaat zu errichten.

Die Keimzelle der IBDA-C, Erbakans Wohlfahrtspartei, ist

auch Ursprung der extremistischen Milli Görüs in Deutschland und der Partei des jetzigen türkischen Ministerpräsidenten Tayyib Recep Erdogan. Offenbar sieht die IBDA-C die Zeit für gekommen, junge Muslime am Bosporus, aber auch in Deutschland, für den Dschihad zu begeistern. Die türkische Zeitschrift «Tempo» druckte ein ausführliches und nicht sonderlich kritisches Interview mit Ali Osman Zor ab, der gemeinsam mit verurteilten, kürzlich aber amnestierten Terroristen der IBDA-C «Kaide» produziert. Hier ein Auszug aus dem Gespräch:

Frage: «Während Al-Qaida die Welt in Blut tränkt, lautet Ihre Schlagzeile ‹Al-Qaida befreit die Welt›. Was für eine Befreiung soll das denn sein?»

Zor: «(...) Die Art, wie der Westen den Irak befreit, ist ja klar. Seit Beginn der Besetzung des Irak sind 100 000 irakische Zivilisten im Namen dieser – wie Bush es nennt – ‹Befreiung des Irak› getötet worden. Die westliche Welt stand an der Seite der USA in diesem Krieg. Wenn Muslime in dieser Weise befreit werden, dann könnten einige Muslime glauben, dass die Briten oder andere westliche Länder ebenfalls befreit werden müssen. Wir glauben, dass die im Westen unbedingt befreit werden müssen. Genau das macht Al-Qaida mit ihren Taten. Außerdem gibt es da noch das Konzept des ‹Heimzahlens›. Die Muslime üben heute ihr Recht auf ‹Heimzahlung› aus, indem sie westliche Hauptstädte attackieren. Als Muslim halte ich diese Attacken für normal, ja für notwendig. Nicht wir, sondern die Ungläubigen haben diesen Krieg begonnen. Das ist die Sprache, die der Westen versteht.»

Frage: «Aber Al-Qaida tötet unschuldige Menschen auf ihrem Weg zur Arbeit. Stört Sie das Töten von Unschuldigen nicht?»

Zor: «Nein, natürlich nicht. Ich halte diejenigen, die bei den Anschlägen in London getötet wurden, nicht für unschuldig. Diese Leute haben der englischen Regierung Steuern gezahlt und Tony Blair gewählt, der für die Tötung tausender Muslime verantwortlich ist. Machen sie diese Unterscheidung, wenn unschuldige Menschen in Irak und Afghanistan getötet werden? (...) Wenn Amerika tötet, dann nennt man das Kollateralschaden. Nach den Anschlägen von London haben die im Westen jetzt wieder mit Nachdenken begonnen. Sie fragen sich: ‹Was haben wir falsch gemacht?› Das bedeutet, dass Terrorismus nicht immer nur schädlich ist. Terrorismus hat auch seine Vorteile.»

Es bleibt nachzutragen, dass die neueste Ausgabe von «Kaide» trotz eines kurz danach verhängten Veröffentlichungsverbots auch Mitte August 2005 noch an den Kiosks in der Türkei zu kaufen war.

Zurück zum Szenario. Simultane Attacken in drei europäischen Hauptstädten wären zwar eine Herausforderung für Al-Qaida, unmöglich wären sie nicht, dank moderner Funkarmbanduhren, mit Hilfe deren sich Handy-Zeitzünder mühelos synchronisieren lassen. Möglicherweise werden die Anschläge nicht an zwei aufeinander folgenden Tagen verübt werden, denn für die islamistischen Terroristen spielt eine sehr große Rolle, dass sie nach den Attacken wieder Zeit verstreichen lassen, eventuell neue Warnungen veröffentlichen, dic Reaktionen genau analysieren und dann erst erneut zuschlagen. Die Eskalation nach der Al-Qaida-Ideologie vollzieht sich in dosierten Schritten.

Etwas anderes ist an dem Szenario wiederum höchst realistisch: dass es weder eine Vorwarnung vor den Anschlägen noch eine schnelle Aufklärung der Hintergründe geben wird, denn die Ermittler in Deutschland können aufgrund rechtlicher, organisatorischer und politischer Rahmenbedingungen national und international immer noch nicht wirklich optimal zusammenarbeiten. Dazu später mehr. In einem System, in dem 38 Sicherheitsbehörden auf Bundes- und Länderebene mit der Gefahrenabwehr beschäftigt sind, leidet zwangsläufig die Effektivität.

Das belegt nicht zuletzt die Ausführung des im Szenario schon erwähnten geheimen Erlasses des nordrhein-westfälischen Innenministers vom 19. Juli 2004. Er existiert tatsächlich, und auf seiner Basis bekam das Landeskriminalamt das Recht, möglichst viele eigene Informanten in das Umfeld von Gefährdern und an entsprechenden Örtlichkeiten einzuschleusen. Eigentlich müssten da längst die Informanten des Verfassungsschutzes aktiv sein. Aber weil das Polizeigesetz des Landes die unmittelbare Weitergabe der geheimdienstlichen Erkenntnisse an die Polizei verbietet, bekommt die Polizei nun eigene Informanten.

Immerhin soll es ein Abstimmungsverfahren zwischen den beiden Behörden geben, um die doppelte Führung ein und derselben Person zu vermeiden. Zweck des Ganzen: Die Polizei soll Ziel, Art und Ausmaß einer Gefahr eigenständig erkennen können. Statt die Informationen des Landesamtes für Verfassungsschutz einfach durchzureichen, wird also eine Gesetzumgehungsmaßnahme mit erheblichem bürokratischem Aufwand inszeniert. Not macht erfinderisch, aber bis das Verfahren wirksam umgesetzt ist und Informanten wirklich nah genug dran sind, dürfte die Fußball-WM längst vorbei sein.

Eines ist in unserem Szenario meilenweit von der Wirklichkeit entfernt. Die psychische Auswirkung einer Anschlagsserie auf die Bevölkerung ist nicht ansatzweise beschrieben, aber sie würde wohl katastrophal sein. Die Opfer, die Passanten, die Menschen zu Hause könnten von Panik ergriffen werden, wenn schleichende Killer wie biologische, chemische oder radioaktive Stoffe eingesetzt werden. Die 15 000 akkreditierten Medienvertreter bei der Fußball-WM würden diese Panik mit ihrer Berichterstattung schüren.

Die Reaktionen ließen sich abmildern, wenn die Menschen auf solche Gefahren mit aller Ehrlichkeit vorbereitet würden. Bei den wenigen Katastrophenübungen in Deutschland wird die Bevölkerung weder einbezogen noch überhaupt über die Gefahren aufgeklärt, sodass die Panik der Menschen im Ernstfall vieles noch verschlimmern würde.[37] Die Londoner Bevölkerung reagierte nur deshalb so besonnen auf die Anschläge, weil sie immer detailliert über die Bedrohungsszenarien informiert und an Übungen beteiligt war. Im August 2004 erhielt jeder Bürger in Großbritannien Post von der Königin. Der kleine Ratgeber mit Tipps für den Ernstfall kostete die britische Regierung 12 Millionen Euro. Eine gute Investition, ebenso wie die Anzeigenkampagnen in den Zeitungen, die Poster in den U-Bahn-Schächten, die Offenheit, mit der Politiker und Ermittler über die Terrorgefahr sprechen. All das zahlte sich im Juli 2005 aus.

Bei der Giftgasattacke auf die U-Bahn von Tokio im Jahr 1995 wurden hunderte von Unbeteiligten allein dadurch auch zu Opfern, weil die sarinverseuchten Menschen aus dem U-Bahn-System auf die Straßen und in die Krankenhäuser geströmt waren, wo sie Helfer und Zivilisten ebenfalls mit dem Giftstoff kontaminierten. Also führten die britischen Behörden Großübungen durch, bei denen Dekontaminationsstationen an den Ausgängen der U-Bahn aufgebaut waren. Die Londoner sollten lernen, dass sie im Fall des Falles vor Ort versorgt werden.

Was wäre wohl in Berlin los, wenn es dort zu chemischen Attacken in der U-Bahn käme? Was wäre in Deutschland los, wenn die Haupthalle des Frankfurter Flughafens wegen der Strahlung für Monate oder gar Jahre nicht mehr genutzt werden könnte? Neben dem unmittelbaren wirtschaftlichen Schaden würde die Angst vor ähnlichen Attacken das öffentliche Leben in Deutschland stark beeinträchtigen, wenn nicht gar lähmen. Darüber sollte man nachdenken und öffentlich diskutieren. Das ist einer der Gründe, weshalb ich solch ein dramatisches Szenario gewählt habe.

Deutschland hat immer noch nicht verstanden, dass es jederzeit Ziel eines Angriffs werden kann und dass es nicht vorbereitet ist, wenn es geschieht. In Spanien war das genauso, die Folgen sind bekannt. Das alte Tabu, demzufolge Terroristen nicht in ihrem «Ruheraum» zuschlagen, wurde am 11. März 2004 gebrochen. Damals hat uns Juan Avilés Farré, Politikwissenschaftler und Sicherheitsexperte an der Universität von Madrid, in drastischen Worten von seiner größten Sorge erzählt: «Ich glaube, der schlimmste Fehler, den Europa begehen könnte, wäre zu denken, es genüge, bloß stillzuhalten, um der Gefahr zu entgehen. (...) Vielleicht liegt Madrid nah genug an Paris, Berlin und Brüssel, und ich hoffe, dass sich alle Europäer dessen bewusst sind. Aber ehrlich gesagt bin ich mir da nicht so ganz sicher. Denn einfach zu denken, dass der Angriff nur dem Nachbarn gilt, erinnert an die Appeasement-Politik gegenüber Hitler. Hitler sei eine Gefahr für Österreich, die Tschechoslowakei, nicht aber für Frankreich. Diese Denkweise ist eine Versuchung, die immer noch existiert.»

Mehr als anderthalb Jahre nach den Anschlägen von Madrid und vier Jahre nach dem 11. September 2001 ist Deutschland noch immer nicht vorbereitet. Denn es fehlt nicht nur an einer präventiven Sicherheitsarchitektur aus einem Guss, sondern vor allem auch an der Bereitschaft, sich selbst unangenehme Wahrheiten einzugestehen, zum Beispiel die vom überforderten Rechtsstaat.

7. Bedingt wehrhaft – warum der Rechtsstaat überfordert ist

Yehia Yousif behauptet von sich, er habe immer auf dem Boden der deutschen Verfassung gestanden. Er schien ein Musterbeispiel für gelungene Integration zu sein. An diesem Dezembermorgen des Jahres 2004 sitzt er in einem kleinen Hotel in der Nähe von Mainz vor unserer Kamera. Am Vorabend erst haben wir den Treffpunkt telefonisch ausgemacht, denn Yousif ist auf der Flucht – vor der bayerischen Polizei. Ende der achtziger Jahre kam der Ägypter nach Deutschland, weil er in seinem Heimatland politisch verfolgt wurde. In den Jahren nach der Ermordung des ägyptischen Präsidenten Anwar el-Sadat wurde jede politische Opposition unterdrückt, dazu zählten vor allem Anhänger der radikalen «Muslimbruderschaft». Yousif landete im Gefängnis und wurde nach eigenen Angaben gefoltert. Nach seiner Freilassung suchte er 1992 in Deutschland politisches Asyl und setzte sein Medizinstudium an der Universität Freiburg fort. Damals war er Deutschland dankbar.

Sein Fall zeigt beispielhaft, wie schwer sich deutsche Behörden im Umgang mit Islamisten tun. Das Gesetz schreibt vor, dass die Flüchtlingsbehörde genau prüft, wen sie ins Land lässt. Und von Rechts wegen hätten auch Verfassungsschützer bei der mündlichen Verhandlung in den Anerkennungsverfahren dabei sein müssen. Aber sie fehlten meist – aus Personalmangel. Doch selbst wenn sie dabei gewesen wären, hätten sie kaum Näheres über Yehia Yousif gewusst, denn für inländische Behörden war er ein unbeschriebenes Blatt; der Bundesnachrichtendienst dagegen hätte vermutlich ein paar warnende Sätze zur «Muslimbruderschaft» und zu den terroristischen Aktivitäten ägyptischer Organisationen beisteuern können.

Jedenfalls war Yehia Yousif nun mal da, und ein Islamexperte des Verfassungsschutzes Baden-Württemberg erkannte darin eine Chance. Auf Yousif wurde ein Geheimagent angesetzt, um ihn als V-Mann zu werben. Denn die Ermittler wollten von ihm Genaueres über den Islamismus erfahren, ebenjenes hochpolitische Verständnis des Islam, das als geistige Grundlage für so manche Terrororganisation dient. Warum das alles konspirativ ablief, verstand Yousif damals nicht, denn er war gerne bereit, sein Wissen über die verschiedenen politischen Strömungen im Islam weiterzugeben. Er sah sich als Vermittler für seine Religion. Jede zweite Woche traf man sich, und er bekam für seine Gesprächsbereitschaft jeweils 100 bis 200 DM. Besonders interessierte die Verfassungsschützer der Kampf der Mudschaheddin in Bosnien, denn es gab Querverbindungen nach Deutschland. Yousif wollte zwar nur erklären, warum es junge Muslime auf den Balkan zog, aber er nannte auch ein paar Namen aus der Szene.

Derweil schien er sich ganz gut in die deutsche Gesellschaft zu integrieren, promovierte in Medizin, forschte, ließ seine Erfindungen – innovative Gefrierstoffe – patentieren, heiratete und bekam Kinder. Der Verfassungsschutz schickte ihn mittlerweile auch auf internationale Konferenzen radikalislamischer Organisationen. Hinterher erstattete er Bericht, neun ganze Jahre, von 1992 bis 2001, bis er von Freiburg nach Neu-Ulm in Bayern zog. Damit fiel er aus dem Zuständigkeitsbereich des Verfassungsschutzes in Stuttgart, seine Akte wurde geschlossen. Die Kollegen in Bayern erfuhren erst mal nichts.

Vier Jahre später gilt Yousif als «einer der größten geistigen Brandstifter» in Deutschland, in seinen Predigten habe er «Selbstmordattentate gerechtfertigt», behauptete der bayerische Innenminister Beckstein und ließ die Ausweisung von Yousif vorbereiten.

Tatsächlich verkehrte der ehemalige Geheimdienstinformant im Multikulturhaus von Neu-Ulm, nach Erkenntnissen der Verfassungsschutzes ein Treffpunkt der islamistischen Szene. Man nannte ihn dort Sheikh Abu Omar, und als solcher predigte und unterrichtete er junge Muslime.

Doch niemals, so sagt er uns, habe er zu Hass aufgerufen oder junge Männer zu terroristischen Aktivitäten angestiftet. Zwar habe er für den Dschihad geworben, aber keinesfalls für den gewalttätigen in Form eines heiligen Krieges, beteuert er, sondern nur für die anderen Arten des Dschihad, zum Beispiel gegen negative Eigenschaften in der Gesellschaft oder gegen teuflische Einflüsterungen. Zum Dschihad als bewaffneten Kampf gegen Aggressoren und Unterdrücker könne nur ein Mufti, ein großer Gelehrter, aufrufen, er selbst sicher nicht.

Wenn man ihn danach fragt, ob denn diese Art von Dschihad, zum Beispiel in Tschetschenien, gerechtfertigt sei, dann antwortet er: «Auf der ganzen Welt geschehen Gräueltaten – insbesondere gegen Muslime. Vor allem junge Muslime entwickeln da viel Mitgefühl, und Leute aus der ganzen Welt kommen in Bewegung, um jeder nach seiner Vorstellung zu helfen. Ob ihre Entscheidung richtig ist, ist eine andere Frage.» Diese «andere Frage» will er aber nicht beantworten.

Hat der Verfassungsschutz in Baden-Württemberg eine Schlange an seiner Brust genährt, mit Geld gefüttert und in die internationale Szene erst hineingeschleust? Ein führender Hassprediger als V-Mann, ein Gefährder in Staatsdiensten? Hätten die Beamten nicht wenigstens ihre bayerischen Kollegen informieren müssen, als Yousif nach Neu-Ulm umzog? Welch ein Armutszeugnis für das föderale System, wenn es den Austausch von Informationen über die Iller zwischen Ulm und Neu-Ulm nicht zulässt.

Es ist das gleiche Muster, das schon beim NPD-Verbotsverfahren zu beobachten war, der größten Panne der Sicherheitsbehörden in den vergangenen Jahren. Dieses scheiterte beim Bundesverfassungsgericht, weil Führungskader der rechtsextremistischen Partei V-Leute verschiedener Verfassungsschutzbehörden gewesen waren, die ihre Arbeit miteinander nicht abgestimmt hatten. Im Fall Yousif weist der Verfassungsschutz in Stuttgart alle Vorwürfe zurück. Der Mann habe ja in Freiburg keine gefährlichen Tendenzen erkennen lassen und seine Informationen seien auch nicht sonderlich wertvoll gewesen.

Tatsache bleibt: Viel zu spät, nämlich erst nach dem 11. September 2001, haben deutsche Behörden die Kriterien für die Gefährlichkeit der Agitatoren neu definiert. Obwohl sie es vorher längst besser wussten. Aber, so erklärte mir ein Verfassungsschützer, vor dem 11. September sei es politisch unerwünscht gewesen, gegen jene politischen Flüchtlinge aus arabischen Ländern vorzugehen, die die Freiheiten in Deutschland für extremistische Aktivitäten ausnutzten.

Yehia Yousif ist auf einem feinen Grat gewandelt, möglicherweise hat er tatsächlich versucht, in der deutschen Öffentlichkeit Verbündete im Kampf gegen politische, wirtschaftliche und soziale Unterdrückung in seinem Land und anderswo zu finden. Aber die deutsche Öffentlichkeit wollte von den Problemen der ausländischen Mitbürger und Zuwanderer genauso wenig wissen wie diese von den Sorgen und Nöten der Deutschen. Bestenfalls fand der Dialog zwischen einem Verfassungsschützer und seinem V-Mann statt. Und beide behielten alles für sich, der eine, weil er über gefährliche Ansichten nur Buch führen muss und für das Entschärfen solcher Gedanken andere zuständig sind. Der andere, weil er um jeden Preis verhindern wollte, dass er in den Augen seiner Anhänger zum Verräter wurde.

Sheikh Abu Omar war niemals wirklich in die deutsche Gesellschaft integriert. Stattdessen hat er in seiner Parallelwelt für die «gute Sache» geworben, und zwar offenbar so überzeugend, dass sein eigener Sohn nach Pakistan in ein Trainingslager zog, Pläne zum Bombenbau aus dem Internet herunterlud und nun aus seiner Heimat in die unwirtliche Heimat seines Vaters, Ägypten, abgeschoben wurde. Yehia Yousif selbst ist seit unserem Interview verschollen. Er wollte durch seine Selbstenttarnung als V-Mann des Verfassungsschutzes öffentlichen Druck erzeugen. Vielleicht – so seine Hoffnung – war die baden-württembergische Behörde ja bereit, ihn in ein Zeugenschutzprogramm aufzunehmen. Der Verfassungsschutz lehnte ab. Weil ihm ebenfalls die Abschiebung nach Ägypten drohte und seine Anhänger ihm, dem Verräter, jetzt vielleicht nach dem Leben trachten würden, tauchte er endgültig unter.

Es gibt in Deutschland noch immer keine festen Regeln für den Umgang mit solchen Extremisten, auch deshalb, weil die verschiedenen Institutionen wie Verfassungsschutz, Asyl-, Sozial- und Finanzbehörden, die Parteien, aber auch die rechtlichen Instanzen kein einheitliches Verständnis davon haben, wie gefährlich Agitation und Begeisterung für den Dschihad sein kann. Eine gemeinsame Strategie in der Terrorabwehr fehlt, weil die beteiligten Personen – die Ermittler ausgenommen – zu wenig wissen und verstanden haben von der Bedrohung, mit der wir konfrontiert sind.

Die Defizite werden vor allem an zwei Prozessen deutlich, die für die Medien zum Test für die Wehrhaftigkeit des Rechtsstaats wurden. Dabei wird übersehen, dass es weniger die rechtlichen Rahmenbedingungen waren, die die Verfahren gegen die beiden marokkanischen Studenten Mounir al-Motassadeq und Abdelghani Mzoudi platzen ließen, sondern eher die Art und Weise, wie die Verfahrensteilnehmer agierten.

Die Rechtslage ist klar. Erst seit Sommer 2002 gibt es in Deutschland durch die Bestimmung des neuen Paragraphen 129b im Strafgesetzbuch die Möglichkeit, gegen Mitglieder einer internationalen terroristischen Vereinigung vorzugehen. Da al-Motassadeq und seinem Freund Abdelghani Mzoudi im Jahr 2002 die Unterstützung der Hamburger Terrorzelle vorgeworfen wurde, also Taten, die sie angeblich bereits vor dem 11. September 2001 begangen hatten, konnte auf sie der neue Strafrechtsparagraph nicht angewendet werden. In ihren Fällen galten nur der § 129a StGB, der die Bildung oder Mitgliedschaft in einer inländischen terroristischen Vereinigung unter Strafe stellt, und weitere Bestimmungen des Strafrechts zur Beihilfe bei Mord und anderen schweren Straftaten.

Nun geschah folgendes: Im Mzoudi-Verfahren argumentierte die Bundesanwaltschaft, die Hamburger Terrorzelle sei eine inländische terroristische Vereinigung, die die Anschläge von New York und Washington in Deutschland geplant und vorbereitet habe. Dies war ein kapitaler Fehler, denn durch die spätere Aussage des Verfassungsschutzpräsidenten Fromm, der sich auf Ermittlungsergebnisse stützte, wurde klar, dass die Taten von Al-Qaida in Afghanistan geplant und die Hamburger Terroristen dann für die Ausführung gewonnen wurden. Die wichtigste Grundlage für eine Verurteilung der mutmaßlichen Helfer entfiel.

Der Richter am Hamburger Oberlandesgericht zeigte sich höchst verärgert über die unterschiedlichen Einschätzungen deutscher Sicherheitsbehörden und ebenso über die Tatsache, dass sie nicht in der Lage waren, wichtige Zeugenaussagen aus den USA in das Verfahren einzubringen. Dabei lag die Schuld dafür vor allem in der Verweigerungshaltung amerikanischer Behörden. Am Ende stand am 5. Februar 2004 ein Freispruch für Abdelghani Mzoudi. Aus Sicht der Bundesanwaltschaft lag das zumindest zum Teil auch an einem überforderten Richter, der keine Erfahrung in Staatsschutzfällen hatte. Tatsächlich wurde seine Unsicherheit im Verfahren deutlich: Zunächst schien er eher gegen die Verteidigung eingestellt zu sein, und dann – unmittelbar nach der Aussage des Verfassungsschützers – änderte er seine Meinung und nahm eine grundsätzlich ablehnende Haltung gegenüber der Bundesanwaltschaft ein. Ob dies gerechtfertigt war, lässt sich schwer beurteilen, die Ankläger fühlten sich jedenfalls ungerecht behandelt. Generalbundesanwalt Kay Nehm warf Richtern in Terrorverfahren in

Deutschland in einem Interview im Frühjahr 2005 pauschal vor, sie zögen sich oft «beleidigt» zurück, wenn in Staatsschutzfällen Zeugen nicht verfügbar seien.

Ob Ärger und Unerfahrenheit des Richters den Ausgang des Prozesses beeinflussten, bleibe dahingestellt, doch selbst der Bundesgerichtshof, der den Freispruch, gegen den die Anklage Rechtsmittel eingelegt hatte, am 10. Juni 2005 bestätigte, nannte das Hamburger Urteil in seiner Begründung lediglich «vertretbar»[38] – die Verantwortung dafür liege in erster Linie beim Hamburger Gericht. So blieb der Eindruck, dass die Richter des BGH, die nur die Verfahrensweise, nicht aber die Beweislage selbst überprüfen durften, daran zweifelten, dass ihr Hamburger Kollege seinen Entscheidungsspielraum richtig genutzt hatte.[39]

Der BGH war es auch, der das erste Urteil im Fall Motassadeq an das Hamburger Oberlandesgericht zurückverwies, weil er die Urteilsbegründung als nicht ausreichend ansah. Der Strafsenat des OLG hatte den Marokkaner im Jahr 2003 wegen Beihilfe zum Mord in mehr als 3000 Fällen und Mitgliedschaft in einer terroristischen Vereinigung zu 15 Jahren Haft verurteilt. Im März 2004 hob der BGH diese Entscheidung auf. Im Ergebnis landete der Fall damit erneut bei einem Richter, der wenig Erfahrung mit Staatsschutzfällen hatte und sich sonst eher mit Erbrechts- und Familienrechtsfragen beschäftigte. Am 19. August 2005 erging ein für viele Prozessbeobachter überraschendes Urteil gegen den Marokkaner. Er wurde von der Beihilfe zum dreitausendfachen Mord freigesprochen, gleichzeitig aber zu sieben Jahren Haft für die Mitgliedschaft in einer terroristischen Vereinigung verurteilt.

Motassadeq war also Teil der Hamburger Terrorzelle und hat sie durch seine Aktivitäten unterstützt. Aber weil nicht nachzuweisen war, dass er von dem Vorhaben seiner Freunde Kenntnis hatte, zählt diese Unterstützung nicht als Beihilfe? Der Richter mag sich an der Frage nach dem Vorsatz orientiert haben. Zugleich ist dies der Ansatzpunkt, an dem die Verteidigung in einer erneuten Revision vor dem Bundesgerichtshof möglicherweise doch noch einen kompletten Freispruch erreichen könnte. Sie wird argumentieren, dass Motassadeq dann auch kein Mitglied der Terrorzelle war, wenn er vom Vorhaben der anderen nicht wusste. Tatsächlich aber haben die Besucher der Trainingscamps in Afghanistan gelernt, dass immer nur der Anführer der Zelle über alle Vorhaben informiert sein sollte, jedes Mitglied nur so weit wie notwendig.

Da sich Vorwürfe und Beweise in den Prozessen von Mzoudi und Motassadeq nicht wesentlich unterscheiden – beide waren in Ausbildungslagern, beide zeigten ihre eindeutig extremistische Gesinnung, beide halfen den Hamburger Attentätern –, zeigt sich hier deutlich, wie dringend eine einheitliche Definition von Terroraktivitäten fehlt und wie sehr die Verfahren von den professionellen Erfahrungen und Kenntnissen der Beteiligten, vor allem der vorsitzenden Richter, abhängen.

Es mangelt in Deutschland nicht unbedingt an neuen Strafgesetzen, insbesondere der § 129b StGB bietet die besten Grundlagen für das Vorgehen gegen mutmaßliche Terroristen. Aber es gibt zu wenig Richter, Staatsanwälte und Politiker, die Verständnis für die Besonderheiten in Staatsschutzfällen aufbringen. Kein Wunder, es existieren nämlich keine entsprechenden Verfahrensregeln, obwohl sie dringend notwendig wären: Ein Gutteil der Beweise in Terrorismusprozessen beruht auf geheimdienstlichen Ermittlungen, die in offener Verhandlung aus Gründen der nationalen Sicherheit und des Quellenschutzes oft nicht eingebracht werden können. Die Täter mögen in Trainingslagern gewesen sein, Waffentraining absolviert haben, Geld für den Dschihad gesammelt und Kontakte zu bekannten Terroristen gepflegt haben – all das ist in Deutschland nicht illegal, es sei denn, diese Aktivitäten gelten anerkanntermaßen als Beleg für die Mitgliedschaft in einer terroristischen Vereinigung. Dazu gehört aber vor allem und in erster Linie die Gesinnung, die den Extremisten erst wirklich gefährlich macht.

Wie kann dies in die Behandlung solcher Fälle einfließen?

Schließlich darf die Gesinnung in unserem Rechtsstaat nur in Verbindung mit einer konkreten Tat, in der sie zum Ausdruck kommt, in der Bewertung des Angeklagten berücksichtigt werden. Lässt sich die Geisteshaltung mit Hilfe von Gutachten durch anerkannte Wissenschaftler gerichtsfest belegen?

Wenn diese Grundfragen bundesweit einheitlich geklärt wären, könnte es auch dazu beitragen, dass Staatsanwälte und Richter frühzeitiger Ermittlungen einleiten beziehungsweise genehmigen, weil die Hürden für einen Anfangsverdacht nicht mehr ganz so hoch wären; der größte Frust der Verfassungsschützer sowie der Terrorfahnder auf lokaler und regionaler Ebene war und ist weiterhin, dass sie besorgniserregende Aktivitäten beobachten, aber der Staatsanwalt sich nicht von der Notwendigkeit weiterer Ermittlungen überzeugen lässt.

Wenn dies dennoch gelingt, dann weigert sich oft auch der Richter, konkreten Maßnahmen zuzustimmen, weil ihm die Beweislage noch zu dünn erscheint. Bekommt der Fahnder am Ende doch das Recht auf einen Zugriff und findet tatsächlich deutliche Belege für terroristische Aktivitäten, muss er damit rechnen, dass ein Richter im Prozess nur dann die Terrorvorwürfe ausreichend würdigt, wenn der Angeklagte beim Bombenbau in seiner Wohnung in flagranti ertappt wurde.

Selbstverständlich darf kein Gericht nur aufgrund vager Anhaltspunkte Menschen als Terroristen verurteilen, aber oft genug nutzen weder Staatsanwälte noch Richter ihren vom Gesetz zugestandenen Ermessensspielraum aus. Ein Paradebeispiel dafür ist der erste Prozess in Deutschland gegen den mutmaßlichen Al-Qaida-Terroristen Ihsan Garnaoui, der zum Beginn des Irakkrieges Anschläge auf Demonstrationen in Berlin geplant haben soll.

Es war ein Riesenauftrieb vor dem Kammergericht im Frühjahr 2004. Zahlreiche Fernsehteams drängten sich um die Anwälte des Angeklagten, die schon wussten, dass die Vorwürfe gegen ihren

Mandanten kaum beweisbar waren. Und um Vertreterinnen der Bundesanwaltschaft, die in die Kameras erklärten, dass sie Garnoui für einen Terroristen hielten und das auch beweisen könnten. Wir waren mit einem eigenen Kamerateam dabei, um den Trubel zu filmen. Das Urteil, das ein paar Monate später gefällt wurde, erschien einmal mehr als schwere Schlappe für den Generalbundesanwalt. Tatsächlich war es eine Niederlage für den Rechtsstaat.

Die Bundesanwaltschaft hatte eigentlich alles richtig gemacht. Nach ihren Erkenntnissen war der Tunesier Ihsan Garnoui, der seit 1996 in Deutschland lebt, im Jahr 2001 in einem Lager der Al-Qaida in Afghanistan zum Sprengstoffexperten ausgebildet worden und hatte danach selbst die Leitung des Trainings übernommen.[40] Mit dem Auftrag, eine Terrorzelle zu gründen und Anschläge in Deutschland vorzubereiten, sei er 2002 nach Berlin zurückgekehrt. Die Ermittler glauben, dass er dort mehrere Gesinnungsgenossen anwarb und sie in der Berliner Al-Nur-Moschee zu Attentätern ausbildete, bis der Imam der Gruppe Hausverbot erteilte. Bei einer Besprechung in einer Wohnung im Februar 2003 habe Garnoui mit seinen Kameraden mehrere Bombenanschläge auf Demonstranten zu Beginn des Irakkrieges detailliert besprochen. Danach soll er chemische Substanzen zur Herstellung des Sprengstoffes sowie Mobiltelefone und Armbanduhren mit Weckfunktion für eine synchronisierte Zündung der Bomben beschafft haben.

Zwar erklärte das Gericht bei seiner Urteilsverkündung, der Angeklagte habe wohl in Deutschland einen Anschlag verüben wollen, aber es gebe auch einige Zweifel an der Version der Bundesanwaltschaft. Also wurde Garnoui nur wegen Steuerhinterziehung, Urkundenfälschung, unerlaubten Besitzes einer Schusswaffe und Verstoßes gegen das Ausländergesetz zu drei Jahren und vier Monaten Haft verurteilt. Die Bundesanwaltschaft musste ihren Ärger über das milde Urteil unterdrücken, die Richterschelte kam im Mai 2005 von völlig unerwarteter Seite.

In einem 42-seitigen Prüfbericht zur Wirtschaftskriminalität in

Deutschland kam der Bundesrechnungshof zu dem Schluss, dass in dem Berliner Al-Qaida-Verfahren die Frage des Strafmaßes nach § 129 Strafgesetzbuch «gegebenenfalls nicht hinreichend geprüft» worden sei. Immerhin, so zitiert die «Süddeutsche Zeitung» aus dem vertraulichen Papier, sei Herr Garnoui mit einer oder mehreren Scheinfirmen in «Goldbetrugsgeschäfte» verwickelt.[41] Die Behörden hätten es versäumt, der Herkunft des Goldes nachzugehen, Ermittlungen über eine «mögliche Anschubfinanzierung terroristischer Aktivitäten durch weitere Verkäufe von Gold (...) wären unseres Erachtens umso wichtiger gewesen». Die Finanzierung der «offenkundigen» Terroraktivitäten von Ihsan Garnoui sei «strafrechtlich nicht hinreichend gewürdigt» worden.

Der Bundesrechnungshof schlug deshalb Alarm, weil er «gewichtige Hinweise» entdeckt hatte, dass vor allem mit Umsatzsteuerbetrug islamistische und terroristische Gruppierungen unterstützt würden. In diesem wie in vielen anderen Fällen würden in einem Netzwerk von Firmen Scheinrechnungen erstellt, nach denen die fällige Mehrwertsteuer an vermeintliche Verkäufer gezahlt wurde. Mit den Rechnungen sei die dann fällige Vorsteuer von den Finanzämtern kassiert worden. Der Gesamtschaden für den Staat pro Jahr gehe in die Milliardenbeträge. Der Bundesrechnungshof empfahl in seinem Prüfbericht deshalb, die Strafverfolgung solcher Delikte bundesweit an einer Stelle zu bündeln und nur bestimmte Gerichte mit den Verfahren zu betrauen, weil es zu wenig kompetentes Fachpersonal gebe.

Das Gleiche gilt auch im Bereich der Terrorismusbekämpfung in Deutschland, wo zur Zeit rund 160 Ermittlungsverfahren wegen islamistisch-terroristischer Aktivitäten laufen. Diese Fälle sollte die Bundesrepublik, sofern es zu Prozessen kommt, ausschließlich in die Hände von Gerichten geben, die entsprechende Erfahrung im Staatsschutzbereich haben, sonst scheitern künftige Verfahren auch an der mangelnden Erfahrung der verantwortlichen Richter.

Dafür bedürfte es aber einer Neustrukturierung des deutschen

Gerichtssystems zumindest in diesem Bereich. Neidisch schauen deutsche Ermittlungsbehörden auf die Terrorbekämpfung im benachbarten Frankreich, wo vieles einfacher ist. Dort gibt es nämlich einen Untersuchungsrichter, der auch der oberste Terrorermittler des Landes ist. Jean-Louis Brugiere vereinigt in seinem Amt Kompetenzen von Richter, Staatsanwaltschaft, Geheimdiensten und Polizei. Er kann Beschattungen und Durchsuchungen in Auftrag geben, Verhaftungen anordnen und sogar Strafen verhängen. Kein Wunder, dass deutsche Ermittler die Gelegenheit nutzten, einen Terrorverdächtigen aus Deutschland den französischen Behörden zu überlassen, weil sie das für effektiver hielten, als ihn im komplizierten Rechtsstaat Bundesrepublik vor Gericht zu bringen.

Als Christian G. am 3. Juni 2003 mit seiner Familie in Riad ein Flugzeug bestieg, um nach Deutschland zurückzukehren, da ahnte er nicht, dass er in eine Falle tappen würde. Bei der Zwischenlandung in Paris nahmen ihn französische Anti-Terror-Fahnder fest. Die saudischen Behörden hatten G., der zu einer Terrorzelle in Duisburg gehörte und nach Saudi-Arabien geflohen war, des Landes verwiesen und ihn mit One-way-Tickets für die ganze Familie versorgt – mit Zwischenstopp in Frankreich, weil dort ein Haftbefehl gegen ihn vorlag, während deutsche Gerichte sich beharrlich geweigert hatten, einen solchen auszustellen. Dabei gehörte G. im Jahr 2001 als eine Art Materialbeschaffer und Computerspezialist zum engen Zirkel um Osama bin Laden, er kümmerte sich um die Internetbotschaften bin Ladens und besorgte dem zuckerkranken Al-Qaida-Chef Insulin; später soll er den Einsatzbefehl für den Bombenanschlag auf Djerba gegeben haben. Weil auch Franzosen bei der Attacke starben, konnte Ermittlungsrichter Jean-Louis Brugiere den deutschen Konvertiten in Haft nehmen.

Geplant wurde die Operation nach einem Bericht der «Washington Post» von einem geheimen Anti-Terror-Zentrum in Paris, in dem Ermittler aus Frankreich, Großbritannien, Deutschland, Kanada, Australien und den USA eng zusammenarbeiten und Informationen untereinander austauschen.[42] Die «Alliance Base», also «Bündnis-Basis», so der Codename der Einrichtung, beobachtet die länderübergreifenden Reisebewegungen von mutmaßlichen Terroristen und entwickelt Maßnahmen, um sie zu fangen oder zu überwachen. Dabei nutzen die Fahnder vor allem die scharfen Terrorbekämpfungsgesetze in Frankreich aus. Das Land dient gewissermaßen als Mausefalle: Wenn sich ein Verdächtiger auf französischen Boden wagt, kann er unter dem Vorwurf der «Verschwörung im Zusammenhang mit Terrorismus» festgehalten werden, während weiteres Beweismaterial beschafft wird. Deutsche Geheimagenten dürfen hier sogar – vermutlich mit Wissen der Bundesregierung – Informationen einsehen, zu denen sie in Deutschland selbst keinen Zugang hätten, weil das Gesetz die Weitergabe von Erkenntnissen der Polizeibehörden an die Geheimdienste verbietet.

Solch ein Vorgehen stellt zweifellos deutsche Rechtsstandards in Frage, weil die Ermittlungsbehörden quasi auf eigene Faust Wege suchen, Hindernisse der deutschen Gesetzgebung zu umgehen. Die Ermittler wiederum sehen es als eine Notlösung für Defizite, die es in Deutschland gibt und die die Politik offenbar bisher nicht beheben wollte. Durch ihr Nichtstun riskieren Politiker eine schleichende Unterhöhlung deutschen Rechts. Es kann fatale Folgen haben, wenn Behörden beginnen, sich um die gesetzlichen Vorgaben herumzumogeln. So geschah es ja auch mit dem im Szenario erwähnten Erlass des nordrhein-westfälischen Innenministers zur Fußball-WM von 2004, weil das Polizeigesetz in NRW, anders als die Gesetze in Bayern und Baden-Württemberg, die Weitergabe von Geheimdienstinformationen an die Polizei verbietet. Eine Neuregelung der Sicherheitsarchitektur für Deutschland wäre dringend notwendig, stattdessen entstehen bestenfalls teure, aber wenig praktikable Kompromisslösungen. Die Liste der Rückschläge in der Terrorbekämpfung ist lang und erhöht nur den Frust der Fahnder.

Nach den Terroranschlägen von London kündigten die Innen- und Justizminister Europas publikumswirksam an, man wolle jetzt noch enger zusammenarbeiten. Tatsächlich aber sind die vorgesehenen Maßnahmen schon seit dem Frühjahr 2004 vereinbart, viele von ihnen nur eben noch nicht umgesetzt worden. Die Bilanz reicht von der erfolgreichen Einrichtung eines EU-Lagezentrums, in dem eine gemeinsame Bedrohungsanalyse erstellt wird, bis zu den immer noch nicht angewendeten Befugnissen von Europol. Viele der 35 Mitgliedstaaten liegen bei der Überführung der Beschlüsse in nationales Recht weit hinter dem Zeitplan. Ende 2004 hatten die Regierungen in Rom und Athen gerade mal zwei beziehungsweise vier der zwölf EU-Projekte in Gesetze umgewandelt.[43]

Deutschland lag zwar mit acht Vorhaben an der Spitze der Bewegung, hatte aber offenbar schludrig gearbeitet. Deshalb erklärte das Bundesverfassungsgericht am 18. Juli 2005 das deutsche Gesetz zum Europäischen Haftbefehl für nichtig. Regierung und Parlament hatten die Rahmenbedingungen für die Auslieferung deutscher Staatsbürger bei 32 Straftatbeständen von Terrorismus über Menschenhandel und Mord bis zu schwerem Betrug an EU-Partnerländer nicht konkret genug definiert. Das Ergebnis: Der Deutsch-Syrer Mamoun Darkazanli aus Hamburg, dem spanische Behörden vorwerfen, das Al-Qaida-Netzwerk logistisch und finanziell unterstützt zu haben, kam wieder auf freien Fuß.

Für die Ermittler in Deutschland, die gehofft hatten, einige Terrorverdächtige auf diese Weise unbürokratisch ins europäische Ausland loszuwerden, ist das Urteil eine weitere große Enttäuschung nach zahlreichen Rückschlägen zuvor:

- So hatte das Bundesverwaltungsgericht im Oktober 2003 entschieden, dass Kunden von so genannten «Prepaid»-Karten durch die Betreiber von Mobilfunknetzen nicht in deren Kundendateien erfasst werden müssen. Mutmaßliche Terroristen werden dafür dankbar sein, denn sie nutzen – wie die Anschläge von Madrid und London gezeigt haben – vor allem Kartenhandys, um miteinander zu kommunizieren oder mit ihnen sogar ihre Bomben zu zünden. Es ist nicht einzusehen, warum das vom Gericht als so wichtig erachtete Recht auf informationelle Selbstbestimmung ausgerechnet bei den Nutzern von Kartenhandys wichtiger ist als bei den Nutzern von Vertragshandys.

- Das Auslaufen der Kronzeugenregelung zum Ende des Jahres 1999 nahm den Fahndern die Möglichkeit, Aussteigern aus der Terrorszene Strafmilderung oder -freiheit anzubieten, um wichtige Informationen zur Verhinderung von Anschlägen oder zur Verurteilung der Rädelsführer zu erlangen.
- Im Februar 2004 schränkte das Bundesverfassungsgericht den so genannten Großen Lauschangriff massiv ein. Als Voraussetzung müsse zum Beispiel der Verdacht auf Unterstützung einer terroristischen Vereinigung gegeben sein, der Staat dürfe ohne solche konkreten Anhaltspunkte nicht den Wohnbereich von Verdächtigen überwachen, und vor allem der Schutz der Privatsphäre sei zu respektieren. Dabei sind es zwei Vorgaben des Gerichts, die bei den Terrorfahndern auf Empörung stoßen, weil sie ihnen die künftige Anwendung nahezu unmöglich machen. So dürfen sie nur dann abhören, wenn es um Straftaten geht, die mit mehr als fünf Jahren Freiheitsstrafe geahndet werden. Leider kommt man im terroristischen Bereich, ebenso wie bei der organisierten Kriminalität, aber oft nur über das Abhören von Mittatern, die eher mit Delikten wie Passfälschung, Fahrzeugbeschaffung und Ähnlichem betraut sind, an die Haupttäter. Außerdem soll nach Ansicht des Verfassungsgerichts das Abhören verboten sein, wenn die Gesprächsteilnehmer sich über Dinge unterhalten, die mit dem Verfahren nichts zu tun haben. Dafür bräuchte der Kriminalbeamte sicher hellseherische Fähigkeiten, denn oft enthalten gerade belanglos klingende Gesprächsteile brisante Informationen, die mutmaßliche Terroristen durch die Nutzung von unverdächtigen Codewörtern verschleiern. Das kurz vor der Sommerpause 2005 verabschiedete neue Gesetz zum «Großen

Lauschangriff» konnte diese Situation nicht verbessern, und Datenschützer fordern schon eine Übertragung des Urteils auch auf Telefon- und E-Mail-Überwachung.

Im Rechtsstaat gilt aus gutem Grund das Prinzip, dass Unschuldige auch vor einem übereifrigen Staatsapparat geschützt werden müssen. Dem steht das Recht unschuldiger Bürger gegenüber, durch wirksame Maßnahmen vor möglichen Terroranschlägen geschützt zu werden. Die Abwägung dieser beiden hohen Güter sollte sich niemand zu leicht machen. Und Einwände von Bürgerrechtlern und Datenschützern sind verständlich. Aber es muss möglich sein, den Ermittlern Werkzeuge an die Hand zu geben, die zwar an strikte Auflagen und richterliche Überprüfung gebunden sind, die aber gleichzeitig eine wirkungsvolle Fahndungsarbeit ermöglichen. Das bedeutet nicht zwangsläufig mehr Gesetze, aber die vorhandenen Gesetze – etwa das zum Großen Lauschangriff – haben nur dann eine Existenzberechtigung, wenn sie praktikabel sind. Das hat wenig mit einer Aushöhlung der Bürgerrechte, sondern mit einem Verzicht auf ein wenig Freiheit zugunsten von mehr Sicherheit zu tun. Die Gesellschaft kann sich auch gegen diesen Verzicht entscheiden, aber sie sollte jetzt offen darüber diskutieren. Sonst besteht die Gefahr, dass in der Aufregung nach einem möglichen Terroranschlag in der Bundesrepublik ein gesetzgeberischer Aktionismus ausbricht, durch den Prinzipien des Rechtsstaates in viel größerem Maße ausgehöhlt werden könnten.

Großer Lauschangriff – für die Polizeipraktiker ist schon der Begriff eine Beleidigung, denn er erweckt den Eindruck, als würde die Polizei unrechtmäßig einen Angriff auf Personen verüben. Dabei sind es doch die Abgehörten, die in Wahrheit einen Angriff planen. «Das Urteil des Verfassungsgerichts wirft uns weit zurück in der Terrorismusbekämpfung», so erklärte mir Richard Vöst, der Leiter der Staatsschutzabteilung im bayerischen Landeskriminalamt. In seiner Behörde fahndet das Strategische Innovationszentrum, eine Arbeitsgruppe aus Verfassungsschützern, Kriminalbeamten und Islamwissenschaftlern, nach neuen, besseren Methoden im Kampf gegen islamistischen Extremismus, um die Defizite im Rechtssystem auszugleichen.

Wenn Islamisten zum Beispiel im Bereich der Allgemeinkriminalität auffällig werden, kann auch dies ein Ansatzpunkt für umfangreiche Ermittlungen werden. Eine speziell entwickelte Software, erprobt im Einsatz gegen die organisierte Kriminalität, ist das wichtigste Werkzeug der bayerischen Ermittler. Sie führt alle verfügbaren Informationen über einen Verdächtigen zusammen, seine Personaldaten, Aufenthaltsorte, Reisebewegungen, all seine Kontakte zu anderen Personen, seine Handynummern, ja selbst die Abhörprotokolle seiner Telefongespräche sind in das System integriert. Damit wird das Beziehungsgeflecht in der Szene deutlich, inklusive der Querverbindungen ins kriminelle Milieu. Verdächtige Aktivitäten kleiner Gruppen fallen schneller auf. Auf dieser Grundlage kann die richterliche Genehmigung für Razzien rascher erfolgen als nur bei Hinweisen auf terroristische Umtriebe. Mehrfach konnte Bayern im Jahr 2005 breit angelegte Durchsuchungsaktionen durchführen, bei denen auch Beweismaterial für Terrorermittlungen sichergestellt wurde.

Einziges Problem: Die hilfreiche Software ist auf Bayern beschränkt. Andere Bundesländer haben ganz andere Programme oder veraltete Systeme oder Datenschutzrichtlinien, die den Austausch von Informationen behindern. Noch immer kann ein Islamist in Hannover oder Erfurt auftauchen, ohne dass niedersächsische oder thüringische Behörden von den detaillierten Erkenntnissen erfahren, die über ihn in Bayern vorliegen.

Seit Jahren streiten die Innen- und Justizminister von Bund und Ländern und die gesamte Politik darum, dies endlich zu ändern. Aber die einheitliche Islamistendatei mit vollem Zugriff aller Ermittlungsbehörden auf die Recherchen ihrer Kollegen ist bisher ebenso wenig Realität, wie wie gemeinsame Regeln beim Datenschutz, eine bundesweite Katastrophenplanung, die Einführung des digitalen Funks oder die Möglichkeit, die Bundeswehr in bestimmten Notsituationen, zum Beispiel beim Aufspüren von radioaktiven oder chemischen Kampfstoffen, in begrenzter Weise einzusetzen.

Das bereits erwähnte Gemeinsame Terror-Abwehr-Zentrum in Berlin (GTAZ) ist ein weiteres Beispiel dafür, wie die Politik mühsam um bestehende Gesetze herumarbeitet, statt klare Grundlagen zu schaffen. Fein säuberlich in zwei unterschiedlichen Gebäuden getrennt sitzen auf dem GTAZ-Gelände in Treptow Ermittler von Bundeskriminalamt und Verfassungsschutz. Einige von ihnen sowie Verbindungsbeamte von Bundesnachrichtendienst, Landeskriminalämtern, Verfassungsschutzbehörden der Länder, Bundesanwaltschaft, Zollkriminalamt, Bundesamt für Migration, Bundespolizei und Militärischem Abschirmdienst kommen in die so genannte «Morgenrunde», um Informationen auszutauschen. Die notwendige Kooperation im Einzelfall ist da natürlich nicht möglich. Und das alles nur, um das strikte Trennungsgebot von Polizei und Geheimdiensten nicht aufzuheben. Aufgeweicht wird es damit allemal.

Vielleicht ist es höchste Zeit, auch solche Tabuthemen einmal aufzugreifen: Besteht sechzig Jahre nach Ende der verbrecherischen Nazi-Diktatur wirklich noch die Gefahr, dass wir in Gestapo-Zeiten zurückfallen, wenn Geheimdienste und Polizei zumindest in Fragen der Terrorismusbekämpfung direkt zusammenarbeiten? Von Kritikern einer Aufweichung des Trennungsgebotes wird zu Recht auf die schlimmen Erfahrungen der Weimarer Republik und des Dritten Reiches verwiesen. Aber niemand fordert eine grundsätzliche Aufhebung dieser Trennung. Es geht allein um eine begrenzte Zusammenarbeit zweier Behörden in einem demokratischen System, das für solch einen Austausch wirksame Regeln aufstellen kann. Dies gar nicht erst zu versuchen oder es gar kategorisch abzulehnen, wird der Herausforderung durch den islamistischen Terrorismus nicht gerecht. Im Übrigen zeigen die Polizeigesetze einzelner Bundesländer wie Bayern und Baden-Württemberg, nach denen – anders als zum Beispiel in Nordrhein-Westfalen – ein begrenzter Austausch erlaubt ist, dass die Ermittlungsbehörden verantwortungsvoll von ihren Möglichkeiten Gebrauch machen.

Statt sich um einzelne Maßnahmen der Terrorismusbekämpfung zu streiten, muss Deutschland drei Grundsatzfragen beantworten, um eine Gesamtstrategie gegen den islamistischen Terrorismus zu entwickeln:

- Müssen Grundgesetz und föderale Ordnung – zum Beispiel in Bezug auf den Einsatz der Bundeswehr im Inland oder dem länderübergreifenden Datenaustausch – an die Gegenwart angepasst werden, angesichts einer Bedrohung, die unberechenbarer ist als jene zu Zeiten des Kalten Krieges?
- Wie weit muss die Bevölkerung im Anti-Terror-Kampf eine Einschränkung der Bürgerrechte akzeptieren, ohne dass wir bereitwillig ausgerechnet die Werte preisgeben, die Osama bin Laden und seine Anhänger bekämpfen?
- Und welche Rechte billigen wir denjenigen zu, die in ihrem Kampf für ein teilweise undemokratisches und menschenverachtendes Rechtssystem, die Scharia, geschickt jede Freiheit des liberalen Rechtsstaats für ihre Zwecke nutzen?

Wenn Ermittler in Deutschland über die letzte Frage nachdenken, dann packt sie manchmal der Zweifel, ob ein Rechtsstaat wirklich mit diesen Terroristen fertig werden kann. Einer brachte es in einem Hintergrundgespräch so auf den Punkt: «Selbst wenn wir Motassadeq für ein paar Jahre hinter Gitter bringen, welchen Nutzen hat das? Ein überzeugter Islamist wird die Strafe als Teil seines Dschihad ansehen und hinterher am großen Ziel weiterarbeiten. Für seine Kameraden ist er dann schon so etwas wie ein Märtyrer. Unser System, das auf Besserung und Abschreckung gebaut ist, funktioniert bei diesen Leuten einfach nicht.»

Vor diesem Hintergrund, so der Ermittler weiter, hätten sich die USA eben entschieden, es gar nicht erst mit rechtsstaatlichen Mitteln zu versuchen. Das Ergebnis sei Guantanamo. Und deswegen wundere es die deutschen Fahnder auch überhaupt nicht, dass Amerika die Erkenntnisse aus den Verhören nicht an die Gerichte in Deutschland weiterreichen will.

In Guantanamo werden Gefangene ohne klare Rechtsgrundlage und ohne Anspruch auf ein ordentliches Gerichtsverfahren festgehalten. Dies ist eine Methode der Terrorbekämpfung, bei der internationale Vereinbarungen wie die Genfer Konvention und die universalen Menschenrechte mit Füßen getreten werden. Diese Praxis wird zu Recht verurteilt.

Doch es müssen Alternativen für den Umgang mit denjenigen entwickelt werden, die unseren Rechtsstaat so massiv herausfordern. «Im Vollzug der Freiheitsstrafe soll der Gefangene fähig werden, künftig in sozialer Verantwortung ein Leben ohne Straftaten zu führen.» Ist dieser Satz aus dem Strafvollzugsgesetz wirklich anwendbar auf diejenigen, deren Leben am Ende ohnehin nur auf den Tod als Märtyrer ausgerichtet ist? Sind Dschihadisten resozialisierbar?

Was macht der Staat mit jemandem, der Mitglied in der extremistischen «En-Nahda»-Bewegung in Tunesien war, aber nun als politischer Flüchtling in Süddeutschland lebt? Der sich auch hier weiter mit Anhängern der in seiner Heimat verbotenen Organisation trifft? Der Kontakt zu Abu Qatada, dem Statthalter der Al-Qaida in Großbritannien, hielt und ihn mehrfach besuchte? Der ein verurteiltes Mitglied einer ägyptischen Terrorgruppe gut kannte? Der in Verbindung mit einem Mann stand, der auf der EU-Terrorliste verzeichnet ist, und mit weiteren Gefährdern in Deutschland? Der eine enge Beziehung zu einem später verurteilten Unterstützer des internationalen Terrorismus in Italien pflegte und mit ihm in verschlüsselter Form kommunizierte? Der geschäftlichen Kontakt zu weiteren Personen des islamistischen Netzwerks hatte? Der nach Ansicht eines Oberverwaltungsgerichts Blankoformulare zur Urkundenfälschung bei sich zu Hause aufbewahrte? Der auch mit dem Drahtzieher der Bombenanschläge von Casablanca, dem Hassprediger Mohammed Fizazi in Marokko, in Kontakt stand? Kurzum: Wie geht der Staat mit solch einem Verdächtigen um?

Der italienische Chefermittler in Terrorismusfällen, Stefano Dambruoso, der einen Bekannten des in Deutschland lebenden Mannes in Italien hinter Gitter brachte, hat darauf eine klare Antwort: «Wir können es uns meiner Ansicht nach nicht mehr erlauben, dass sich Personen in unserem Land frei bewegen, gegen die wir zwar keine Beweise haben, die aber unter dem dringenden Verdacht der Mitgliedschaft in einer terroristischen Vereinigung stehen. Da es unsere Gesetze, die glücklicherweise immer noch demokratisch sind, nicht erlauben, Personen ohne stichhaltige Beweise festzunehmen oder zu einer Gefängnisstrafe zu verurteilen, müssen wir die gefährlichsten unter ihnen, auch wenn nur ein Verdacht gegen sie vorliegt, ausweisen.»

Ganz so einfach, wie dies klingt, macht es sich ein Rechtsstaat nicht. Er muss genau definieren, welche Verdachtsmomente für die Ausweisung ausreichen. Und das Verfahren war kompliziert. Der verdächtige Tunesier wurde von den bayerischen Sicherheitsbehörden als Top-Gefährder eingestuft. Im Juli 2003 erhielt er aufgrund der beschriebenen Verdachtsmomente den Bescheid über seine bevorstehende Ausweisung aus dem Bundesgebiet; dann legte er Klage ein. Im April 2004 widerrief das Bundesamt für die Anerkennung ausländischer Flüchtlinge seinen Status als anerkannter Asylbewerber. Der Fall wanderte durch die Instanzen, bis – eineinhalb Jahre nach der Ausweisung – durch ein Urteil des Bayerischen Verwaltungsgerichtshofs im Mai 2005 ebendiese Ausweisung rechtskräftig wurde. Seine Abschiebung hätte dann gleich erfolgen können, aber weil in Tunesiens Gefängnissen gefoltert wird, bestand ein Abschiebehindernis. Während sich die bayerische Staatsregierung um Verhandlungen der Bundesrepublik Deutschland mit

Tunesien über eine Nicht-Folter-Zusicherung für den Gefährder bemühte, wurde der 35-Jährige in einem Asylbewerberheim untergebracht. Die Behörden schränkten seine Grundrechte ein, er musste sich mehrfach am Tag bei der Polizei melden und durfte weder telefonieren noch über das Internet kommunizieren. Ende Juni 2005 verschwand der Top-Gefährder spurlos.

Vor diesem Hintergrund wird verständlich, dass Polizisten und Politiker regelmäßig über Maßnahmen wie Sicherungshaft für Terrorverdächtige diskutieren. Während die einen darin ein Gebot der nationalen Sicherheit sehen, wenden Kritiker ein, dies sei «verfassungswidrig», weil es ja eine präventive Maßnahme und keine Bestrafung sei. «Terroristen nach Helgoland?» fragte ein Kommentator der «Frankfurter Allgemeinen Zeitung»[44], während sein Kollege von der «Süddeutschen Zeitung» die Einführung eines «Feindstrafrechts» befürchtet.[45] Tatsächlich arbeitet eine demokratische Kultur, die ihre Prinzipien dem Terrorismus opfert, den gewalttätigen Islamisten in die Hände. Denn sie liefert ihnen damit Gründe, um ihre Aktivitäten als Selbstverteidigung gegen eine angebliche Unterdrückung und Diskriminierung in Deutschland zu rechtfertigen.

Aber wie soll der Rechtsstaat dann seine Bürger vor Gefährdern schützen? Die Gegner einer Sicherungshaft empfehlen die 24-stündige Überwachung eines Verdächtigen. Diese aber würde nach Berechnungen des Bundes der Kriminalbeamten rund 250000 «Polizeimannstunden» im Jahr erfordern – für einen einzigen Gefährder wohlgemerkt. Das scheint mir etwas hoch gegriffen, aber bei 300 Gefährdern in Deutschland wären das 75 Millionen Dienststunden im Jahr. Für die Komplettüberwachung eines Verdächtigen werden in der Regel mindestens 20 Beamte in zwei Schichten mit jeweils fünf Fahrzeugen benötigt.

Bei jedem Großereignis im Ausland, zuletzt nach den Anschlägen von London im Juli 2005, werden alle Gefährder in Deutschland zumindest kurzfristig auf diese Weise überprüft. Dabei kommt es vor, dass sie die Fahnder beim Verlassen ihrer Wohnung freundlich grüßen und ihnen eine Tasse Tee anbieten. Das steigert den Frust der Ermittler, zumal sie und der Beobachtete wissen, dass die Beschattung spätestens am zweiten Tag wieder eingestellt werden muss – aus Personalmangel.

Die ständige Überwachung von Verdächtigen ist also keine wirkliche Alternative für die Sicherungshaft. Diese kann ein Richter übrigens jetzt schon anordnen, zunächst bis zu sechs Monaten, mit Verlängerungsmöglichkeit um weitere zwölf Monate, sofern in einem Abschiebefall der Verdacht begründet ist, dass der Verdächtige untertauchen will. Und das neue Zuwanderungsrecht in Deutschland, das im Jahr 2004 im parteiübergreifenden Konsens zustande kam, vereinfacht und verkürzt auch das Abschiebeverfahren. Das rechtliche Instrumentarium ist also vorhanden, es wird aber oft nicht konsequent genug angewendet. Und es passt auch nicht für alle denkbaren Fälle.

Was ist zum Beispiel mit denjenigen, die wegen drohender Folter oder Todesstrafe nicht in ihre Herkunftsländer abgeschoben werden können? Es ist ein Grundsatz unserer Demokratie, dass jeder Mensch, also auch der Terrorverdächtige, das Recht auf körperliche Unversehrtheit, ein menschenwürdiges Leben und damit auch auf den Schutz vor der Todesstrafe genießt. Dieses Prinzip sollte unantastbar bleiben. Aber jeder, der es verteidigt, ist in der Pflicht, Alternativen aufzuzeigen, denn der Rechtsstaat muss auch das Recht aller Bürger auf Schutz vor gefährlichen Extremisten verteidigen. So könnte die Regierung beispielsweise internationale Grundsatzvereinbarungen treffen, in denen mögliche Herkunftsländer von Terrorverdächtigen garantieren, dass Abgeschobenen weder Folter noch Todesstrafe drohen und dass sie das nachprüfbare Recht auf einen fairen Prozess haben.

Eine Alternative dazu wäre tatsächlich die Anwendung der schon erwähnten Sicherungshaft. Diese ist allerdings zeitlich begrenzt, und sie ist bisher auch nicht für diejenigen Gefährder vorgesehen, die die deutsche Staatsbürgerschaft besitzen, zum Beispiel junge Muslime der dritten Generation oder Konvertiten, die man natürlich auch nicht in irgendein Herkunftsland abschieben kann und darf. All dies ist aus meiner Sicht kein Grund, tatsächlich so etwas wie eine weitergehende präventive Sicherungshaft einzuführen, denn das deutsche Strafrecht hat eigentlich schon die passende Regelung, nämlich den erwähnten § 129b Strafgesetzbuch – Mitgliedschaft in einer internationalen terroristischen Vereinigung. Diese Vorschrift kann aber nur dann ihre Wirkung entfalten, wenn ein breiter Konsens bei Richtern, Staatsanwälten und Behörden darüber besteht, was die Beweise für solch eine Mitgliedschaft sind, zum Beispiel Propaganda für den Dschihad, Kontakte zu mutmaßlichen Terroristen, Teilnahme an einer terroristischen Ausbildung, Ablehnung der freiheitlich-demokratischen Grundordnung. Das mag Bürgerrechtlern als viel zu vage erscheinen, um gegen solche Verdächtigen vorzugehen. Aber angesichts der Verwandlung der Al-Qaida von einer Terrororganisation in eine terroristische Weltanschauung werden wir es zunehmend mit Gesinnungstätern zu tun haben, die ohne jede Vorwarnung zu Massenmördern werden können. Die Gesellschaft muss sich entscheiden, ob das wachsende Anschlagsrisiko ein härteres Vorgehen gegen die Anhänger der Al-Qaida-Ideologie rechtfertigt.

Der ehemalige Chefermittler der Vereinten Nationen, Michael Chandler, glaubt, dass die europäischen Rechtsstaaten längst nicht alle Möglichkeiten nutzen, die ihnen schon zur Verfügung stehen, und das habe auch mit der naiven und liberalen Einstellung an Schlüsselstellen in Justiz, Verwaltung und Politik zu tun: «Einige Leute haben bestimmte Vorbehalte wegen der bürgerrechtlichen Aspekte bei der Beweiserhebung. Noch einmal: Wir haben es mit transnationalem Terrorismus zu tun, und die Zeit ist gekommen, sich die rechtliche Basis unseres Umgangs mit diesem Terrorismus einmal genau anzusehen. Können wir es immer noch als normale Kriminalität betrachten, wenn die Täter durch simultane Bomben in einer Großstadt zwei- bis dreihundert Menschen töten, weitere eintausend verletzen? Das ist ein Verbrechen gegen die Menschlichkeit. Die Täter sollten dementsprechend behandelt werden.»

Damit meint Chandler nicht ein Vorgehen nach dem Muster von Guantanamo. Ein internationales Gesetz gegen den Terrorismus könnte uns vielleicht aus der Zwickmühle helfen. So wie sich Slobodan Milošević wegen Verbrechen gegen die Menschlichkeit vor dem Strafgerichtshof der Vereinten Nationen in Den Haag verantworten muss, so könnten auf der Grundlage von international einheitlichen Standards auch mutmaßliche Mitglieder terroristischer Vereinigungen vor Gericht gestellt, verurteilt und dann in speziellen Gefängnissen inhaftiert werden. Ein solcher internationaler Gerichtshof hätte Zugriff auf Informationen aus den verschiedensten Ländern, das Verfahren wäre deutlich kürzer als der Weg durch nationale Instanzen und das Urteil der Richter, die schnell zu Experten in Terrorismusfällen werden könnten, würde international anerkannt. Dies bleibt eine Utopie – auch wenn einige Fachleute im Auftrag der UN bereits an einem Anti-Terror-Rechtssystem arbeiten. Aber die Verwirklichung dieser Utopie wird angesichts der täglich wachsenden Bedrohung immer dringender.

Wir werden uns einer zunehmenden Zahl von Menschen gegenübersehen, die noch keine Straftat begangen haben, aber die möglicherweise tausende von anderen Menschen töten wollen. Unser Rechtsstaat ist damit, so scheint es, überfordert. Statt ihn aufzugeben, sollten wir endlich alle schon vorhandenen Register ziehen. Das bedarf vor allem unerschrockener Politiker, Staatsanwälte und Richter, die die bestehenden Gesetze bis zur letzten Silbe im Sinne derer anwenden, die den Rechtsstaat verteidigen wollen, und nicht im Sinne derer, die ihn angreifen.

8. Parallelgesellschaften – der Graben wird größer

Es war mein Aha-Erlebnis auf dem Evangelischen Kirchentag 2005 in Hannover: Gerade reden wir – ein Bundesaußenminister, zwei Wissenschaftler und ein Journalist – uns oben auf dem Podium noch die Köpfe heiß über das Übliche: die Bedrohungslage in der Welt im Allgemeinen, in Deutschland im Besonderen, über bessere Strategien zur Terrorbekämpfung, den Irakkrieg, den «bösen» Herrn Bush und über radioaktive Bomben.

Nur Minuten später sitze ich einen Meter tiefer auf einem Hocker und werde buchstäblich auf den Boden der Tatsachen zurückgeholt: «Bei uns in Hückelhoven», sagt eine junge Frau, «da soll ein islamisches Internat gebaut werden. Muss ich mir da Sorgen machen?» Es ist eine von diesen wirklich wichtigen Fragen, die auf den Podien und in den Talkshows dieser Republik viel zu kurz kommen. Vielleicht weil alle Beteiligten, Politiker und Bürger, nicht wissen, wie sie damit umgehen sollen. In Hückelhoven – das liegt zwischen Aachen und Mönchengladbach – fühlt sich niemand so richtig zuständig, mit den Bürgern über diese Internatspläne zu reden, so erzählt die Kirchentagsbesucherin. Das Ergebnis: Die Einzigen, die irgendwas machen, sind jugendliche Russlanddeutsche, Zuwanderer aus Osteuropa, die eher Krawall suchen als den Dialog. Diejenigen, die integriert werden sollen, tragen die Integrationsschwierigkeiten unter sich aus, und diejenigen, die sich Integration auf die Fahnen geschrieben haben, stehen ratlos daneben. Bestenfalls rufen sie die Polizei, wenn es nötig ist.

In Deutschland wird seit vierzig Jahren gerne über Integration geredet, doch kaum jemand weiß, wie Integration aussehen müsste. Warum sind wir nicht ehrlich: Integration hat es bestenfalls nur bei einer Minderheit der Minderheit gegeben. Denn es gibt einen Graben, der quer durch Deutschland verläuft – zwischen weiten Teilen der muslimischen Minderheit im Lande und dem Rest der Gesellschaft. Diese Kluft ist in den vier Jahren nach dem 11. September nicht etwa kleiner, sondern deutlich größer geworden. Von Dialog und Annäherung ist immer gern die Rede, aber in Wahrheit nimmt die Abschottung weiter zu, und die Dialogbereitschaft sinkt stetig – auf beiden Seiten des Grabens.

Bleiben wir beim Beispiel der Internatsschule Hückelhoven. Der Verein, der sich hinter dieser Einrichtung verbirgt, ist der schon erwähnte VIKZ, der Verband Islamischer Kulturzentren in Deutschland. Es gilt nicht als extremistisch, sondern als weitgehend unpolitisch, dafür aber tiefreligiös. Der türkische VIKZ ist gleichzeitig der drittgrößte muslimische Verband in der Bundesrepublik – mit über 20 000 Mitgliedern und mehr als 240 Moscheen und Schülerwohnheimen. Eines von ihnen steht in Duisburg-Hochfeld. Dort leben dreißig türkische Jugendliche zwischen 11 und 17 Jahren. Jeden Morgen machen sie sich auf den Weg in ihre deutsche Schule, am Nachmittag sind sie zurück und lernen den Koran auswendig, beten gemeinsam. Ihr Leben ist an einem strengen Verständnis des Islam ausgerichtet.

Für den Leiter des Zentrums für Türkeistudien in Essen, Faruk Sen, ist dies ein Paradebeispiel für die zunehmende Abschottung einiger muslimischer Gruppierungen vom Rest der Gesellschaft. In der Tat erinnert ja manches an der streng religiösen Erziehung an die Koranschulen der Tabligh in Pakistan. Koranschulen in Deutschland? Kaderschmieden, aus denen sich extremistische Organisationen ihren Nachwuchs rekrutieren können?

Schon im Dezember 2003, als die Diskussion um das neue Wohnheim in Duisburg entbrannt war, wies der damalige Generalsekretär des VIKZ, Erol Pürlü, alle Vorwürfe der Abgrenzung in einem Interview mit dem Westdeutschen Rundfunk zurück. Die Einrichtung sei im Gegenteil ein sehr wichtiger Beitrag zur Integration türkischer Jugendlicher: «Die Komponente der Religion spielt bei der Integration eine sehr wichtige Rolle. Der Islam darf nicht mehr als eine Ausländerreligion dastehen. (...) Das trägt dazu bei, dass sie (die Schüler) bessere Abschlüsse haben, sie können sich dann besser in der deutschen Gesellschaft zurechtfinden.»[46]

Wie das funktioniert, davon kann der Leiter einer deutschen Schule in Osterholz bei Bremen einiges erzählen. In der Nachbarschaft unterhielt der VIKZ eine Moschee und nebenher, ohne Wissen und Genehmigung der Behörden, auch ein Wohnheim für türkische Kinder. Die fielen an der Schule von Wolfram Joergler durch arrogantes und intolerantes Verhalten auf: «Wir kriegten mit, dass diese Schüler vor Selbstbewusstsein geradezu strotzten, das kannte ich in dieser Form vorher nicht», so der Schulleiter, «es war so eine Überheblichkeit den Mitschülern gegenüber. Es wurde ganz deutlich, dass sie sagten, deutsche Schüler haben keine Werte.»[47] Mädchen, die gerne in die Disco gingen, seien als «Schlampen» beleidigt worden. Selbstbewusstsein ist sicher nötig, wenn sich Jugendliche, egal welcher Herkunft oder Religion, in der deutschen Leistungsgesellschaft behaupten müssen. Und Wertebewusstsein kann in einer zunehmend werteentleerten Welt auch nicht schaden; aber wenn das Ergebnis Intoleranz und Aggressivität ist, dann scheint das Leben in den Internaten des VIKZ die Integration nicht besonders zu fördern.

Ein Einzelfall, mag man meinen. Doch es ist keiner, das haben die Kollegen des Magazins «Frontal 21» mit ihrem Beitrag über den angeblich so integrationsfördernden Verband im Juli 2005 eindrucksvoll belegt. Nach ihren Recherchen werden Kinder in den Internaten des VIKZ zu Anhängern einer islamischen «Gegengesellschaft» erzogen, die auf Werten basiert, die den Werten der demokratischen Gesellschaft in Deutschland entgegenstehen.

In mehreren Fällen waren die Heime bei den zuständigen Behörden nicht angemeldet, also illegal, so zum Beispiel eines in der Nähe der Frankfurter Moschee des Verbandes. Als Ermittler des Sozialministeriums Hessen nach einem Hinweis aus der Nachbarschaft das Gebäude durchsuchten, entdeckten sie Betten, Schulranzen, Lernräume und weitere Hinweise darauf, dass Jugendliche hier lebten und nach dem strengen Religionsverständnis des VIKZ erzogen wurden.

Im pfälzischen Frankenthal war ein weiteres Wohnheim zwar genehmigt worden, allerdings mit der Maßgabe, dass ein nichtmuslimischer Sozialarbeiter von der muslimischen Gemeinde zur Betreuung der Kinder eingestellt wird. Jürgen Kühn erlebte bei seiner Arbeit die extrem strenge Erziehung, die ausschließlich auf den Vorsteher des Heims, den Hodscha, ausgerichtet war. Der verlangte von den Jungen unbedingten Gehorsam, Kontakte zu gleichaltrigen Mitschülern außerhalb des Hauses gab es nicht. Darüber hinaus ermittelte die Staatsanwaltschaft gegen den Hodscha, weil er mehrere seiner Schützlinge unter anderem mit Kleiderbügeln geschlagen haben soll. Das Verfahren wurde gegen Zahlung eines Bußgeldes eingestellt, weil die betroffenen Kinder von ihren Eltern vor dem Prozess ins Ausland gebracht worden waren.

Auch der Vorstand des VIKZ ist nicht unbedingt ein Vorbild für gelungene Integration in die deutsche Gesellschaft. Am 24. Mai 2005 durchsuchten rund tausend Beamte von Polizei und Steuerfahndung zahlreiche VIKZ-Objekte in Deutschland, darunter den Verbandssitz in Köln. Die Vorstandsmitglieder wurden festgenommen. Nach Angaben der Staatsanwaltschaft wird ihnen vorgeworfen, mit Hilfe einer Beteiligung an der Firma Merkez GmbH, einem Fleischgroßhandel, Steuern in großem Umfang hinterzogen zu haben. Der Schaden für den Staat beläuft sich auf 40 Millionen Euro. Bemerkenswert für einen Verband, der als gemeinnütziger Verein Fördermittel des Staates kassiert und über ein Immobilienvermögen von 118 Millionen Euro verfügt. Wenn

Steuerhinterziehung und Mitnahmementalität in unserer sozialen Marktwirtschaft als normal gelten, dann ist die Integration des VIKZ gelungen. Was die selbst gestellte Aufgabe der Integration von jungen Muslimen angeht, leistet der VIKZ einen höchst fragwürdigen Beitrag.

Was lehrt uns das? Schuld daran, dass Integration oft scheitert, haben nicht allein die Fundamentalisten, sondern alle Beteiligten.

Die Eltern geben ihre Kinder in die Hände eines fundamentalistischen Verbandes, weil sie selbst überfordert sind bei der Erziehung. Einige möchten ihren Sprösslingen ihre religiösen und kulturellen Traditionen vermitteln, die aber nicht mehr auf die Lebensumstände in der neuen Heimat passen. Andere wollen sie schützen vor den negativen Einflüssen der westlichen Lebensweise, die ihnen offenbar selbst nicht erstrebenswert erscheint. Wieder andere glauben, dass Abgrenzung dringend notwendig ist, damit der Islam zu alter Stärke zurückfindet.

Die Behörden machen sich selten die Mühe, genau hinzuschauen. Sie verteilen Fördergelder mit offenen Händen, ohne regelmäßig genau zu prüfen, ob der Verband weiterhin die Vorgaben erfüllt. Sie interessieren sich nur dann für die sozialen Einrichtungen des VIKZ oder anderer Verbände, wenn ein aufmerksamer Nachbar Alarm schlägt oder die Medien berichten. In München beispielsweise kündigte die oberbayerische Regierung erst im August 2005 an, dem Trägerverein einer islamischen Schule die Gemeinnützigkeit abzuerkennen und die Schulgenehmigung zu entziehen, nachdem das ZDF aufgedeckt hatte, dass jahrelang Erkenntnisse des Verfassungsschutzes und der Finanzbehörden nicht in die Bewertung des Vereins mit einbezogen worden waren. Die Staatsanwaltschaft München ermittelt nun, weil der Verein staatliche Fördermittel zweckentfremdet haben soll.[48]

Wir Nichtmuslime wollen mit den Muslimen am liebsten nichts zu tun haben. Wir beäugen orientalisch aussehende Menschen mit Vollbart oder Kopftuch misstrauisch, auch wenn wir ganz gerne

Döner essen und in der Türkei, Ägypten, Tunesien und Marokko Urlaub machen. Wir haben auch nicht akzeptiert, dass sie hier nicht mehr «Gast»arbeiter, sondern Mitbürger sind.

Die Politiker aller Parteien sprachen in den sechziger Jahren immer von Integration, meinten in Wahrheit aber Assimilation und folgten dann einer Politik des Sich-gegenseitig-einfach-nur-in-Ruhe-Lassens. Sie erkannten zu spät, dass politische Flüchtlinge aus nordafrikanischen Ländern, die oft wegen fundamentalistischer Agitation in ihrer Heimat verfolgt wurden, nicht mit der Ankunft in Deutschland automatisch zu überzeugten Demokraten wurden. Sie schauten weg, um noch mehr Ärger zu vermeiden, als sich Mitte der neunziger Jahre die ersten Konflikte anbahnten und sich Anhänger ausländischer Terrorgruppen hier in Deutschland Geld, Waffen und Nachwuchs für ihren Kampf besorgten. Viele verweisen darauf, dass sie nicht für die Versäumnisse ihrer Vorgänger verantwortlich seien. Manche halten den Bau von Kreisverkehren in jeder noch so kleinen Kleinstadt heute für wichtiger als den Bau von Jugendheimen in sozialen Brennpunkten. Nur wenige trauen sich auszusprechen, dass staatliche Förderprojekte für muslimische Jugendliche und deren Freizeitgestaltung eine wichtige Investition in eine sicherere Zukunft wären.

Zugegeben, die Politiker haben es schwer, weil sie für alles verantwortlich gemacht werden von uns Bürgern. Aber es ist ihre Pflicht, für die Zukunft der Bürger im Voraus zu denken und zu planen. Mit einer ehrlichen Bestandsaufnahme heraufziehender Konflikte lassen sich nur selten Wahlen gewinnen. Also blieben wichtige Zukunftsfragen tabu, und dazu gehörte lange Zeit auch das Thema Ausländer und Integration.

Das einfach auszuklammern ignorierte die Lebenswirklichkeit vieler Menschen in Deutschland. Die Liberalen träumten von Multikulti und die Konservativen trauten sich an das Thema lange nicht heran, weil die Linken ihnen vorwerfen könnten, dass sie Ausländerfeindlichkeit und Rechtsextremismus schürten. Das

Ergebnis können wir an den Wahlerfolgen rechtspopulistischer Parteien und Bewegungen quer durch Europa ablesen. Die Chauvinisten, Rassisten, Ewiggestrigen, Intoleranten und Extremisten haben Konjunktur, weil sie scheinbar einfache – in Wirklichkeit aber menschenverachtende – Lösungen anbieten.

Da ist es kaum verwunderlich, dass das Streben nach Abschottung auf beiden Seiten des großen Grabens weiter wächst. Diese Entwicklung wird sich in den kommenden Jahren noch erheblich verschärfen. Denn es gibt Zahlen, die eindeutig belegen, dass unsere Gesellschaft auf eine Zerreißprobe zusteuert, die schon jetzt und nicht erst morgen oder übermorgen die Aufmerksamkeit aller Beteiligten erfordert. Bis zum Jahr 2050 wird sich die Zahl der Menschen von derzeit 6,5 Milliarden nach den Prognosen der UN auf 10 Milliarden vergrößern. Während die Bevölkerung in den wirtschaftlich entwickelten Staaten weitgehend stagniert, verteilt sich der Zuwachs vor allem auf die weniger entwickelten Regionen dieser Welt, allen voran Ländern in Afrika und Asien, von denen viele einen sehr hohen islamischen Bevölkerungsanteil haben. Der Migrationsdruck, also die Absicht, zum Beispiel nach Europa einzuwandern, nimmt massiv zu. Immer mehr Politiker in Europa erkennen, dass es deshalb zum Kampf gegen den Terrorismus unbedingt dazugehört, die wirtschaftliche und politische Entwicklung in diesen Staaten zu fördern – nicht nur, weil viele Menschen sonst ihr Land verlassen wollen, sondern auch weil diejenigen, die vor Jahren schon aus diesen Regionen nach Westeuropa eingewandert sind, durch die Probleme ihrer Heimatländer emotionalisiert werden könnten. Eine Politik der Abschottung, also ein Zuwanderungsstopp, kommt nicht in Frage. Sie würde die Lage noch mehr verschärfen. Und abgesehen davon ist Deutschland auf Zuwanderer angewiesen.

Wenn wir hier keine Zuwanderung mehr hätten, dann würde die deutsche Bevölkerung – derzeit 82,5 Millionen Menschen – wegen der niedrigen Geburtenrate (nur 1,3 Kinder pro Frau) und wegen der zunehmenden Überalterung der Gesellschaft bis zum Jahr 2050 auf rund 50 Millionen Menschen zusammenschrumpfen. Das ist bei weitem nicht genug, um den Lebensstandard, den relativen Wohlstand und die sozialen Sicherungssysteme in Deutschland zu erhalten. Wir bräuchten eine Zuwanderung von 225 000 Menschen pro Jahr, um diesen Rückgang wenigstens abzubremsen, sodass 2050 immerhin noch 75 Millionen Menschen hier leben. Da Zuwanderer meist in jungen Jahren kommen und eine deutlich höhere Geburtenrate erreichen, wird der prozentuale Anteil von nichtdeutschstämmigen unter den jungen Menschen im Land deutlich höher liegen als der der Deutschen. Das Ergebnis: Es gibt dann ganze Städte und Regionen in Deutschland, in denen die Deutschen in der Minderzahl sein werden. Und zur Mehrheit dort werden vor allem junge Muslime gehören. Denn die Zahl der Muslime in Europa von derzeit 15 Millionen wächst in den meisten westeuropäischen Staaten im Schnitt um 7 Prozent pro Jahr an und wird sich bis zum Jahr 2050 verdoppeln.

Politik und Gesellschaft stehen vor einer gewaltigen Herausforderung, denn wir müssen uns – und zwar schnellstmöglich – darüber klar werden, wie die Belange der Zuwanderer, ihrer Kinder und Enkel berücksichtigt werden, ob und wie sie an der politischen Willensbildung beteiligt werden und wie sich die deutsche Bevölkerungsminderheit in einigen Regionen mit dieser Situation arrangieren wird.

Wenn es dafür keine Konzepte gibt, dann wird der Satz Wirklichkeit, den Professor Harald Michel vom Institut für angewandte Demographie unter dem Stichwort «Problemfelder» in seine Zahlenprognosen geschrieben hat: Es bestehe die «Gefahr der Polarisierung der Bevölkerung, insbesondere durch die Tatsache, dass die Einwohner mit Migrationshintergrund schon in nächster Zeit in vielen Städten in der Überzahl sein werden»[49]. Der Graben würde noch breiter und tiefer. Der Haken dabei ist, dass die gleichen Abläufe (Überalterung und Bevölkerungsrückgang) auch für die

Verödung ganzer Landstriche in Deutschland verantwortlich sein werden und dass die Politiker unter dem hohen Druck stehen, die Verlierer dieser Entwicklung – vor allem ältere Deutsche im Osten des Landes – zu unterstützen. Mindestens genauso wichtig und für die innere Sicherheit Deutschlands vermutlich entscheidend ist, wie ein Gemeinwesen die notwendigerweise wachsende Zahl der Zuwanderer integrieren kann. Das gerade beschriebene Szenario der so genannten «Multiminoritätengesellschaft» (Michel) gibt es schon, in Städten wie Berlin, Frankfurt, Köln und im Ruhrgebiet. Greifen wir doch zwei Beispiele heraus.

«Wir kriegen hier keine Jugendheime. Diejenigen, die hier aufwachsen, haben jedenfalls keine Zukunft. 90 Prozent gehen in die Sonderschule von den Jugendlichen, die ich kenne. Die hängen draußen ab, was soll ich dazu sagen.»[50] Es ist ein Hilferuf in die Kamera der Kollegen von «ZDF.reporter». Der vielleicht 15-jährige Junge mit der gestreiften Wollmütze ist gerade von der Polizei erwischt worden. Im Internetcafé hatten er und seine Freunde sich die Zeit vertrieben. Weil sie alle minderjährig sind, wurden sie von den Beamten verwarnt und dann hinausgeworfen auf die Straßen von Duisburg-Marxloh. Ganze Straßenzüge sind hier zu 80 Prozent in türkischer Hand. Es gibt kaum noch deutsche Geschäfte. Die Arbeitslosenrate ist hoch. Es blüht die Kleinkriminalität, Diebstähle, Kfz-Aufbrüche, illegale Arbeit in den Dönerbuden. Natürlich gibt es auch Drogen, an diesem Abend nehmen Hans Hermann Dickmann und sein türkischstämmiger Kollege Markus Yildiz einen Dealer fest. Die beiden Kriminalbeamten sind, gemeinsam mit den Kollegen des Ordnungsamtes, die Ausputzer für die Folgen einer verfehlten Integrationspolitik, die immer nach dem Motto «genug Arbeit, keine Probleme» funktionierte. Als die Wirtschaft nicht mehr brummte, hatte sie jedoch keine Konzepte. Hier brummt schon lange nichts mehr, am ehemaligen Bergbau- und Industriestandort Duisburg.

Die größten Verlierer sind die jungen Türken. Ramazan, Fervzi und ihre Freunde beispielsweise. Sie streifen abends durch die Straßen. Deutsche Jugendliche wollen mit ihnen nichts zu tun haben. Wenn sie ein deutsches Lokal betreten, wirft man sie hinaus. Sie alle würden am liebsten weggehen, weil es hier «zu viele Probleme, zu viele Anzeigen» gibt, wie Ramazan sagt, man müsste nur das Geld dafür haben. Und dann die Gewalt auf der Straße. Fervzis Bruder Harun wurde von einem Zehnjährigen mit dem Messer angegriffen und verletzt, weil er mit den anderen Jungs nicht spielen wollte. Jetzt trainieren Ramazan und seine Freunde im Boxclub, nur wer stark ist, setzt sich durch in Duisburg-Marxloh.

Barbara Jakobs hat sich einfach angepasst an die Verhältnisse in ihrem Stadtviertel. Man könnte auch sagen integriert. Die Besitzerin eines kleinen Secondhandgeschäfts hat miterlebt, wie sich Marxloh in 15 Jahren vom deutschen Arbeiterviertel in ein Klein-Istanbul verwandelt hat. Jetzt sind die Deutschen die Ausländer. Und weil sie nicht wegziehen wollte, lernte sie eben Türkisch.

Das Fernsehteam begleitet sie zu der riesigen Baugrube, wo die größte Moschee Deutschlands entstehen soll, für 1200 Muslime. 7,4 Millionen Euro soll sie kosten, die Hälfte davon tragen die EU und das Land Nordrhein-Westfalen. Natürlich hat es Proteste gegeben, ein Rollkommando von Neonazis veranstaltete eine Demonstration, linke Gegendemonstranten und türkische Jugendliche hielten dagegen. Im Gerangel mit der Polizei wurden sieben Menschen verletzt. Barbara Jakobs befürchtet, dass es noch mehr Probleme geben wird, wenn die Moschee weitere Muslime in das Viertel bringt.

Tatsächlich haben radikalislamische Gruppen Marxloh längst als fruchtbaren Boden für sich entdeckt, mittendrin die bereits erwähnte Islamische Gemeinschaft Milli Görüs, die hier ein Kulturzentrum betreibt. Als einige Kommunen im Ruhrgebiet mehreren IGMG-Funktionären die Einbürgerung verweigerten, wollten diese ihr Recht auf einen deutschen Pass vor Gericht einklagen, obwohl die Behörden ihrer Organisation eine verfassungsfeindliche Einstellung bescheinigen.

Dass die Region um Duisburg fruchtbarer Boden für Al-Qaida ist, beweisen die Aktivitäten des Mauretaniers Mohamedoud Ould Slahi. Der ehemalige Student der Duisburger Mercator-Universität, der als einer der wichtigsten Rekrutierer Osama bin Ladens in Europa gilt, warb im Ruhrgebiet ein halbes Dutzend junger Männer für den heiligen Krieg an. Zwei von ihnen sitzen mittlerweile wegen der Vorbereitung von Terroranschlägen im Gefängnis. In seiner Wohnung empfing Slahi 1999 auch zwei Mitglieder der Hamburger Terrorzelle. Bei dem mehrstündigen Gespräch überzeugte er den Cheflogistiker der Hamburger Studenten, Ramzi Binalshibh, und einen der Todespiloten des 11. September, Ziad Jarrah, Ende 1999 in die Trainingslager der Al-Qaida in Afghanistan zu gehen. Slahi selbst war an der Vorbereitung eines geplanten Bombenattentates in den USA beteiligt und sitzt jetzt im US-Gefangenenlager Guantanamo ein.[51]

Die sozialen und wirtschaftlichen Verhältnisse in der strukturschwachen Region haben offenbar eine direkte Auswirkung auf den Grad an Religiosität. Nach einer Studie der Universität Duisburg-Essen bezeichneten sich im Jahr 2000 rund 60 Prozent der in Nordrhein-Westfalen befragten Muslime als «sehr oder eher religiös». 2004 waren es mehr als 70 Prozent.[52] Das hat auch mit der subjektiv empfundenen Diskriminierung in Deutschland zu tun.

Das Gefühl, dass der Islam unter Generalverdacht steht, weckt offenbar gerade unter jungen Muslimen ein Interesse an der Religion ihrer Eltern. Gleichzeitig hält die Hälfte der Muslime in Deutschland «Demokratie und Islam für verschiedene Systeme, die zwar punktuell übereinstimmen können, prinzipiell aber unvereinbar sind»[53]. Auch die kritische Distanz gegenüber den Deutschen wächst. 47 Prozent der Befragten einer weiteren Untersuchung des Zentrums für Türkeistudien stimmten der folgenden Aussage zu: «Wir müssen aufpassen, dass wir nicht wie die Deutschen werden.»[54] In anderen europäischen Staaten – Frankreich oder Großbritannien zum Beispiel – identifizieren sich die dort lebenden Muslime sehr viel stärker mit der Kultur des jeweiligen Landes.

«Die Ausländer trifft man in der Moschee, die Deutschen in der Selbsthilfegruppe für Alkoholiker»[55], so zitiert die «Neue Zürcher Zeitung» einen Sozialarbeiter im Soldiner Kiez, am nördlichen Rand des Berliner Bezirks Wedding. Nicht einmal in Kreuzberg leben so viele Türken wie hier. 41 Prozent der Bewohner haben keinen deutschen Pass. 80 Prozent der Schüler sprechen nicht Deutsch als Muttersprache. Jeder dritte Jugendliche ausländischer Herkunft verlässt die Schule ohne Abschluss, bei den Deutschen sind es nur 12 Prozent. Zwei Drittel der nichtdeutschen Jugendlichen machen keine Berufsausbildung. Die Arbeitslosenrate liegt bei 30 Prozent. Ein Viertel der Ausländer lebt von Sozialhilfe, dagegen nur 16 Prozent der Deutschen.

Angesichts dieser Zahlen geschieht im Wedding genau das, was auch in Duisburg, Köln und Frankfurt zu beobachten ist. Durch den Verlust des Arbeitsplatzes haben die Betroffenen noch weniger Kontakt zu deutschen Mitbürgern. Gleiches gilt für Schüler, denn es sind ja kaum noch Deutsche in den Klassen. Man bleibt unter sich und wendet sich mit neu erwachtem Interesse der Religion zu, die Halt gibt in schwierigen Zeiten. Vor allem junge Menschen ziehen sich zurück. Wenn sie einen Arbeitsplatz wollen, müssen sie sich von den Traditionen ihrer Eltern distanzieren, denn mit Kopftuch findet man nicht so leicht einen Job. Wenn sie in Familie und Tradition Halt suchen, bedeutet das den Verlust der wirtschaftlichen Perspektive.

Man kann diese Entwicklung gewissermaßen hautnah beobachten. So ging es mir selbst, als ich Anfang 2001 für sechs Monate im Berliner Bezirk Neukölln lebte. Morgens im Bus und in der U-Bahn und abends auf den Straßen war das zu besichtigen, was der Neuköllner Bezirksbürgermeister Heinz Buschkowsky «soziale Entmischung» nennt: Immer mehr Jugendliche sprechen immer schlechter Deutsch, hören nur noch türkische Musik, verfolgen über Satellit türkisches oder auch arabisches Fernsehen. Ihre Familien kaufen bei Türken ein, gehen zu türkischen Ärzten und Anwälten. Und weil das Muslimsein in Zeiten des islamistischen Terrorismus noch schwerer geworden ist, stellen sie die Bemühungen ein, von der deutschen Gesellschaft akzeptiert zu werden.

Wesentlichen Anteil daran hat auch die Islamische Föderation Berlin (IFB). Sie tritt für eine strenge Auslegung des Korans ein und darf dank eines Gerichtsurteils an drei Dutzend Berliner Schulen muslimischen Religionsunterricht für insgesamt 4300 Kinder anbieten. Ob die steigende Zahl der Mädchen in Berlin, die Kopftuch tragen und nicht mehr am Schwimmunterricht teilnehmen dürfen, wohl damit zusammenhängt? Die Internetseite des Islamrats, in dem die IFB Mitglied ist, gibt jedenfalls Argumentationshilfe für die Abmeldung von Mädchen aus dem Schwimmunterricht. Bürgermeister Buschkowsky berichtete dem «Focus» von einer Achtjährigen, die plötzlich mit Kopftuch zur Schule kam. Auf die Nachfrage der Lehrerin antwortete das Mädchen, zwei Männer seien an die Haustür gekommen und hätten «Mutti beschimpft, weil ich kein Kopftuch trage»[56]. Natürlich betreibt die Islamische Föderation auch im Soldiner Kiez eine Moschee.

Abgrenzung ist das Ziel, und so wundert es kaum, dass in einer anderen Berliner Moschee ein so genannter Hassprediger die Gläubigen belehrte, die «stinkenden Ungläubigen», gemeint sind die nicht-muslimischen Deutschen, würden sowieso einmal in der «Hölle» schmoren. In dieser wie den meisten Moscheen in Deutschland wird zwar nicht zu Terror und Gewalt aufgerufen, aber seit Jahren predigen Imame eine Lehre der Abkapselung und Distanz, weil man hier ungewollt sei und Muslime überhaupt unterdrückt würden. Seltsam nur, dass es der Berliner Prediger immerhin schon 34 Jahre in diesem Land ausgehalten hat, denn er kam 1971 als Gastarbeiter nach Deutschland.

Wie war das eigentlich damals? Als die ersten Gastarbeiter nach Deutschland geholt wurden, sah man in ihnen – wie ihre Bezeichnung es schon andeutet – nur Gäste auf Zeit, Menschen also, die kommen, hier arbeiten, einen bescheidenen Besitz erwerben und dann in ihre Heimat zurückgehen, um dort mit der selbst verdienten Starthilfe aus Deutschland eine gesicherte Existenz aufzubauen. Aber die harten Lebensbedingungen der Menschen in Ostanatolien und die Möglichkeit, Familienangehörige nach Deutschland nachzuholen, sorgten für ein Scheitern der «Gastarbeiter»-Theorie. Die überwältigende Mehrheit der Ausländer blieb.

Ihre Kinder, die hier in Deutschland aufwuchsen, fühlten sich weder hier noch in der Heimat richtig zu Hause. Und ihre Enkelkinder können nun weder mit den politischen Verhältnissen in ihrem Herkunftsland noch mit der dazugehörigen Kultur wirklich etwas anfangen. Kaum jemand in Politik oder Gesellschaft hat damals erkannt, dass Integrationskonzepte für die zweite und dritte Generation viel wichtiger gewesen wären als die zaghaften Bemühungen für die erste. Deutschunterricht als Pflicht für alle, auch die Folgegenerationen, wäre die vielleicht beste Voraussetzung für Integration gewesen. Was damals entstand, schreibt der Direktor des Nixon Center, Robert Leiken, sei Multikulturalismus mit separatistischen Zügen. Eben weil man den «Gastarbeitern» viele Rechte gab, aber wenige Pflichten auferlegte, wurden sie «vom Rest der Gesellschaft nicht etwa akzeptiert und aufgenommen, sondern abgetrennt»[57].

Ich selbst kann mich daran erinnern, dass wir in den siebziger Jahren vom Kinderfernsehen erklärt bekamen, dass Ausländer nicht stinken, sondern dass sie bestenfalls gerne anders gewürzte Gerichte essen. Das türkische Wort für «ja» – «ewwet» – habe ich damals auch gelernt, aber anwenden konnte ich es nicht, weil wir Kinder immer gern einen Bogen um die Straßen machten, wo die

Ausländer wohnten. Da war es irgendwie anders, da hing die Wäsche draußen, manchmal schallte türkische Musik aus den Häusern, und die Kinder kannte man nicht, die waren nämlich auf der Sonderschule, weil sie die Sprache nicht konnten. Ein paar hatten in meiner Grundschule Deutschkurse, doch da gingen offenbar nur ganz wenige hin. Man blieb sich fern. In den Großstädten ist es damals sicher nicht viel anders gewesen. Fernsehsendungen wie «Nachbarn in Europa» und «Hallo Gastarbeiter» hatten garantiert miserable Einschaltquoten, aber dort entstand der Eindruck, dass die Gastarbeiter ja auch wieder nach Hause gehen würden.

Auch das sollten wir nicht vergessen: Die Medien haben in den siebziger und achtziger Jahren gerne weggeschaut, weil es politisch inkorrekt war, kulturelle Traditionen unserer «Gäste», die dem Grundgesetz widersprachen, einmal kritisch zu hinterfragen.[58] Es gab beispielsweise keine langen Features über die Zwangsehe von Minderjährigen, über häusliche Gewalt und Diskriminierung von Frauen.

Stattdessen entdeckten wir auf einmal Muslime als Opfer von Diskriminierung in unserer Gesellschaft. Man hatte Interesse daran, wie es ist, wenn man als Ausländer in Deutschland lebt, aber vielleicht nur, weil das Buch «Ganz unten» 1985 gerade «in» war. In ihm hatte der Autor Günter Wallraff beschrieben, was er – getarnt als Türke Ali – erlebte. Dass wir Deutschen so gemein zu den türkischen Mitbürgern waren, hat die Nation erschüttert. Hoppla, auf einmal hießen sie also Mitbürger, nicht mehr Gastarbeiter. Aber für die Bevölkerung war das nur ein Etikettentausch, eigentlich sogar nur ein neuer Etikettenschwindel, denn sie waren keine Bürger mit gleichen Rechten und Pflichten, obwohl in den Achtzigern ja gerade schon die dritte Generation geboren wurde. Die Jugendgruppen, in denen es kaum Kinder aus Zuwandererfamilien gab, fanden es in dieser Zeit wichtig, sich mit den Fremden zu beschäftigen, manche Jugendliche verkleideten sich à la Wallraff. Aus ihrem «Tag im Leben eines Ausländers» wurden hinterher Collagen und Kurzgeschichten gemacht. Mit den Pfadfindern in meiner Heimatstadt besuchten wir mal eine türkische Begegnungsstätte. Der Tee war gut, und das Backgammon-Spiel machte uns Spaß. Gesprochen haben wir wenig mit den Gastgebern, wir verstanden sie nicht und sie uns nicht.

In den neunziger Jahren gab es dann die ersten wirklichen Probleme. Mit der deutschen Wiedervereinigung kam es zu Pogromen gegen Ausländer in Rostock-Lichtenhagen, Hoyerswerda, Solingen, Mölln. Es waren Warnzeichen, dass der Ansturm von Asylbewerbern die Bevölkerung überforderte. Die Politik schlug damals den richtigen Weg ein: Sie beschränkte die Zahl der Asylbewerber massiv, indem sie wirtschaftliche Gründe für die Gewährung des Bleiberechts ausschloss, das Prüfverfahren erheblich beschleunigte, mit Drittländern, über die die Flüchtlinge gekommen waren, eine «Rücknahmevereinbarung» traf und gemeinsam mit Nachbarländern stärker gegen die Schleusung von illegalen Einwanderern vorging. Zur Bekämpfung des Asylmissbrauchs im Inland richtete man Übergangslager ein und wandelte die Unterstützungsgelder in Sachleistungen um. Danach waren die Neuankömmlinge weitgehend auf sich gestellt und landeten meist auf dem Sozialamt.

Dabei waren es gerade die politischen Flüchtlinge, die ihren Frust und Ärger über die Verhältnisse in ihrer Heimat mit nach Deutschland brachten. 1995 war das Schlüsseljahr, in dem den Politikern allerspätestens klar werden musste, welches Bedrohungspotenzial in einer Bevölkerungsgruppe liegt, die zum einen tiefen Anteil nimmt am Schicksal der Zurückgebliebenen in ihrer Heimat und zum anderen durch weiterhin versäumte Integration nicht auf die freiheitlich-demokratische Grundordnung der Bundesrepublik verpflichtet worden war.

Als die türkische Regierung zum Beispiel mit militärischen Mitteln gegen aufständische Kurden vorging, da wurden die Anhänger der extremistischen PKK hier in Deutschland aktiv, mit Autobahnblockaden, Selbstverbrennungen und mit der Besetzung des türkischen Generalkonsulats in München. Prompt wurde die PKK verboten. Aber die Behörden konnten nicht verhindern, dass ihre Anhänger weiterhin Gelder für den bewaffneten Kampf in die Türkei schleusten.

Als die algerische Terrorgruppe GIA 1994/95 zahlreiche Anschläge in Frankreich verübte, da entdeckten deutsche Sicherheitsbehörden ein Netzwerk von Logistikstützpunkten in Stuttgart, Karlsruhe, Dresden und weiteren deutschen Städten. Dort besorgten Anhänger der GIA und ihrer Vorläuferorganisation, der Islamischen Heilsfront FIS, Waffen und Geld für ihren Terror. Die Söhne des FIS-Gründers Madani Abassi und der 2. Vorsitzende der Extremistengruppe, Rabah Kebir, fanden in Deutschland damals als Asylbewerber Zuflucht, obwohl sie im Verdacht standen, in den Bombenanschlag auf den Flughafen von Algier im August 1992 verwickelt gewesen zu sein. Im Zuge der Fahndung nach den Helfern der GIA wurde 1995 erstmals auch ein Deutscher in Frankreich verhaftet.

Bereits zu diesem Zeitpunkt hielten die deutschen Sicherheitsexperten die islamistischen Terroristen in Deutschland für gefährlicher als die Rote Armee Fraktion. Der BND hatte Hinweise darauf, dass die Extremisten hier ihre Geheimtreffen abhielten. Dem Verfassungsschutz waren nach eigenen Angaben mehrere Dutzend FIS- und GIA-Aktivisten bekannt. Die Bundesanwaltschaft leitete ein Ermittlungsverfahren wegen des Verdachts auf Schmuggel von Waffen und technischem Gerät nach Algerien ein. Im März 1995 wurden zwei Algerier deshalb festgenommen.

Eine Reihe von Beteiligten klagte damals schon, dass die gesetzlichen Hürden für die Einleitung eines Ermittlungsverfahrens zu hoch seien. Eine notwendige Verschärfung von Gesetzen, die die Verfolgung von Mitgliedern und Unterstützern internationaler Terrorgruppen ermöglicht hätte, war aber politisch nicht gewollt. Der damalige Außenminister Klaus Kinkel wollte die Entstehung eines «neuen Feindbildes des Islam»[59] verhindern. Der Fundamentalismus spiegele doch nur «die wirtschaftliche, politische und kulturelle Enttäuschung» der Menschen in ihren Heimatländern wider. Die laufenden Verfahren wurden eingestellt.

Kinkels Analyse war zwar richtig, aber unvollständig. Denn dieser Fundamentalismus war offenbar mitten in Deutschland angekommen, schließlich fühlten sich auch die Zuwanderer hier durch «die wirtschaftliche, politische und kulturelle Enttäuschung» in ihren Heimatländern betroffen. Welche Gefährdung darin lag, haben die meisten Politiker damals nicht erkannt, obwohl die Gewalt durch PKK-Anhänger ein deutliches Warnsignal war. Nun hatten wir also zahlreiche Menschen im Land, deren Solidarität und Loyalität oftmals mehr ihrem Ursprungsland als ihrer neuen Heimat galt und gilt.

In einer Gesellschaft, in der sie nicht integriert waren, in die sie sich auch nicht integrieren mussten oder wollten, und in der sie auch keine Beteiligung an der politischen Willensbildung hatten, war zu erwarten, dass sie ihren Protest gegen eine Politik, die gegen die Interessen ihrer Länder oder ihrer Religion gerichtet war, nicht mit demokratischen Mitteln kundtun würden. Schließlich, und daran hatte wohl niemand gedacht, erlebten sie auch hier «wirtschaftliche, politische und kulturelle Enttäuschung».

Das Ergebnis ist – wie schon beschrieben – die Hinwendung zur Religion, die nach Ansicht der Politikwissenschaftlerin Jytte Klausen von der Brandeis-Universität[60] so etwas wie eine islamische Wiedergeburt Europas darstellt. Besonders junge Muslime sehen sich – ähnlich wie die christlichen Fundamentalisten in den USA – als «born again», ihr Glaube löst sich vom Herkunftsland ab, wird universalistisch. Das authentische persönliche Erleben ist ihnen wichtiger als die traditionellen Riten.

Dabei stehen die jungen Muslime der dritten Generation vor einer Grundsatzentscheidung: Sollen sie die liberal-demokratischen Grundwerte der europäischen Staaten übernehmen und ihren Islam entsprechend anpassen, also möglicherweise in ihr

Privatleben verbannen, oder sollen sie die erwähnten universalistischen Fundamente des Islam auf die neuen Herausforderungen des modernen Lebens anwenden, ohne die Grundwerte einzuschränken? Es wären zwei Varianten eines so genannten «Euro-Islam», der sich von den Traditionen der Herkunftsländer bewusst abhebt.[61] Aber beide Formen wären miteinander unvereinbar. Denn die eine steht für eine Unterordnung islamischer Prinzipien, zum Beispiel der Scharia, unter das westliche System, die andere für eine wichtige politische, wirtschaftliche und soziale Rolle des strengreligiösen Islam mit dem Fernziel, der reinen Lehre Raum zu schaffen. Mit dieser Variante will der Genfer Islamwissenschaftler und Dozent Tariq Ramadan die Muslime in Europa von ihrem «doppelten Minderwertigkeitskomplex» gegenüber der westlichen und gegenüber der islamischen Welt, also gegenüber den Herkunftsländern, befreien. Dieser Euro-Islam Ramadans, der ein Enkel des Gründers der radikalen «Muslimbruderschaft» ist, wird zunehmend populärer unter jungen Muslimen in Europa.

Das stellt die europäischen Regierungen vor ein schier unlösbares Problem. Sie müssen versuchen, die Entwicklung zu beeinflussen und die jungen «Euro-Muslime» zu erreichen. Frankreich versucht dies mit dem «Französischen Rat für den muslimischen Glauben», gewählt aus den Verbänden, die die Moscheen betreiben.[62] Aber die werden nur von 5 Prozent der Muslime Frankreichs besucht. Wen soll man ansprechen, um die übrigen 95 Prozent zu erreichen? In den Niederlanden und in Großbritannien suchte man vor allem den Dialog mit angesehenen Gemeindevorstehern in den einzelnen Städten, aber die jungen Muslime erkennen deren Autorität und die der etablierten Verbände nicht mehr an. Nach einer Umfrage des «Guardian» fühlen sich nur noch 36 Prozent der jungen Muslime in Großbritannien vom Muslimischen Rat oder den Vorstehern islamischer Gemeinden vertreten. Sie werden zunehmend als Schoßhunde der Regierung gesehen.

Vor diesem Hintergrund könnte auch der Vorschlag, in

Deutschland, Frankreich und anderen europäischen Ländern die Imame an den staatlichen Universitäten selbst auszubilden, zum Scheitern verurteilt sein. Denn die neue Generation lehnt jede Einmischung des Staates in die Ausprägung des selbst gemachten Euro-Islam ab. «Sie bekommen junge, gebildete Männer, die denken, dass der Staat ihre Religion verstümmelt hat, und dafür werden sie sich dann an diesem Staat rächen», so warnt der britische Oberhaus-Abgeordnete Lord Ahmat Rothampton.[63]

In diesem Spannungsfeld steht auch der Dialog zwischen der Politik und den muslimischen Verbänden in Deutschland. Auch hier repräsentieren die größten von ihnen bestenfalls jeweils einen kleinen Teil der 3,4 Millionen Muslime in Deutschland. Insgesamt sind nur 20 Prozent von ihnen in Religionsverbänden organisiert. Und letztere zeichnen sich im Umgang miteinander eher durch Intoleranz aus als durch gegenseitigen Respekt. Die Kölner Demonstration gegen die Ermordung des niederländischen Filmregisseurs Theo van Gogh wurde organisiert von der Türkischen Islamischen Union der Anstalt für Religion (DITIB), die unter dem Einfluss der türkischen Regierung in Ankara steht. Die anderen Verbände Deutschlands durften zwar mitmarschieren, ein Rederecht bekamen sie nicht. Denn es ist ein Machtkampf im Gange um eine einheitliche Vertretung für alle Muslime in Deutschland. Die DITIB, zu der 870 der bundesweit insgesamt 2500 Moscheen und Vereine gehören, beansprucht dabei die Führungsrolle für sich.

Ihr Generalsekretär Mehmet Yildirim behauptet gern, sein Verband vertrete 72 Prozent der Muslime im Land. Tatsächlich sind zwei Drittel der muslimischen Bevölkerung hier türkischer Abstammung. Weil die Türkei ein laizistischer Staat ist, in dem für die Religion im öffentlichen Leben strikte Regeln gelten, ist der Anteil der Fundamentalisten an dieser Bevölkerungsgruppe deutlich niedriger als zum Beispiel bei den Muslimen nordafrikanischer Abstammung. Die DITIB steht für einen moderaten Islam, aber sie hat in Wirklichkeit nur 220 000 Mitglieder, vertritt also nur einen kleinen Teil der 2,4 Millionen Türken in Deutschland.

Über den Machtanspruch der DITIB, die im Sinne der türkischen Regierung vor allem den EU-Beitritt der Türkei vorantreiben will, ärgert sich der Zentralrat der Muslime in Deutschland, dessen Titel eigentlich irreführend ist, denn der ZMD repräsentiert gerade mal 200 Moscheen seiner 19 Mitgliedsvereine, insgesamt fünfzehn- bis zwanzigtausend Muslime, die vor allem aus der arabischen Welt stammen. Der Vorsitzende, Nadeem Elyas, steht dem Gedankengut der Muslimbruderschaft nahe, war aber der erste islamische Spitzenvertreter, der nur wenige Monate nach den Anschlägen vom 11. September 2001 eine «Grundsatzerklärung zur Beziehung der Muslime zu Staat und Gesellschaft» vorlegte. In dieser «Islamischen Charta» werden die Ordnung des Grundgesetzes, der Parteienpluralismus, das aktive und passive Wahlrecht für Frauen und die Religionsfreiheit anerkannt. Abgelehnt wird dagegen die «Herstellung eines klerikalen Gottesstaates». Deutschland soll für Muslime «nicht nur Lebensmittelpunkt, sondern auch Mittelpunkt ihres Interesses und ihrer Aktivität sein». Ihre Integration müsse «unter Bewahrung ihrer islamischen Identität» geschehen. Es sieht nach einer sehr soliden Grundlage für eine Bundesvertretung aller Muslime aus, aber am Wert dieses Papiers darf gezweifelt werden. Denn der ZMD wird finanziell von Gönnern in Saudi-Arabien unterstützt und war personell mit der König-Fahd-Akademie in Bonn verflochten, an der – wie gezeigt – extremistisches Gedankengut gelehrt wurde. Elyas, der selbst saudischer Abstammung ist, war vor Veröffentlichung seiner «Charta» wiederholt mit Reden aufgefallen, in denen er die Errichtung islamischer Staaten unter der Scharia ausdrücklich befürwortete. In seinem Grundsatzpapier behauptet Elyas: «Es besteht kein Widerspruch zwischen der islamischen Lehre und dem Kernbestand der Menschenrechte.» Darüber kann man aber trefflich streiten.

Auch ein dritter Dachverband der Muslime in Deutschland

dürfte mit der «Islamischen Charta» des ZMD ein Problem haben. Denn der in Köln ansässige Islamrat zählt zu seinen 32 Mitgliedsorganisationen mit 140 000 Mitgliedern auch die extremistische Islamische Gemeinschaft Milli Görüs, die weiter verfassungsfeindliche Ziele verfolgt. Der Vorsitzende des Islamrats, Ali Kizilkaya, der selbst aus der IGMG kommt, repräsentiert 600 Moscheen in Deutschland. Er steht einer bundesweit einheitlichen Vertretung aller Muslime, zum Beispiel in Form eines Rates, der von allen Muslimen gewählt wird, ablehnend gegenüber.

Tatsächlich tragen die muslimischen Verbände in Deutschland eine Mitschuld daran, dass sich Vorurteile – die meisten davon ungerechtfertigt – in der öffentlichen Meinung verankern konnten. Statt Terroranschläge eindeutig zu verurteilen, beschränkten sich ihre Äußerungen meist auf den Hinweis, dass der Islam eine friedliche Religion sei, und die Warnung, man dürfe nicht alle Muslime verdächtigen. Nach den Anschlägen von Madrid am 11. März 2004 schwiegen ZMD und Islamrat drei Wochen lang, bis sie anlässlich eines erneuten Anschlagsversuchs in Spanien den Terrorismus als «einen abgrundtiefen Verfall aller Maßstäbe der Menschlichkeit und der Vernunft» verurteilten und die Imame aufforderten, die Verbreitung von «verfassungsfeindlichem Gedankengut» in den Moscheen zu verhindern und «verdächtige Äußerungen» den Sicherheitsorganen zu melden.

Nach den Attacken von London forderten die beiden Organisationen ihre Mitglieder auf, radikale Islamisten anzuzeigen: «Ich erwarte von jedem Muslim, dass er extremistische Vorgänge beim Verfassungsschutz anzeigt», so Nadeem Elyas in einer Erklärung am 15. Juli 2005. Und Ali Kizilkaya rief dazu auf, «alle kriminellen Handlungen, so auch Volksverhetzung und geistige Brandstiftung, anzuzeigen».

Seit sie so klar Stellung beziehen, erhalten die Anführer der Verbände auch Anrufe und E-Mails von wütenden Muslimen, die sie beschimpfen und bedrohen, weil sie angeblich den Islam mit ihren Äußerungen verraten. Vielleicht weil sie zu lange gezögert haben, entstand bei den Sicherheitsbehörden der berechtigte Eindruck, dass die zu den Verbänden gehörenden Gemeinden nicht kooperativ sind. Ein fatales Signal, denn es führte auch zu mancher Razzia in Moscheen, die zu Unrecht in Verdacht gerieten. Einige Durchsuchungsaktionen haben das Ansehen der jeweiligen Gemeinde in der deutschen Nachbarschaft beschädigt und Ärger unter den Gemeindemitgliedern geschürt. Die Integration wird damit nicht leichter.

Zusammengenommen sprechen ZMD und Islamrat gerade mal für weniger als 5 Prozent der Muslime in Deutschland, dennoch waren sie bisher die wichtigsten Dialogpartner der Politik. «Die Regierung spricht mit den Islamisten statt mit der schweigenden Mehrheit der moderaten und säkularen Muslime», kritisiert Ursula Spuler-Stegemann, Professorin für Religionsgeschichte an der Universität Marburg, «die Regierung sucht immer nach Organisationen, mit denen sie reden kann, und die einzigen, die sich melden, sind die Islamisten.»[64]

Es wird eine Menge Porzellan zerschlagen auf beiden Seiten des großen Grabens. Und wenn es so weitergeht, ist die Gefahr groß, dass der Graben noch breiter wird und mehr junge Muslime auf Konfrontationskurs gehen, weil zu viel geredet, aber zu wenig gehandelt wird. Anhand der geschilderten Gegebenheiten sollte zumindest deutlich geworden sein, dass jeder Beteiligte sein Verhalten und seine Vorschläge daraufhin überprüfen sollte, ob sie die Lage wirklich verbessern oder möglicherweise sogar noch verschärfen. Wenn Politiker sich vor Podiumsdiskussionen drücken, nur weil unter den Diskutanten Vertreter extremistischer Organisationen sind – so geschehen Ende Juni 2005 in Frankfurt –, dann überlassen sie diesen kampflos das Feld. Der reine «Gutmenschendiskurs» unter Gleichgesinnten ist zum Scheitern verurteilt.

Wenn elf islamische Organisationen nach den Terroranschlägen von London für eine Protestkundgebung in Frankfurt gerade mal 200 Demonstranten mobilisieren, dann ist das nicht nur ein Armutszeugnis, sondern befördert das Vorurteil, dass Muslime das Konzept des Aufstands der Anständigen nicht unterstützen.[65] Und wo waren übrigens die deutschen Demonstranten, um ihre Solidarität mit den Briten kundzutun? Wenn Politiker die Installation von Überwachungskameras in deutschen Moscheen fordern, dann wird das bestenfalls zu noch mehr Misstrauen zwischen Muslimen und Nichtmuslimen in Deutschland führen, während die Extremisten sich in Privatwohnungen zusammenfinden. Das tun sie übrigens jetzt schon, weil sie von den Imamen zunehmend aus den Moscheen hinausgeworfen werden.

Dabei gibt es Maßnahmen, die dabei helfen könnten, die Lage etwas zu entschärfen und mittelfristig auch den Graben in der Gesellschaft zu überwinden.

Wie wäre es mit der einheitlichen Vertretung für alle Muslime in Deutschland, so wie es sie längst für die katholische und evangelische Kirche und die jüdischen Gemeinden gibt? Dabei könnte es entweder ein freiwilliger Zusammenschluss sein oder ein Gremium, das von allen Muslimen in Deutschland gewählt werden kann. In diesem Fall wären die bisher existierenden Verbände entmachtet. Alternativ wäre nach dem Vorbild Österreichs auch eine Körperschaft des öffentlichen Rechts möglich, die bestimmte Rechte und Pflichten hat.

Wie wäre es mit staatlichem Islamunterricht in deutscher Sprache an den Schulen des Landes? Mit Pflichtkursen zum Erlernen der deutschen Sprache, für alle neuen Zuwanderer sowie die Kinder aller ausländischen Mitbürger, beginnend schon vor dem Kindergartenalter?[66]

Wie wäre es mit der Schulung von Imamen für die muslimischen Gemeinden? 90 Prozent der 2250 Imame in Deutschland sind nicht hierzulande ausgebildet worden. An der Universität Münster gibt es immerhin einen ersten Lehrstuhl zur Ausbildung von Islamlehrern. Ob die Predigten in den Gotteshäusern dann künftig auch in Deutsch gehalten werden sollen, bleibt zu diskutieren. Aber würden die hier geschulten Imame tatsächlich akzeptiert werden? Die geschilderten Erfahrungen aus England lassen Zweifel daran aufkommen.

Wie wäre es mit der Durchsetzung des Verbots der Zwangsehe, die mit der Menschenwürde aus unserem Grundgesetz genauso wenig zu tun hat wie die Zwangsbeschneidung junger Frauen und der so genannte Ehrenmord? Alle drei sind eigentlich keine religiösen, sondern kulturelle Traditionen. Demnach ist das bereits vorhandene Verbot der Zwangsverheiratung sicher kein Verstoß gegen die Religionsfreiheit.

Wie wäre es mit der Unterstützung von integrationsfördernden Projekten aller Art, insbesondere für arbeitslose muslimische Jugendliche? Die wichtigsten Maßnahmen wären die, die sich gezielt an all die jungen Muslime richten, die von den Problemen am meisten betroffen sind, die die Autorität ihrer muslimischen Verbandsfunktionäre und der Gemeindevorsteher in Frage stellen und die an einem fundamentalistischem Weltbild Gefallen finden.[67] Nur: Wie soll man sozial benachteiligten deutschen Jugendlichen erklären, dass es Sonderprogramme für Ausländer gibt? Aber es wäre eine wichtige Investition in die gemeinsame Zukunft und könnte von einer Offensive für neue Freizeiteinrichtungen und -angebote flankiert werden, die von Deutschen und Ausländern gemeinsam genutzt werden.

Es gibt jetzt schon eine Reihe von Initiativen, deren Vorbild auch staatliche Stellen folgen könnten. Da ist zum Beispiel die Architektin Sükran Altunkaynak, die in Berlin Alphabetisierungskurse und gemeinsame Gymnastikstunden von ausländischen und deutschen Frauen organisiert. Deutsch lernen ist dabei das Ziel für die Teilnehmerinnen, die Altunkaynak mit Flugblättern auf der Straße wirbt, weil sie in den Moscheen nur männliche Ansprechpartner fand. Die junge Frau, die voller Selbstbewusstsein das Kopftuch trägt, will verhindern, dass sich junge Muslime, die oft schlechter Deutsch sprechen als ihre Eltern, noch weiter von der Gesellschaft abkapseln.

Gegen den Rückfall in überholte Traditionen und einen fundamentalistischen Islam kämpft auch Seran Sargur, der die Tagesgeschäfte von Kanal Europa, dem ersten türkischen Fernsehsender in Deutschland, führt. «Wir werden Inhalte für europäische Türken machen», sagt Sargur, «wir werden Inhalte machen, wie europäische Türken in diesem Land leben, wovon türkische Mitbürger in diesem Land leben und mit wem sie leben.» Die Programmpalette des Senders, der von einem türkischen Musikverlag finanziert wird, reicht von der Musikshow im Stil von MTV bis zur täglichen Frauensendung, in der an diesem Tag eine junge Frau in Perücke und Sonnenbrille auftritt, die in ihrer Familie sexuell missbraucht wurde und vor dem gewalttätigen Ehemann geflohen ist. Es gibt keine Tabus. Vielleicht stellt sich ja auch mal ein deutscher Politiker den kritischen Fragen von Seran Sargur in seinem wöchentlichen Politmagazin.

Diese Form eines modernen und aufgeklärten Islam steht für die so genannte schweigende Mehrheit der moderaten und säkularen Muslime in Deutschland. Sich für sie zu interessieren, sie aus der Reserve zu locken und sie zu unterstützen, würde vielleicht die Ängste ein wenig abbauen, die dafür sorgen, dass der Graben immer breiter wird – in Berlin, Duisburg, Frankfurt und Hückelhoven.

Epilog: Warum Stillhalten keine Option ist

Vielleicht glauben viele immer noch, dass die Terroristen uns schon nichts tun werden. Solange Deutschland eine «sensible» Politik verfolgt, Distanz bewahrt zu den USA, sich aus den Angelegenheiten islamischer Länder heraushält, sich am besten zurückzieht aus Afghanistan, wegschaut, wenn im Namen des Islam Frauen gesteinigt, Männer gefoltert, Dieben die Hand abgehackt, Kinder zwangsverheiratet, Mädchen beschnitten und Jungen zu Intoleranz erzogen werden.

Dass wir verschont bleiben, solange in Deutschland Hassprediger mit einem «War nicht so gemeint» davonkommen, solange fundamentalistische Koranschulen unter dem Deckmantel religiöser Vereine Kinder dazu erziehen dürfen, sich von der deutschen Gesellschaft abzuschotten, und solange das Tragen von Kopftüchern in Schulen erlaubt bleibt (Osama bin Ladens Stellvertreter hatte den Franzosen wegen des Kopftuchverbots in Frankreich ausdrücklich Vergeltung angedroht).

Hier ist die schlechte Nachricht: Selbst wenn wir all dies zulassen im Namen des Rechtsstaats und der Integration, wird es nichts ändern an der Ideologie, die die Terroristen vorantreibt, die junge Leute mit antiimperialistischen Ideen ködert und ihnen die Lösung ihrer Probleme durch eine islamische Weltrevolution verspricht. Noch einmal im Klartext: Sie wollen die islamische Idealgesellschaft auf Erden, in der alle entweder zum Islam konvertiert sind oder sich ihm unterwerfen.[68] Wenn sich die «Ungläubigen» weigern, dann muss man sie mit Dialog und Überzeugungsarbeit zum rechten Pfad bekehren, das predigen sogar moderate Imame in den Moscheen. Die Islamisten glauben, dass die «Ungläubigen» so von ihrer sündigen Lebensweise korrumpiert sind, dass sie auf Argumente nicht hören, also müssen sie mit Gewalt bekehrt werden. Muslime, die das Ziel der islamischen Weltherrschaft als Anachronismus zurückweisen, gelten als Abtrünnige, die den Tod verdienen.

Und genau darin liegt nun eine Chance. Es bedeutet, dass hier in Deutschland viele Menschen in einem Boot sitzen, auch wenn sie es irgendwie nicht wahrhaben wollen. Jeder, der nicht für die Terroristen ist, wird von ihnen als Feind angesehen, der bekämpft werden muss. Wir stehen einer Ideologie gegenüber, die keinen Unterschied macht zwischen muslimischen oder nichtmuslimischen Menschen in diesem Land, sondern die in allen entweder Täter oder Mittäter sieht. Auch wenn es ein oft missbrauchter Ausdruck ist: Wir sind eine Schicksalsgemeinschaft. Muss erst ein Terroranschlag in Berlin, Frankfurt oder München geschehen, um alle aus ihrer Gleichgültigkeit aufzurütteln?

Der Kampf um die Köpfe und Herzen junger Muslime, die sich der Al-Qaida anschließen könnten, wird nicht allein mit mehr Polizei, mehr Überwachung und härtere Strafen gewonnen. Weil die wirksameren Maßnahmen wie Sozialprogramme für junge Muslime unpopulär sind und Geld kosten, müssten sie von einem breiten gesellschaftlichen Konsens getragen werden. Aber der ist nicht in Sicht.

Wo ist sie, die Mehrheit der Deutschen, die von der Politik fordern sollte, alle bereits vorhandenen rechtlichen Mittel anzuwenden, die Kleinstaaterei bei der Terrorismusbekämpfung zu beenden, einen nationalen Sicherheits- und Katastrophenplan zu entwerfen und ein Konzept zu entwickeln, das echte Integration ermöglicht? Und die Mehrheit der 3,4 Millionen Muslime in Deutschland steht immer noch schweigend da, während der islamistische Terrorismus seine Opfer fordert?

Kurz nach den Anschlägen von London hatte mir eine türkische Muslimin, vom Wahlkampfgetöse im Sommer 2005 aufgeschreckt, ein einfaches Rezept gemailt, wie man verhindern könne, dass junge Muslime zu Terroristen werden: «Man muss die Menschen gewinnen. Man muss endlich erkennen, dass die hier lebenden Muslime verschiedener Nationen nicht mehr ‹Gäste› sind. Es sind Bürger, wie Sie und alle anderen auch. Was wollen Bürger? Bürger wollen informiert werden. Bürger wollen diskutieren, nicht in geheimen Chatrooms, sondern mit Bürgern ihresgleichen. Bürger wollen, dass ihre Religion nicht unter Generalverdacht steht. Bürger wollen Interessenvertretungen für sich. (…) Ich bin mir eigentlich sicher, dass Deutschland das schaffen kann.»

Über den Optimismus mag man streiten, dachte ich, aber wenn Mitbürger Rechte haben, dann haben sie auch Pflichten, also mailte ich eine einfache Gegenfrage zurück: «Von den Muslimen, die es satt haben, dass in Allahs Namen Mord und Totschlag gerechtfertigt werden, ist weit und breit wenig zu sehen. Warum ist das so? Aus Angst, von den Extremisten als Abtrünnige bezeichnet zu werden? Aus Gleichgültigkeit? Aus Mitläuferbequemlichkeit?»

Ich hatte – ganz nach gängigem Vorurteil – geglaubt, unser Dialog wäre damit beendet. Irrtum – die Antwort umfasste neun ganze Seiten. Sie sind ein Dokument der Ehrlichkeit über ein Leben zwischen «Gastsein» und «Dazugehören», zwischen Gleichgültigkeit und Ablehnung auf Seiten vieler Deutscher und der tiefen Freundschaft mit einigen anderen, zwischen dem Islam ihrer Eltern und dem Christentum ihres deutschen Schwiegersohns und ihrer Enkelkinder.

«In der Ehrlichkeit unserer Gedanken liegt wohl das Geheimnis der Verständigung», schreibt sie, und sie bedauert, dass auch «wir immer mit doppelter Zunge sprachen. Was wir mit deutschen Freunden besprachen, war das eine, was wir ‹unter uns› besprachen das andere. Eine Ehrlichkeit vermieden auch wir.»

Sie schreibt von ihrem Ärger über die Kriegspolitik George

Bushs, dem sie wünscht, dass «die Ölfelder der Welt austrocknen», damit die Kriege aufhören. Von ihrem Frust über den Ruf nach Videokameras in den Moscheen, die den Terror ebenso wenig aufhalten werden wie «Krieg und Bomben und Kontrollen». Und da ist auch die Antwort auf meine Frage: «Ich gehe nicht auf die Straße, wenn die Religion meines Vaters, der seiner Tochter vor 35 Jahren verboten hat, türkisch zu sprechen, damit sie die deutsche Sprache lernt, um sich heimisch zu fühlen und sich zu integrieren in Deutschland, in Verdacht steht, Menschen zum Töten anzustiften. (...) Ich gehe nicht auf die Straße, wenn meine Religion nur dann ein Gesprächsthema wird, wenn Frauen evtl. irgendwo im kurdischen Gebiet die Nase abgeschnitten wird – was mit türkischen oder islamischen Sitten überhaupt nichts am Hut hat – oder wenn muslimische Terroristen ihr satanisches Werk vollbringen. (...) Ich gehe nicht auf die Straße, wenn meine Religion missachtet wird im öffentlichen Leben, obwohl ich zur Förderung von religiösem Wissen und Verständnis meine Kinder nicht vom kirchlichen Leben und religiösen Unterricht in Deutschland ausschließe. Ich gehe nicht auf die Straße, weil man mir seitens meiner deutschen Freunde immer noch Unverständnis entgegenbringt, wenn ich sage: Nein, auch nach 35 Jahren esse ich kein Schweinefleisch oder trinke keinen Alkohol. (...) Gegen wen soll ich auf die Straße gehen? Gegen die jungen Menschen, die umsonst ihr Leben opfern, anstatt ideologisch gegen die Untaten zu kämpfen? Gegen die Mullahs, gegen die CIA, gegen die Saudis, gegen die Amis, die umsonst im Irakkrieg sterben, die Al-Qaida oder einen Saddam ernährt und groß gemacht haben? Gegen mich, die seit 35 Jahren sich erklären muss?»

Meine Antwort darauf ist dieses Buch, an dessen Ende die Erkenntnis steht, dass wir – statt weiter an dem festzuhalten, was in den letzten vierzig Jahren schief gegangen ist – nicht gegen, sondern vor allem für etwas eintreten sollten: für mehr Ehrlichkeit in Worten und mehr Glaubwürdigkeit in den Taten.

Hunderttausende von Deutschen gingen auf die Straße, als Ausländer in Solingen, Mölln, Rostock und Hoyerswerda zu Opfern wurden. Sicher waren viele unter den Demonstranten, die selbst eigentlich wenig mit Ausländern zu tun haben oder haben wollen, aber sie kamen dennoch, um zu zeigen, dass jede Art von Gewalt ein Verbrechen ist. Sie alle standen als Deutsche unter Generalverdacht. Aber sie bemitleideten die Täter nicht als arme, arbeitslose Jugendliche, die von irgendjemandem einer Gehirnwäsche unterzogen wurden.

Was für ein mächtiges Signal wäre es, wenn hunderttausende von Muslimen gegen jede Art von Gewalt demonstrierten, meinetwegen gegen Kriege des Westens, aber eben auch gegen den Terrorismus der Islamisten in Palästina, Irak und Tschetschenien. Die ausländerfeindlichen Neonazis berufen sich auf ihr «Deutschsein», um ihre Verbrechen zu rechtfertigen, die menschenfeindlichen Islamisten berufen sich auf den Islam; gerade für Kulturen, in denen Ehre und Würde so eine große Rolle spielen, müsste es eine Frage der Ehre sein, dagegen auf die Straße zu gehen.

Die Muslime in Deutschland können sich nicht zurücklehnen aus Frustration darüber, dass politisches Engagement in der heutigen Zeit angeblich ohnehin nichts bringt, und dann zusehen, wie sich junge Muslime, weil sie sich unsicher und ausgegrenzt fühlen, selbst in die Luft sprengen, um damit Politik zu machen.

Die Anwältin und Autorin Seyran Ates kritisiert die Haltung vieler Muslime in Deutschland als «Opferpose» und «Abwiegelei», schließlich sei es «die Pflicht und Schuldigkeit der islamischen Gemeinden, jene Menschen, die inzwischen den ‹Islam› verabscheuen und auf Terrorismus reduzieren, eines Besseren zu belehren. (...) Wer sich von der Mehrheitsgesellschaft und ihrer Leitkultur nicht bevormunden lassen will, muss Gegenangebote machen, um ein friedliches, demokratisches und gleichberechtigtes Leben zu gewährleisten.»[69] Wo also sind diese Gegenangebote und Vorschläge, wie wir es besser machen können als mit Videokameras in Moscheen und gegenseitigem Misstrauen?

Solche Modelle zu entwickeln wäre – wichtiger noch als jede Großdemonstration – ein echter Aufstand der Anständigen, an dem sich auch zahlreiche Nichtmuslime beteiligen müssen, weil wir nämlich ein gemeinsames Problem haben: Unser freiheitlich-demokratischer Staat ist schwach in der Selbstverteidigung, er muss es sogar sein, denn nur weil die Demokratie dem Individuum so viele Freiheiten lässt, ist dieses System erfolgreicher geworden als alle anderen politischen Systeme der Menschheitsgeschichte. Trotz und gerade wegen seiner Unvollkommenheit ermöglicht es Fortschritt und Sicherheit, Selbstverwirklichung und Wohlstand, Gedankenfreiheit und – jawohl – kulturelles Miteinander.

Wenn dieser Staat sich selbst bedingungslos und um jeden Preis verteidigen müsste, dann bliebe am Ende von seinem Fundament – den Menschen- und Bürgerrechten – nicht mehr viel übrig. Er würde sich nicht mehr unterscheiden von Polizeistaaten und Tyranneien. Deshalb braucht der schwache Staat die Stärke seiner Bürger, die ihn, trotz all seiner Fehler, für das beste System halten. Er braucht ihr starkes Bekenntnis – nicht nur auf der Straße, sondern auch im alltäglichen Leben. Es ist ein Bekenntnis, zu dem die Bereitschaft gehört, den Beitrag des anderen anzuerkennen. Denn gegenseitige Ignoranz führt zu gegenseitiger Zerstörung. Ich will dies an einem Ereignis erläutern, dessen wahre Bedeutung die meisten nicht erkannt haben.

«Als die Ausschnitte des Films von dem getöteten niederländischen Regisseur gezeigt wurden», so schrieb die türkische Frau in ihrer E-Mail an mich, «war meine erste Reaktion: ‹Was für ein A., und der nennt sich Künstler? Ein Menschenverächter. Ein Verwirrter.›» Sie und viele ihrer Bekannten seien sich sicher gewesen, dass irgendein «Verrückter» ihn umbringen würde. Sie meinte Theo van Gogh und seinen Film «Submission». In dem elfminütigen Streifen hatte der schwule Filmemacher Koranzitate auf den Rücken einer nackten, misshandelten Muslimin projiziert.

Damit wollte er einen Streit entfachen um die Unterdrückung der Frauen im Islam. Er entfachte offenbar mehr als nur Streit, denn er wurde – wie bereits erwähnt – ermordet. Bis heute denken viele, dass es tatsächlich die Tat eines fanatischen Einzeltäters war, der sich durch van Goghs Provokation so in seinen religiösen Gefühlen verletzt sah, dass er ihn in blinder Wut tötete. Das ist ein Irrglaube.

Mohammed Bouyeri war Mitglied einer Al-Qaida-Zelle in den Niederlanden mit Kontakten zu den Attentätern von Madrid und Casablanca. Er tötete van Gogh, weil er sein eigentliches Ziel, die niederländische Parlamentsabgeordnete Ayaan Hirsi Ali, die Drehbuchautorin von «Submission», nicht töten konnte, denn sie stand unter Polizeischutz. An die Brust des regelrecht abgeschlachteten Regisseurs nagelte Bouyeri mit seinem Messer eine Botschaft an Ali, in der er ihr Verrat am Islam vorwarf. Die frühere Muslimin, die als Kind beschnitten und später zwangsverheiratet wurde, hatte es nämlich gewagt, dem Islam öffentlich abzuschwören und den Propheten Mohammed zu beleidigen. Aber der Mörder Bouyeri wollte mit seiner Tat – das beweisen Papiere aus seine Wohnung, darunter eine Art letzter Wille – nicht einfach nur Rache üben, sondern seinen Beitrag zum globalen Dschihad im Sinne der Al-Qaida leisten – eiskalt geplant, nicht ausgeführt im Affekt. Und was sich in den Niederlanden ereignet hat, kann jederzeit auch hier geschehen. Opfer kann dabei jeder sein, der einen Anlass liefert, der offen redet, der Kritik übt.

Die Ironie dabei: Der Mörder Bouyeri hatte selbst einst für ein Stadtteilmagazin geschrieben, in einem Jugendheim ehrenamtlich gearbeitet und an der Integration von Jugendlichen mitgewirkt, bevor er – auch aus Frustration über die vergebliche Suche nach Arbeit – dem Islamismus verfiel. Sein Opfer, Theo van Gogh, hatte ebenfalls in einem Jugendzentrum für Ausländerkinder ausgeholfen, einen Film über die Perspektivlosigkeit marokkanischer Jugendbanden in den Niederlanden gemacht und Konzepte für bessere Integrationsmaßnahmen an die Behörden geschickt, bevor er die Diskussion mit seinem geschmacklosen Film «Submission» endlich in Gang bringen wollte. Wissen das all jene, die überzeugt sind, dass der unbequeme Querdenker selbst schuld ist an seinem Schicksal? Wissen das all jene, die nicht bereit sind, den Beitrag des anderen oder Andersdenkenden anzuerkennen?

In der Erklärung, die mit dem Messer an van Goghs Brust geheftet war, stand: «Es soll keine Vergebung geben für die Ungerechten, nur das Schwert soll erhoben werden gegen sie. Keine Diskussion, keine Demonstrationen, keine Paraden, keine Petitionen. Nur der Tod soll die Wahrheit von der Lüge trennen.» Dieser Menschenverachtung muss unsere Demokratie die Stärke von Menschen entgegensetzen, die weiter daran glauben, dass sie mit Streit, Protest und Engagement etwas bewirken können in der Gesellschaft. Sie müssen Mut zu starken Bekenntnissen haben.

Am 21. November 2004 gingen in Köln mehr als 20 000 Menschen, darunter vor allem muslimische Mitbürger, auf die Straße, um gegen die Ermordung van Goghs zu demonstrieren. Das war ohne Zweifel ein wichtiges Signal und ein großartiger Anfang; aber sind 20 000 von 3,4 Millionen Muslimen in Deutschland wirklich viele? Es war ein buntes Bild: Menschen unterschiedlichster ethnischer Herkunft, ein kleines Meer von deutschen, türkischen und europäischen Flaggen, dahinter der Kölner Dom. Aber wie sind Plakate zu verstehen, auf denen nicht etwa Gewalt kategorisch abgelehnt wird, sondern Sätze stehen wie: «Unschuldige Menschen zu töten bedeutet nicht Dschihad.» Heißt dies etwa, dass Dschihad bedeutet, «schuldige» Menschen zu töten, dass dies durch den Koran gerechtfertigt ist als Dienst an Gott und als Selbstverteidigungspflicht für jeden Muslim? Oder war es nur zufällig schlecht gewähltes Deutsch?

Der Terrorismus der Al-Qaida hat nichts mit Freiheitskampf zu tun und Osama bin Laden ist kein Che Guevara – jeder, der Menschen tötet oder zu Gewalt aufruft im Namen Allahs, missachtet die Menschenwürde. Die Gewalt der selbst ernannten «Selbstverteidiger» in Tschetschenien, Palästina, Irak, Afghanistan, Westeuropa oder anderswo lässt sich durch nichts rechtfertigen, auch nicht durch Verse im Koran. Der Irakkrieg war ungerechtfertigt und völkerrechtswidrig, aber jetzt muss jeder seinen Beitrag zum Wiederaufbau des Landes leisten. Wenn westliche Soldaten dabei als Besatzungsarmee empfunden werden, dann sollten schnellstmöglich Soldaten der Arabischen Liga (immerhin 1,5 Millionen Mann) die Aufgabe übernehmen.

In der Tschetschenienpolitik des russischen Präsidenten Putin werden Menschen- und Bürgerrechte mit Füßen getreten. Wenn die EU ihre eigenen Erklärungen dazu ernst nimmt, darf sie nicht mehr vornehm zur Seite schauen, nur weil man die wirtschaftlichen Beziehungen mit Russland nicht gefährden will. Über den EU-Beitritt der Türkei mögen die Politiker streiten, aber falls das Land, das seine Toleranz und seine Verpflichtung auf die Demokratie jeden Tag ein kleines Stück mehr beweist, in den Islamismus abdriftet, wird das fatale Folgen für die Integration in Deutschland haben.

Das stärkste Bekenntnis gegen Intoleranz und Extremismus aber wäre es, wenn die überwältigende Mehrheit derer, die hier leben, sich selbst eingesteht, dass diese deutsche Demokratie auch Teil ihrer Identität ist. Der deutsch-türkische Schriftsteller Feridun Zaimoglu glaubt, dass man junge Radikale, die er als Anhänger eines «Islamo-Faschismus» bezeichnet, nur mit solch einer klaren Haltung wirklich noch erreichen kann: «Mit diesen Leuten muss man eine echte Auseinandersetzung führen. Distanzierungen helfen genauso wenig wie gutwilliges Dialoggequatsche. Diese jungen Leute lassen sich nicht irgendeine postmoderne Identität anhängen. Sie reagieren auf Leidenschaft, Enthusiasmus, Bekenntnis. Ich sage denen: Als orientalischer Deutscher bin ich für die deutsche Leitkultur. Ihr seid auch Deutsche, ihr müsst euch bekennen. Wer sich nicht an die Spielregeln hält, muss hart angegangen werden.

Jede Kultur, auch die deutsche, hat ein Recht auf Selbstverteidigung. Dann leuchten bei denen die Augen, und wir können anfangen, ernsthaft zu reden.»[70]

Wir sollten anfangen, ernsthaft und ehrlich zu reden. Es wird zu viel geschwiegen in Deutschland, zu vieles wird nicht offen ausgesprochen. Der gesellschaftliche Diskurs, das Bekenntnis zur Demokratie, wird den nächsten Anschlag – vielleicht sogar einen in Deutschland – kaum verhindern können. Aber fortgesetztes Schweigen und Verschweigen wird den Graben noch vertiefen, sodass er bei einem Anschlag hier unüberbrückbar würde. Die türkische Muslimin, die meine Frage so ehrlich beantwortet hatte, schloss ihre E-Mail «mit der Hoffnung, dass in diesem ‹unserem› Deutschland niemals Namen türkischstämmiger oder sonstiger Nationalitäten muslimischen Glaubens an Hassaktionen beteiligt sein werden». Ich teile diese Hoffnung sehr, aber es wird viel mehr nötig sein als nur Hoffnung, damit die Wirklichkeit sie nicht zerstört.

Anmerkungen

1 Vgl. Gehriger, Urs: Al Qaida ist überall. In: SZ-Magazin vom 06.08.2004.

2 Vgl. Theveßen, Elmar: Al Qaida 2004. Ausgestrahlt im ZDF am 15.07.2004.

3 Vgl. Lewis, Bernard: Die politische Sprache des Islam. Berlin 1991. S. 125 ff.

4 Vgl. Hughes, Thomas Patrick: Lexikon des Islam. Dreieich 1995. S. 691 (Sunna) u. S. 720 (Tradition, Hadith).

5 el-Gawhary, Karim: www.heiliger-krieg.com. In: Die Tageszeitung vom 05.10.2004.

6 Vgl. Müller, Stefanie: Neue, alte Feindbilder. In: Die Zeit vom 18.11.2004.

7 Vgl. Sciolino, Elaine: Europe meets the new face of terrorism. In: New York Times vom 01.08.2005.

8 Zitiert nach Journeyman Pictures: Dschihad Soldier. Fernsehbeitrag, der in Teilen in einem ZDF-Spezial am 11.12.2003 ausgestrahlt wurde.

9 Vgl. McGrory, Daniel und Sean O'Neill: When their bombing campaign failed, terror cell had no plan B. In: Times vom 01.08.2005.

10 Vgl. Fielding, Nick und Gareth Walsh: Mastermind of Madrid is key figure. In: Times vom 15.07.2005.

11 Vgl. McGrory, Daniel und Sean O'Neill: London faces lockdown to thwart third terror strike. In: Times vom 01.08.2005.

12 Vgl. Sullivan, Kevin: From refugee to thug to suspect in London plot. In: Washington Post vom 04.08.2005.

13 Bin Laden lehnte sich damit an sein historisches Vorbild Hassan-I-Sabbah an, der im 11. Jahrhundert von seiner Festung auf dem Berg Alamut im Elbrusgebirge die Mitglieder seiner Geheimsekte ausschickte, um sie im Namen des Dschihad in der islamischen Welt Morde und Selbstmordattentate verüben zu lassen. Diese Assassinen verrichteten ihr blutiges Werk, dem viele religiöse und politische Anführer zum Opfer fielen, auch noch über 100 Jahre nach dem Tod Sabbahs, der als «der Alte vom Berg» in die Geschichte einging. Vgl. Heller, Erdmute: Sterben ist wichtiger als Töten. In: Süddeutsche Zeitung vom 20.10.2001.

14 Vgl. Anonymous: Imperial Hubris. Why the West is losing the war on terror. Washington 2004. S. 134.

15 Vgl. Terror kostte 7085 levens. In: NRC Handelsblad vom 17.04.2004. Die Berechnung des «Handelsblad» stützt sich auf die Angaben anerkannter Forschungsinstitute zum Thema Terrorismus. Der Autor hat sich die Freiheit genommen, die Opfer der Anschläge in Israel und Palästina herauszurechnen.

16 Vgl. Chivers, C. J. und David Rohde: Afghan camps turn out holy war guerillas and terrorists. In: New York Times vom 18.03.2002.

17 Vgl. Schröm, Oliver: Zielscheibe mit dickem Bauch. In: Frankfurter Allgemeine Sonntagszeitung vom 12.05.2002.

18 Vgl. Chivers, C. J. und David Rohde: Al Qaeda's grocery lists and manuals of killing. In: New York Times vom 17.03.2002.

19 Coll, Steve und Susan B. Glasser: Dschihadists turn the web into base of operations. In: Washington Post vom 07.08.2005.

20 Eunjung Cha, Ariana: From a virtual shadow, messages of terror. In: Washington Post vom 02.10.2004.

21 Lichtblau, Eric und Eric Lipton: Web war. In: New York Times vom 23.09.2004.

22 Whitlock, Craig: Briton used internet as his bully pulpit. In: Washington Post vom 08.08.2005.

23 Vgl. Site Institute: Developing trends in terrorist strategy, tactics, targeting, and propaganda. Briefing vom Oktober 2004. Siehe auch www.siteinstitute.com.

24 Coll, Steve und Susan B. Glasser: Dschihadists turn the web into base of operations. In: Washington Post vom 07.08.2005.

25 Coll, Steve und Susan B. Glasser: The web as weapon. In: Washington Post vom 09.08.2005.

26 el-Gawhary, Karim: www.heiliger-krieg.com. In: Die Tageszeitung vom 05.10.2004.

27 Vgl. Rasche, Ute: Wohlriechend von Opfern. In: Frankfurter Allgemeine Zeitung vom 24.06.2004.

28 Vgl. Sachs, Susan: A muslim missionary group draws new scrutiny in U.S. In: New York Times vom 14.07.2003.

29 Vgl. Desselberger, Alex u.a.: Vertraut und fremd. In: Focus vom 22.11.2004.

30 Vgl. Sullivan, Kevin: From refugee to thug to suspect in London plot. In: Washington Post vom 04.08.2005.

31 Vgl. Cziesche, Dominik und Andreas Ulrich: Explosive Mischung. In: Der Spiegel vom 25.10.2004.

32 Vgl. Beeston, Richard: The deadly game of cat and mouse from Al Qaeda's No 2. In: Times vom 05.08.2005.

33 Vgl. Clarke, Richard A.: Ten years later. In: Atlantic Monthly vom Januar/Februar 2005.

34 Vgl. Doyle, Neil: Al Qaeda nukes are reality, intelligence says. In: Washington Times vom 28.10.2002.

35 Vgl. Leppard, David und Robert Winnett: Police foil gas attack on House of Commons. In: Times vom 21.08.2005.

36 Vgl. Ansari, Massoud: Al Qaeda's third in command is running terror cells in the U.K. In: The Telegraph vom 19.09.2004.

37 Vgl. Auf die erste Stunde kommt es an. In: Süddeutsche Zeitung vom 19.02.2005.

38 Vgl. Kerscher, Helmut: Auf des Messers Schneide. In: Süddeutsche Zeitung vom 10.06.2005.

39 Vgl. Müller, Reinhard: Ein Angeklagter wie jeder andere? In: Frankfurter Allgemeine Zeitung vom 10.06.2005.

40 Vgl. Pressemitteilung des Generalbundesanwalts vom 16.01.2004.

41 Vgl. Ott, Klaus: Rüge für die Ermittler. In: Süddeutsche Zeitung vom 01.08.2005.

42 Vgl. Priest, Dana: Help from France in key covert operations. In: Washington Post vom 02.07.2005.

43 Vgl. Büchner, Gerold: Gemeinsame Terrorbekämpfung im Verzug. In: Berliner Zeitung vom 04.12.2004.

44 Vgl. Müller, Reinhard: Terroristen nach Helgoland? In: Frankfurter Allgemeine Zeitung vom 09.08.2005.

45 Vgl. Prantl, Heribert: Mein Feind, der Terrorist. In: Süddeutsche Zeitung vom 27.03.2004.

46 Suckow, Martin: Islamisches Internat in der Kritik. In wdr.de am 12.10.2003.

47 Zitiert nach einem Beitrag von Uli Stoll und Ahmed Senyurt in «Frontal 21» am 12.07.2005. Die nachfolgenden Beschreibungen und Zitate entstammen ebenfalls diesem eindrucksvollen Bericht.

48 Vgl. Bielicki, Jan und Monika Maier-Albang: Ein Tarnverein für modernen Islamismus. In: Süddeutsche Zeitung vom 06.08.2005.

49 Michel, Harald: Grundprobleme der Demographie. Ms., Berlin 2005.

50 Zitiert nach einem Beitrag von Torge Bode, Udo Frank und Claudia Wohland in einer Sendung der «ZDF.reporter» vom 10.08.2005. Es ist eine eindrucksvolle Milieustudie in einer Lebenswirklichkeit, die in den Medien viel zu wenig thematisiert wird.

51 Vgl. Rauss, Uli und Oliver Schröm: Osamas deutscher General. In: Stern vom 04.08.2005.

52 Vgl. Meissner, Christof: Moscheen sind keine Austauschbörsen für Terroristen. In: Die Welt vom 28.07.2005.

53 Vgl. Leitartikel: Der Aufstand der anständigen Muslime. In: Die Zeit vom 18.11.2004.

54 Ebd.

55 Gujer, Eric: Der türkische Halbmond über Deutschland. In: Neue Zürcher Zeitung vom 22.01.2005.

56 Desselberger, Alex u.a.: Vertraut und fremd. In: Focus vom 22.11.2004.

57 Leiken, Robert S.: In London, Paris und Berlin ist eine Generation gewaltbereiter Muslime herangewachsen. In: Rheinischer Merkur vom 14.07.2005.

58 Vgl. Broder, Henryk M.: Nur nicht provozieren. In: Der Spiegel vom 15.09.2001.

59 Zitiert nach: Friedlicher Weg. In: Der Spiegel vom 02.01.1995

60 Vgl. Leitartikel: Der Aufstand der anständigen Muslime. In: Die Zeit vom 18.11.2004.

61 Vgl. Steinbach, Udo: Euro-Islam? In: Neue Zürcher Zeitung vom 25.04.2005.

62 Vgl. Carreyrou, John und Ian Johnson: As muslims call Europe home, isolation takes root. In: Wall Street Journal vom 11.07.2005.

63 Power, Carla: New Imams. In: Newsweek vom 17.01.2005.

64 Ebd.

65 Vgl. Klingelschmitt, Klaus-Peter: Muslime demonstrieren Desinteresse. In: Die Tageszeitung vom 18.07.2005.

66 Vgl. Fahrenholz, Peter: CSU will Ausländer zur Integration zwingen. In: Süddeutsche Zeitung vom 22.11.2004.

67 Vgl. Thumann, Michael: Versöhnen und spalten. In: Die Zeit vom 28.07.2005.

68 Vgl. Taheri, Amir: And this is why they did it. In: Times vom 08.07.2005.

69 Leitartikel: Ihr müsst euch bekennen. In: Die Zeit vom 01.04.2004.

70 Ebd.